本书先后受到了如下项目基金的资助

国家自然科学基金项目"信息不平等的发生机理及政策启示研究——基于个人信息世界的整体性考察"（项目批准号：71273141，项目主持人：于良芝）

中国博士后科学基金项目"基于个人信息世界的城市图书馆体系化服务模式研究"（项目批准号：2015M580763，项目主持人：周文杰）

教育部人文社会科学研究西部和边疆地区项目"西北地区农村居民信息贫富分化现状及政策启示研究"（项目批准号：14XJA870002，项目主持人：周文杰）

国家自然科学基金面上项目"信息致贫的微观机理与信息减贫的宏观制度关联研究"（项目批准号：71874141，项目主持人：周文杰）

A LIBRARY OF DOCTORAL DISSERTATIONS IN SOCIAL SCIENCES IN CHINA

中国社会科学博士论文文库

信息的"贫穷"与"富有"

Information Disparity:
Exploring the Structure of Information Society Based on
the Theoretical Perspective of Individuals' Information World

周文杰　著

导师　于良芝

中国社会科学出版社

图书在版编目（CIP）数据

信息的"贫穷"与"富有"/周文杰著 .—北京：中国社会科学出版社，2021.7
（中国社会科学博士论文文库）
ISBN 978 - 7 - 5203 - 8696 - 8

Ⅰ.①信… Ⅱ.①周… Ⅲ.①信息学—研究 Ⅳ.①G201

中国版本图书馆 CIP 数据核字（2021）第 138254 号

出 版 人	赵剑英
责任编辑	马　明
责任校对	许　惠
责任印制	李寡寡

出　　版	中国社会科学出版社
社　　址	北京鼓楼西大街甲 158 号
邮　　编	100720
网　　址	http://www.csspw.cn
发 行 部	010 - 84083685
门 市 部	010 - 84029450
经　　销	新华书店及其他书店

印　　刷	北京明恒达印务有限公司
装　　订	廊坊市广阳区广增装订厂
版　　次	2021 年 7 月第 1 版
印　　次	2021 年 7 月第 1 次印刷

开　　本	710×1000　1/16
印　　张	19.5
插　　页	2
字　　数	330 千字
定　　价	98.00 元

凡购买中国社会科学出版社图书，如有质量问题请与本社营销中心联系调换
电话：010 - 84083683
版权所有　侵权必究

《中国社会科学博士论文文库》编辑委员会

主　　任：李铁映
副 主 任：汝　信　江蓝生　陈佳贵
委　　员：（按姓氏笔画为序）
　　　　　王洛林　王家福　王缉思
　　　　　冯广裕　任继愈　江蓝生
　　　　　汝　信　刘庆柱　刘树成
　　　　　李茂生　李铁映　杨　义
　　　　　何秉孟　邹东涛　余永定
　　　　　沈家煊　张树相　陈佳贵
　　　　　陈祖武　武　寅　郝时远
　　　　　信春鹰　黄宝生　黄浩涛
总 编 辑：赵剑英
学术秘书：冯广裕

总　序

在胡绳同志倡导和主持下，中国社会科学院组成编委会，从全国每年毕业并通过答辩的社会科学博士论文中遴选优秀者纳入《中国社会科学博士论文文库》，由中国社会科学出版社正式出版，这项工作已持续了12年。这12年所出版的论文，代表了这一时期中国社会科学各学科博士学位论文水平，较好地实现了本文库编辑出版的初衷。

编辑出版博士文库，既是培养社会科学各学科学术带头人的有效举措，又是一种重要的文化积累，很有意义。在到中国社会科学院之前，我就曾饶有兴趣地看过文库中的部分论文，到社科院以后，也一直关注和支持文库的出版。新旧世纪之交，原编委会主任胡绳同志仙逝，社科院希望我主持文库编委会的工作，我同意了。社会科学博士都是青年社会科学研究人员，青年是国家的未来，青年社科学者是我们社会科学的未来，我们有责任支持他们更快地成长。

每一个时代总有属于它们自己的问题，"问题就是时代的声音"（马克思语）。坚持理论联系实际，注意研究带全局性的战略问题，是我们党的优良传统。我希望包括博士在内的青年社会科学工作者继承和发扬这一优良传统，密切关注、深入研究21世纪初中国面临的重大时代问题。离开了时代性，脱离了社会潮流，社会科学研究的价值就要受到影响。我是鼓励青年人成名成家的，这是党的需要，国家的需要，人民的需要。但问题在于，什么是名呢？名，就是他的价值得到了社会的承认。如果没有得到社会、人民的承认，他的价值又表现在哪里呢？所以说，价值就在于对社会重大问题的回答和解决。一旦回答了时代性的重大问题，就必然会对社会产生巨大而深刻的影响，你也因此而实现了你的价值。在这方面年轻的博士有很大的优势：精力旺盛，思想敏捷，勤于学习，勇于创新。但青年学者要多向老一辈学者学习，博士尤其要很好地向导师学习，在导师的指导下，发挥自己的优势，研究重大问题，就有可能出好的成果，实现自己的价值。过去12年入选文库的论文，也说明了这一点。

什么是当前时代的重大问题呢？纵观当今世界，无外乎两种社会制度，一种是资本主义制度，一种是社会主义制度。所有的世界观问题、政治问题、理论问题都离不开对这两大制度的基本看法。对于社会主义，马克思主义者和资本主义世界的学者都有很多的研究和论述；对于资本主义，马克思主义者和资本主义世界的学者也有过很多研究和论述。面对这些众说纷纭的思潮和学说，我们应该如何认识？从基本倾向看，资本主义国家的学者、政治家论证的是资本主义的合理性和长期存在的"必然性"；中国的马克思主义者，中国的社会科学工作者，当然要向世界、向社会讲清楚，中国坚持走自己的路一定能实现现代化，中华民族一定能通过社会主义来实现全面的振兴。中国的问题只能由中国人用自己的理论来解决，让外国人来解决中国的问题，是行不通的。也许有的同志会说，马克思主义也是外来的。但是，要知道，马克思主义只是在中国化了以后才解决中国的问题的。如果没有马克思主义的普遍原理与中国革命和建设的实际相结合而形成的毛泽东思想、邓小平理论，马克思主义同样不能解决中国的问题。教条主义是不行的，东教条不行，西教条也不行，什么教条都不行。把学问、理论当教条，本身就是反科学的。

在21世纪，人类所面对的最重大的问题仍然是两大制度问题：这两大制度的前途、命运如何？资本主义会如何变化？社会主义怎么发展？中国特色的社会主义怎么发展？中国学者无论是研究资本主义，还是研究社会主义，最终总是要落脚到解决中国的现实与未来问题。我看中国的未来就是如何保持长期的稳定和发展。只要能长期稳定，就能长期发展；只要能长期发展，中国的社会主义现代化就能实现。

什么是21世纪的重大理论问题？我看还是马克思主义的发展问

题。我们的理论是为中国的发展服务的,绝不是相反。解决中国问题的关键,取决于我们能否更好地坚持和发展马克思主义,特别是发展马克思主义。不能发展马克思主义也就不能坚持马克思主义。一切不发展的、僵化的东西都是坚持不住的,也不可能坚持住。坚持马克思主义,就是要随着实践,随着社会、经济各方面的发展,不断地发展马克思主义。马克思主义没有穷尽真理,也没有包揽一切答案。它所提供给我们的,更多的是认识世界、改造世界的世界观、方法论、价值观,是立场,是方法。我们必须学会运用科学的世界观来认识社会的发展,在实践中不断地丰富和发展马克思主义,只有发展马克思主义才能真正坚持马克思主义。我们年轻的社会科学博士们要以坚持和发展马克思主义为己任,在这方面多出精品力作。我们将优先出版这种成果。

2001 年 8 月 8 日于北戴河

摘　　要

　　随着人类社会由工业社会向信息社会转型，信息贫富分化已引起了各国政府和研究者的高度关注。特别是在互联网的高速普及和信息与通信技术（ICT）的急剧扩散对人类的生产生活方式乃至思维习惯产生日益深刻影响的背景下，洞悉信息时代社会的实质与特征，对于促进社会稳定而健康地发展显得越来越重要而紧迫。鉴于此，各领域的研究者针对信息贫富分化已开展了大量研究。然而，由于理论视角和测度方法的局限，本领域现有的研究思路和结论越来越受到质疑。质疑声音最多的局限之一就是现有研究对信息贫富分化的简单化理解和测度——以信息技术或信息获取渠道的有无来表达复杂的信息贫富分化。

　　本书作为本人博士研究项目的具体展现，以个人信息世界的贫富差距作为信息贫富分化的操作性定义，采用个人信息世界量表等工具考察了城市成年人群的信息贫富状况及关联因素。本研究通过参照分层抽样的相关标准，选取了区域位置、经济和社会发展水平、人口规模、文化传统等方面具有代表性的六座城市为调研地，对6048位城市居民进行了调研。通过统计分析，本研究发现以下信息。

　　第一，从信息（而不是经济社会地位）的角度看，中国城市成年人群中存在若干信息贫富程度不同、差异明显的层级。具体表现在，在信息贫富分化的格局中越处于有利地位的信息主体，越善于从多样化的信息渠道获得所需要的信息，同时也越倾向于使用知识信息富集或技术门槛较高的信息源，从而积累了更丰富的信息资产。信息富裕者个人信息世界的边界明显比贫困者更宽广。信息越富裕，信息主体个人信息世界的动力越强劲。

　　第二，在信息贫富分化格局中，处于不同地位的城市成年人群其个人信息世界各具特色。具体表现在，信息富裕人群不仅对 Internet 具有很高的可及性（availability）和可获性（accessibility），而且在各种类型的信息实践中都倾向于高频率地使用网络信息源。同时，信息富裕者更倾向于把"知识富集型"物质和人际信息源作为基础信息源，并且具备使用"有技能门槛"的信息源（如搜索引擎）的能力。另外，绝大多数信息富裕者每天用 1—5 小时进行信息活动，其有意识信息实践活动更多地发生于"知识富集型"的信息空间里，而且，信息富裕者语言能力普遍较强，对网络搜索引擎的依赖程度高，并具有较高的批判思维能力。而对于信息贫困者来说，这一人群对信息源的可及和可获程度均低于其他人群，且对各类信息源（尤其是对知识富集型信息源）使用的频率都较低。同时，半数以上的信息贫困者每天用于信息活动的时间在 1 小时以下，而且其个人信息世界的空间狭小而低质，此外，信息贫困者通常语言应用水平低，对于网络信息源的使用能力有限，倾向于不加分析地接受所获得的信息。

第三，结构和主观能动性共同"塑造"了信息贫富分化。表现在，通过年龄、教育水平、职业等人口学特征，可对信息主体个人信息世界的某些维度进行有效解释；而作为主观能动性的代表变量，自我效能感显著地影响信息主体个人信息世界的各个维度。

第四，作为社会设计的信息空间，公共图书馆对于信息贫富分化的干预和治理具有积极的作用。具体表现在：首先，公共图书馆的存在促进了到馆人群信息资产的积累，提高了其智识水平，从而有效地促进了图书馆用户个人信息世界的丰富化；其次，图书馆的存在，从诸多方面改善了信息相对贫困人群的个人信息世界，从而使到馆人群中的"相对信息贫困者"在整个社会中也处于信息相对富裕的状态。此外，本研究表明，社会阅读活动对于信息贫富分化的治理也具有一定程度的有效性。

本研究的主要贡献在于，通过基于个人信息世界的测度与聚类，把人们对于信息这种战略资源（而不是传统的经济社会资源）的占有和利用程度作为衡量其信息贫富状况的基本依据，实现了基于整体性理论视角对信息贫富分化层级的划分和解析，较大程度地弥补了以往研究对信息贫富分化的简单化处理，不仅为信息贫富分化研究，也为信息社会的分层研究提供了新的认识。

本研究在如下两方面实现了理论创新：首先，基于个人信息世界贫富分化差异结构而形成的关于信息社会结构的认识，弥补了单纯从经济社会地位理解人们在信息社会分层中地位的认识；其次，基于个人信息世界的丰富程度而划分的信息贫富分化层级，实现了对传统的基于信息获取利用或 ICT 接入等单维信息贫富分化认识的创新。

本书的最后，作者陈述了本研究的局限性，并根据研究发现提出了信息分化干预和治理的若干政策建议。

关键词：信息分化；个人信息世界；整体性理论视角；关联因素；干预与治理

Abstract

Along with the social transformation from the industrial age to the information age, both governments and researchershave begun to pay more and more attention to the information divide issues. Due to the rapid popularity of The Internet and the diffusion of ICT, members of the so called Information Society have been impacted profoundly not only on their production mode and everyday life styles but also habits of their mind. Understanding this impact has become an urgent need of the Information Society. Thus, researchers from Library and Information Science and related fields have conducted a lot of research which focuses on the information divide. However, divided theoretical perspectives have limited the development of theories in this field and existing research has been criticized for embodying divided perspectives and for simplifying information divide as binary divide of a single dimension of information access.

In this study, the information wealth of urban adults in China was judged by themeasurement of the richness of their 'Information World'. Thus, the differentiation of individuals' information worlds was utilized as operational definition for information differentiation. Aiming to explore the information differentiation among Chinese urban adults and determine what kinds of factors may impact it, present study selected *Information World of Individuals Scale* (*IWoIS*) and related items as research instruments. Subsidized by National Natural Science Fund, this study measured the Information Worlds of Individuals (IWoI) of 6048 urban residents from 6 cities in China. The cities present study selected represent different geographical locations, levels of economic and social development, population and culture traditions. Therefore, the samples of this study is expected to represent Chinese urban adults well. Through the investigation, present study found that:

(1) Fromthe perspective of information (instead of the social and economic perspective), urban adults in China are divided into different strata, each with distinctive features. Generally speaking, there are 3 dimensions which show the information differentiation. Firstly, for the content of IWoI, the richer in the information, the greater variety of information access channels they would have and the greater possibilities they will select knowledge-rich or skill-dependant information sources in their information seeking process. As a result, information rich accumulated more information assets than information poor. Secondly, information rich have a broader IWoI boundary than information poor. Finally, the richer in IWoI, the more dynamics they will have in their information practices.

(2) Information differentiation among urban adults is a multidimensional phenomenon. More specifically, a high proportion of information rich not only have availability and accessibility to The Internet but also tend to use network sources frequently in all kinds of information practices. Moreover, information rich are more likely to select those 'knowledge-rich' material or interpersonal information sources as their basic information sources and more able to utilize the skill-dependant information sources (for example, the search engine of The Internet). Besides, most of information rich spend 1 – 5 hours each day for information seeking in their daily life and their Intentional and Conscious Information Practices are frequently occurred in 'knowledge-rich' information spaces. In general, information rich have better literacy and critical thinking skills in their information seeking process. Furthermore, aiming to access information they need, information rich seem to depend more on the The Internet search engine. By construct, for the information poor, very few high quality information sources are available and accessible for them and nearly all information sources (especially those 'knowledge-rich' information sources) are used infrequently in their information seeking process. Moreover, more than half information poor spend less than 1 hour each day on information seeking and the information spaces of these people are narrow and information-

scanty. Furthermore, information poor are usually poor on literacy skill and ability to seeking information on The Internet and tend to accept information without critical thinking.

(3) Information differentiation is 'shaped' by both social structure and agency of individuals. Specifically, differentiation on some dimensions of IWoI can be explained by information agents' age, educational level and occupation, et al. Meanwhile, self-efficiency, which is considered as the representative variable of individuals' agency, was found affecting all dimensions of IWoI.

(4) As a socially designed information space, public libraries have significantly positive effect on alleviating information differentiation. First, public libraries is proved to be able to enrich the users' information assets and improve their intellectual sophistication, and therefore promote the public library users' IWoI effectively. Second, public libraries is also proved to be helpful for the improvement of information poor's IWoI in many ways. Thus, those 'information poor' among public library users are relatively richer in terms of their information worlds in comparison with the information poor among the general population. Besides, the present study found that reading-promotion projects were also effective for alleviating of information differentiation in some degree.

The main contribution of the present research is that it shows the division between the information poor and rich in the terms' real sense: by individuals' possession and usership of information resources instead of traditional economic or social resources. In this way it has overcome one of the most severe limitations of traditional information inequality research which sees information divide as binary divide on a single dimension of information access; it has also provided a unified standard for information rich or poor assessment by apply differentiation of IWoI as the operational definition of information divide.

In summary, present research have theoretical innovations in two aspects: Firstly, it contributes to the understanding of the structure of information society by adding an informational element to the traditional understanding based solely on socio-economic status. Secondly, it contributes to the understanding of information divide as a multifaceted phenomenon rather than a binary divide on a single dimension of information or ICT access. Based on these theoretical innovations, this study also put forwards some suggestions for policy makers who may concern with the intervening of information differentiation issues.

Key Words: Information Divide, Information World of Individuals (IWoI), Integrated Theoretical Perspective, Relevance Factors, Intervening and Governance

目　录

第一章　绪论 ……………………………………………………（1）
　　第一节　研究的背景 ……………………………………………（1）
　　第二节　研究问题的提出 ………………………………………（8）
　　第三节　研究的内容、创新点和本书的结构 …………………（13）

第二章　文献回顾与述评 ………………………………………（17）
　　第一节　信息社会理论流派与信息贫富分化研究的理论
　　　　　　视角 …………………………………………………（17）
　　第二节　数字鸿沟、数字不平等与"知识沟"研究 …………（25）
　　第三节　信息时代的公民特质与社会结构研究 ………………（39）

第三章　理论基础与研究假设 …………………………………（45）
　　第一节　信息贫富分化相关研究的概念界定及其贡献 ………（45）
　　第二节　个人信息世界的理论构念及其应用于信息贫富分化
　　　　　　研究的必要性 …………………………………………（49）
　　第三节　整体性理论视角与信息贫富分化研究 ………………（59）
　　第四节　研究假设 ………………………………………………（63）

第四章　研究设计 ………………………………………………（73）
　　第一节　测量工具 ………………………………………………（73）
　　第二节　样本、数据与变量 ……………………………………（80）
　　第三节　数据分析 ………………………………………………（87）

第五章　城市成年人群中的信息贫富层级 ……………………（89）
　　第一节　基于个人信息世界差异的信息贫富分化结构 ………（89）

第二节　不同人群个人信息世界内容要素的差异 ………… （101）
　　第三节　不同人群个人信息世界边界要素的差异 ………… （107）
　　第四节　不同人群个人信息世界动力要素的差异 ………… （110）

第六章　不同人群个人信息世界的特征 ………………………… （119）
　　第一节　信息富裕者个人信息世界的特征 ………………… （119）
　　第二节　信息贫富居中者个人信息世界的特征 …………… （131）
　　第三节　信息贫困者个人信息世界的特征 ………………… （141）

第七章　信息贫富分化的关联因素 ……………………………… （152）
　　第一节　影响信息贫富分化的主客观因素探析 …………… （152）
　　第二节　个人信息世界各维度影响因素探析 ……………… （167）

第八章　信息贫富分化的治理 …………………………………… （194）
　　第一节　社会设计的信息空间与信息贫富分化的治理 …… （194）
　　第二节　社会阅读活动与信息贫富分化的治理 …………… （209）

第九章　结论与实践启示 ………………………………………… （222）
　　第一节　研究结论与主要贡献 ……………………………… （222）
　　第二节　实践启示 …………………………………………… （233）
　　第三节　研究局限与后续研究 ……………………………… （244）

附录 A　测量工具 ………………………………………………… （247）

附录 B　东莞市分层抽样方案 …………………………………… （254）

参考文献 …………………………………………………………… （257）

索　引 ……………………………………………………………… （286）

后　记 ……………………………………………………………… （290）

Contents

Chapter One
Introduction ……………………………………………………… (1)
   1 Background of the Study ……………………………………… (1)
   2 Research issues …………………………………………………… (8)
   3 Research Content, Innovation and Structure of this Book …… (13)

Chapter Two
Literature Review ……………………………………………… (17)
   1 Information Society Related Theories and the Theoretical
      Perspectives of the Information Disparity Related Research … (17)
   2 Digital Divide, Digital Inequality and Knowledge Gap
      Related Research ……………………………………………… (25)
   3 Citizen Traits and the Structure of Information Society
      Related Research ……………………………………………… (39)

Chapter Three
Theoretical Basis and Research Hypothesis …………………… (45)
   1 The Definitions of Information Disparity Related
      Research Concepts and their Contribution …………………… (45)
   2 The Theoretical Constructs of the Individuals' Information World
      and its Application in Information Disparity Research ……… (49)
   3 Holistic Theoretical Perspective and the Information
      Disparity Related Research …………………………………… (59)
   4 Research Hypothesis …………………………………………… (63)

Chapter Four
Research Design ……………………………………………… (73)
    1   Measurement Instruments ……………………………… (73)
    2   Samples, Data Collection and Variables ………………… (80)
    3   Data Analysis …………………………………………… (87)

Chapter Five
The Hierarchy of Information Disparity Among Urban Adults … (89)
    1   The Structure of Information Divide Based on the Disparity
        of the Individuals' Information World ……………………… (89)
    2   Disparity on the Content of the Individuals'
        Information World ……………………………………… (101)
    3   Disparity on the Boundary of the Individuals'
        Information World ……………………………………… (107)
    4   Disparity on the Dynamic of the Individuals'
        Information World ……………………………………… (110)

Chapter Six
**The Characteristics of Individuals' Information World for
Difference Group of People** ……………………………………… (119)
    1   The Characteristics of Information Rich People's
        Information World ……………………………………… (119)
    2   The Characteristics of Meddle-level Iinformation Richness
        People's Information World …………………………… (131)
    3   The Characteristics of Information Poor People's
        Information world ……………………………………… (141)

Chapter Seven
Exploration of the Information Disparity Related Issues ………… (152)
    1   Exploration of the Subjective and Objective Issues Related to
        Information Disparity …………………………………… (152)
    2   Exploration of the Effecting Issues Related to Each Dimension
        of Individuals' Information World ……………………… (167)

Chapter Eight
Governance of Information Disparity ······· (194)
    1   Socially Designed Information Space and Information
        Disparity Governance ······· (194)
    2   Social Reading and Information Disparity Governance ······· (209)

Chapter Nine
Conclusions and Implications ······· (222)
    1   Conclusions and Contributions ······· (222)
    2   Implications ······· (233)
    3   limitations and Future Research ······· (244)

Appendix A ······· (247)

Appendix B ······· (254)

References ······· (257)

Index ······· (286)

Postscript ······· (290)

第一章

绪　　论

第一节　研究的背景

随着社会信息化程度的加深,信息贫富分化日益成为严重的社会问题之一。自20世纪八九十年代以来,各国政府纷纷出台措施,试图对信息贫富分化现象进行有效的干预和治理,以便在新兴的信息社会中抢得发展的先机。图书馆事业作为一种以提供信息服务为己任的社会制度安排,其最重要的职业价值之一,可以满足不同层次人群的信息需求,从而为社会的均衡发展提供支持。以何种姿态应对社会转型背景下的信息贫富分化问题,并在解决信息贫富分化问题的过程中发挥自己应有的行业作为,这不仅关乎图书馆职业的行业价值能否得以彰显和认可,更是图书馆职业对自身"存在的合理性进行辩护"[①] 的基本立足点。为此,图书馆与情报学领域的研究者很早就开始关注信息贫富分化问题,不断对信息贫富分化现象提出自己的理论创见。本节将循着社会信息化发展的历程,对图书馆与情报学及相关领域研究者对信息贫富分化问题的研究进行梳理,以展现本研究得以展开的时代背景和知识脉络。

一　从公共图书馆运动到电信普遍服务：信息贫富分化研究的萌芽

人类对信息贫富分化问题的关注由来已久。在图书馆与情报学领域,对于信息贫富分化的关注可以追溯到19世纪末的公共图书馆运动,

[①] 于良芝:《公共图书馆存在的理由:来自图书馆使命的注解》,《图书与情报》2007年第1期。

这场运动是在一些追随启蒙运动的政治家、思想家和图书馆学家的推动下发生的[①]，其目的是通过建立和完善公共图书馆这一社会制度安排，保障公民在工业社会中知识信息获取的权利。在工业革命的策源地——英国，改革派和激进派议员们在议会审批公共图书馆法议案时进行了激烈的辩论，最终以改革派的胜利而结束[②]。随后，在整个欧洲和美国，早期的公共图书馆思想也在充满争议的图书馆立法进程中，逐渐占据优势，从而使公共图书馆成为启蒙运动时代的"精华产品"[③]。

20世纪上半叶，电话的普及使信息贫富分化研究者的注意力进而扩展到对电话等信息通信基础设施建设方面，这一时期关注信息贫富分化问题的研究者对于电信的普遍服务问题给予了关注。

二 信息化的社会后果引发关注：信息贫富分化研究的兴起与展开

20世纪60—70年代，随着社会信息化程度的加深和信息社会概念的提出，研究者开始把信息贫富分化作为当代社会的核心问题之一，对各种形态的信息贫富分化现象展开系统的研究。这一时期，图书馆与情报学领域的研究者所关注的重点是弱势人群的信息获取与利用状况，力图通过建设社区图书馆及其他社区信息服务设施，缩小或消除弱势人群与主流社会在信息获取利用上的差距[④]。

随着这一时期信息贫富分化研究的全面展开，本领域涌现了一批重要的理论思潮，如信息政治经济学、"知识沟"假说等，其中"知识沟"假说产生的研究成果数量最为丰富，影响力也最大。"知识沟"假说是由Tichenor等于1970年提出的，此后，Gaziano和Cecilie[⑤]等人在"知识沟"研究中引入了社会建构主义视角，认为"知识沟"的形成与社区或族群的意义建构方式密切相关，不同的意义建构影响人们对知识价值的判断和

[①] 于良芝：《图书馆学导论》，科学出版社2003年版，第67页。
[②] 华薇娜：《英国公共图书馆产生的背景及其历史意义》，《图书馆杂志》2005年第1期。
[③] Greenhalgh, L., *Library in a World of Cultural Change*, London: UCL Press Limited, 1995, pp. 19–25.
[④] 于良芝：《信息不平等的发生机理及政策启示研究——基于个人信息世界的整体性考察》，2012年度国家自然科学基金申请书。
[⑤] Gaziano, E., Cecilie, G., "Social Control, Social Change and The Knowledge Gap Hypothesis", In Mass Media, *Social Control, And Social Change: A Macrosocial Perspective*, edited by David Demers and K. Viswanath, Ames: Iowa State University Press, 1998, pp. 117–136.

接受,从而形成"知识沟"。Bonfadelli[①]基于文献调研总结了关于信息社会乐观与悲观的两种观点,并通过实证分析发现:知识沟随互联网的普及在不断扩大,高教育水平者使用Internet更加主动且导向明确,而低教育水平者则更多只是用Internet进行娱乐。在国内,我国学者单纯于1993年对"知识沟"假说在国内进行了介绍。[②] 其后,熊才平[③]、韦路等[④]、杨雪睿[⑤]分别从不同视角对知识沟进行了研究。我国研究者还将知识贫困问题与国情分析、国家信息化发展相联系进行了研究。如,胡鞍钢于2001年发表一系列文章指出,进入21世纪,中国尚有面广量大的人口处于知识贫困状态;[⑥] 知识贫困是21世纪中国面临的最严峻挑战之一,存在严重的地区、城乡和性别差异。[⑦] 据此,胡鞍钢等提出,信息化是21世纪发展的重大举措和机遇,缩小信息差距是中国信息化战略的重要内容。[⑧] 作为信息贫富分化领域最重要的理论成果之一,直至今日,"知识沟"假说所引发的实证研究风潮仍在继续。

20世纪70年代后期至80年代,信息贫富分化研究领域思潮激荡,产生了创新扩散理论、社会排斥理论、社群信息学等多种解读信息贫富分化的理论视角。这一时期,来自图书馆与情报学等领域的研究者更加关注信息穷人如何认识周边环境和世界,如何交流和获得信息,如何判断信息的价值并利用信息,如何陷入与主流社会的信息隔绝。[⑨] 这类研究最有影

---

① Bonfadelli, H., "The Internet and Knowledge Gaps: A Theoretical and Empirical Investigation", *European Journal of Communication*, Vol. 17, No. 1, 2002, pp. 65 – 84.
② 单纯:《"知识沟"理论的演变及其社会意义》,《社会科学》1993年第8期。
③ 熊才平:《"知识沟"理论发展新动向及其演变链系统模型——探寻缩小中小学教育信息化区域性差异的理论依据》,《电化教育研究》2004年第6期。
④ 韦路、张明新:《第三道数字鸿沟:互联网上的知识沟》,《新闻与传播研究》2006年第4期;韦路、张明新:《数字鸿沟、知识沟和政治参与》,《新闻与传播评论》2007年第1期;韦路、李贞芳:《新旧媒体知识沟效果之比较研究》,《浙江大学学报》(人文社会科学版)2009年第5期。
⑤ 杨雪睿:《手机上网用户特征解析——手机上网扩大还是缩小了受众的知识沟?》,《现代传播》(中国传媒大学学报)2010年第9期。
⑥ 胡鞍钢:《中国知识贫困差异明显》,《经济研究参考》2001年第27期。
⑦ 胡鞍钢、李春波:《新世纪的新贫困:知识贫困》,《中国社会科学》2001年第3期。
⑧ 胡鞍钢、周绍杰:《中国的信息化战略:缩小信息差距》,《中国工业经济》2001年第1期。
⑨ 于良芝:《信息不平等的发生机理及政策启示研究——基于个人信息世界的整体性考察》,2012年度国家自然科学基金申请书。

响的成果是 Chatman 的小世界信息贫困理论。此外，Savolainen[①] 等站在社会建构主义的立场上，对人们日常信息行为（ELIS）中的环境（context）、生活方式（way of life）等因素进行了考察，为分析信息贫富分化发生的复杂背景提供了参照。社会网络分析是这一时期对信息行为进行研究的另一种重要方法。Pettigrew[②] 在对老年人信息交流网络进行分析后，证实了信息传播的"弱连带优势"（Strength of weak ties），并把社会资本的概念引入了信息贫富分化的研究领域。总之，这一时期从社会学视角展开的信息行为研究从理论和方法两个方面拓展了信息贫富分化研究的视野，使本领域研究更趋科学、深入。

三 ICT 的非均衡扩散：亟待深化的信息贫富分化研究

20世纪90年代中期以后，现代信息通讯技术（ICT）在经过了微机革命、Internet 的大众化及商业化转型之后，已经成为影响社会生活各领域的技术，ICT 在现代社会的非均衡扩散开始受到普遍关注[③]。特别是最近二三十年来，Internet 在全球快速扩散并逐步成为了信息社会发展最强劲的引擎。根据国际电讯联盟（ITU）于2012年6月发布的报告[④]，全球网民人数已由2005年的11亿人增至2019年的40亿人。在中国，Internet 也在高速扩张。中国互联网信息中心（CNNIC）于2021年2月发布的《第47次中国互联网发展状况统计报告》显示，截至2020年12月底，中国网民规模达到9.8899亿人，较2020年3月增长8540万人，互联网普及率达70.4%，较2020年3月提升5.9个百分点；尤其是手机网民，截至2020年12月，中国手机网民规模达9.86亿人，较2020年3月增长8885万人，网民使用手机上网的比例达99.7%，较2020年3月提升0.4个百分点[⑤]。

---

① Savolainen, R., "Small World and Information Grounds as Contexts of Information Seeking and Sharing", Library & Information Science Research, Vol. 31, No. 1, 2009, pp. 38 – 45.
② Pettigrew, K. E., "Lay Information Provision in Community Settings: How Community Health Nurses Disseminate Human Services Information to the Elderly", The Library Quarterly, Vol. 70, No. 1, 2000, pp. 47 – 85.
③ 于良芝：《信息不平等的发生机理及政策启示研究——基于个人信息世界的整体性考察》，2012年度国家自然科学基金申请书。
④ International Telecommunication Union, "Key Statistical Highlights: ITU data release January 2021", http://www.itu.int/ITU – D/ICT/publications/world/world.html（2021 – 5 – 5）
⑤ 第47次中国互联网络发展状况统计报告 中国互联网络信息中心（CNNIC）. http://www.cnnic.cn/research/zx/qwfb/（2021 – 6 – 5）

Internet 的快速普及连同原有 ICT 的更新、完善和扩散使社会信息化程度进一步加深，信息作为一种战略资源凸显了前所未有的重要性。然而，Internet 并非自动地惠及所有人。在许多欠发达国家和地区，囿于经济、政治和文化等诸多因素，Internet 的普及水平远远滞后于发达国家。据统计，截至 2011 年底，在发达国家，家庭接入 Internet 的比例达到 70%，但在发展中国家，这一比例仅为 20%。在网络的带宽方面，发展水平不同的国家间差别也很明显：平均而言，欧洲的网络传输能力是非洲的 25 倍[1]。此外，即使在许多发达国家内部，不同地区或人群对于 Internet 的接入与使用也并不平衡。大量证据表明，在信息化为人类社会创造便利与财富的同时，也引发了一系列社会后果：Internet 在成为一部分人享受人类文明盛宴主渠道的同时，又成了将另一部分人排斥于现代文明成果之外的樊篱；信息富有者与贫困者之间的分化越来越深刻地对社会结构产生了影响；"后工业社会"使原有的社会秩序、价值观念和生活方式面临着挑战。

面对急速变迁的社会现实，在理论发展的向度上，图书馆与情报学领域的研究者在延续信息行为研究的同时，也开始参与更大范围的信息社会问题研究。在各领域研究者的共同推动下，以数字鸿沟等名义对信息贫富分化问题开展的研究渐成潮流。

"数字鸿沟"一词是由美国前副总统 Albert Arnold Gore Jr. 于 1996 年提出的。[2] 美国国家电信和信息管理局（NTIA）于 1997 年出台的《在网络中落伍》系列报告首先对数字鸿沟进行了操作性定义和测度。此后，数字鸿沟及其测度迅速成为各国政府及有关国际组织关注的焦点。其中经济合作与发展组织（OECD），韩国数字机会促进署（KADO）及英国、美国、日本等国对数字鸿沟的操作性定义较有代表性[3]。迄今产生了重要影响的数字鸿沟测度模型包括：国际电信联盟（ITU）的数字获取指数

---

[1] International Telecommunication Union, "Key statistical highlights: ITU data release June 2012. Source: World Telecommunication/ICT Indicators Database 2012", http://www.itu.int/ITU-D/ICT/publications/world/world.html, 2013 年 3 月 2 日。

[2] Vehovar, V., Sicherl, P., et al., "Methodological Challenges of Digital Divide Measurements", *The Information Society*, No. 22, 2006, pp. 279-290.

[3] 周文杰：《定格分化中的信息世界：国外数字鸿沟测度模型述评》，《中国信息界》2011 年第 12 期。

(DAI)、ICT 机遇指数（ICT-OI）、数字机会指数（DOI）和 ICT 发展指数（IDI），[①] 联合国（UN）的信息社会指标（Information Society Indicators），[②] 经济合作与发展组织（OECD）的 ICT 主要指标（Key ICT Indicators，KII）[③] 及韩国数字机会促进署（KADO）的个人信息指数（Personal Information Index，PII）[④] 等。

中国政府和学界对数字鸿沟的关注大致始于 21 世纪初期。前国家主席江泽民曾经多次在国际大会上指出数字鸿沟问题及其严重性。2000 年，在联合国千年首脑会议上，江泽民指出："日益拉大的'数字鸿沟'表明，发达国家与发展中国家在科技水平上存在极大差距，这必然致使南北贫富差距进一步拉大。"[⑤] 在第十六届世界计算机大会上，江泽民也曾指出："各国的信息网络化水平目前还很不平衡。发达国家具有信息技术优势，拥有越来越多的信息资源，成为信息富国。发展中国家信息技术相对落后，不仅经济、社会发展水平较低，在信息化方面也相对贫困。当今世界，信息化水平差距不是在缩小，而是在进一步扩大。"[⑥] 2001 年上海 APEC 会议上，江泽民再次强调："环顾新世纪初的世界和亚太地区形势，可以说有喜有忧。一方面，和平与发展仍然是时代的主题，经济全球化继续深化，科技进步日新月异，高新科技产业蓬勃发展。这为各国发展经济、提高人民生活水平带来了新的机遇。另一方面，世界和亚太地区的发展并不平衡，贫富差距仍然存在，'数字鸿沟'正在加深。"[⑦]

[①] ITU："Measuring the Information Society：The ICT Development Index. 2009"，（2011 - 6 - 16），http：//www. itu. int/ITU-D/ICT/publications/idi/2010/index. html；ITU："Measuring the Information Society：The ICT Development Index. 2010"，（2011 - 6 - 16），http：//www. itu. int/ITU-D/ICT/publications/idi/2010/index. html.

[②] United Nations. New York："Information Society Indicators"，（2011 - 6 - 16），http：//www. escwa. un. org.

[③] OECD，"Key ICT Indicators"，（2011 - 6 - 16），http：//www. oecd. org.

[④] ITU，"How to measure the digital divide? KADO invites you to explore the IT World of Your Dreams. 2004"，（2011 - 6 - 16），http：//www. itu. int/osg/spu/ni/digitalbridges/presentations/02-Cho-Background. pdf.

[⑤] 江泽民：《在联合国千年首脑会议上的讲话》，《人民日报》2000 年 9 月 7 日第 1 版。

[⑥] 江泽民：《在第十六届世界计算机大会开幕式上的讲话》，新华社北京 2000 年 8 月 21 日电，http：//www. people. com. cn/GB/channel5/28/20000821/196085. html，2012 年 3 月 17 日。

[⑦] 江泽民：《加强合作，共同迎接新世纪的新挑战——在亚太经合组织第九次领导人非正式会议上的讲话》，http：//news. xinhuanet. com/ziliao/2002 - 10/11/content_ 598852. htm，2012 年 3 月 17 日。

在数字鸿沟问题引起政府高度关注的同时,我国学术界也开始把目光投向这一领域。由于对信息社会问题的认知晚于国外同行,我国学术界对数字鸿沟的研究始于对西方本领域研究成果的介绍。如,曹荣湘系统地对"数字鸿沟"这一概念及国外关于数字鸿沟的研究在国内进行了介绍。[1] 此外,我国研究者也十分重视将自己的研究成果与信息贫富分化的国家治理相结合。如,胡鞍钢和周绍杰分析了中国所面临的三大数字鸿沟,提出数字鸿沟治理的政策核心是促进资源流向能够促进经济发展和知识发展的领域[2]。进而,胡鞍钢和周绍杰利用主成分分析方法分析了不同因素对国际互联网普及的影响,提出发展中国家必须实行新的国家治理,从而实现利用信息技术实现跨越式发展,加速向"信息社会"和"知识社会"转型,不断缩小与"信息富国"的信息差距,这也是发展中国家在经济全球化和信息技术革命的时代背景下发展战略的重要选择。[3] 截至目前,我国研究者发表了大量针对国外数字鸿沟研究进展的介绍及对数字鸿沟的概念、成因、测度、危害、本质等进行探讨的论文。

总之,伴随着社会信息化的进程,来自各领域的研究者及实践者都对信息贫富分化问题作出了回应。在图书馆与情报学领域,研究者对信息贫富分化问题的关注始于通过提高公民的知识素养而为工业文明培养"好公民"[4] 的社会理想,并在社会信息化的不同阶段不断反思和重建图书馆事业的职业定位与行业价值。Bell 曾指出,在后工业社会,信息驱动的经济是社会发展的原动力,信息的传播是整个社会的支点[5]。正是基于人类社会从工业社会向信息社会的深刻转型,以及这种转型所导致的信息资源在社会发展中战略地位的空前提升,加深对信息贫富分化问题实质的认识,以便对其进行有效治理就变得非常紧迫。这种紧迫性是本领域研究者聚焦于信息贫富分化研究的动力,也是本研究得以展开的基本背景。

---

[1] 曹荣湘:《数字鸿沟引论:信息不平等与数字机遇》,《马克思主义与现实》2001 年第 6 期。
[2] 胡鞍钢、周绍杰:《中国如何应对日益扩大的"数字鸿沟"》,《中国工业经济》2002 年第 3 期。
[3] 胡鞍钢、周绍杰:《新的全球贫富差距:日益扩大的"数字鸿沟"》,《中国社会科学》2002 年第 3 期。
[4] Alistair, B., *A New History of the English Public Library: Social and Intellectual Contex*, London: Leicester University Press, 1996, p. 66.
[5] Bell, D., *The Coming of Post-industrial Society: A Venture in Social Forecasting*, Basic Books, New York, 1973, p. 106.

第二节 研究问题的提出

上节循着社会信息化发展的历程和信息贫富分化研究的脉络对本研究得以展开的背景进行了介绍。尽管信息贫富分化问题已引起来自图书馆与情报学、传播学、社会学、经济学、教育学等领域研究者的广泛关注,但由于各种因素的制约,现有研究存在着诸多局限性。这些局限性的存在表明,信息贫富分化领域亟待产生新的研究思路,本研究的展开正是对这一趋势的响应。

一 现有信息贫富分化研究的局限性

(一)理论视角的二元对立

迄今为止,研究者从不同的理论视角对信息贫富分化现象进行了解读。于良芝[1]认为,信息政治经济学理论、小世界信息交流理论、"知识沟"假说、社会网络分析、意义建构理论、创新扩散理论、社会排斥理论和社群信息学是对信息贫富分化研究产生了重要影响的理论。在文献调查和理论梳理的基础上,于良芝等[2]提出,与社会科学研究的其他领域相类似,社会结构和能动性之间的分歧同样贯穿于信息不平等研究。在这一领域,结构决定论以信息政治经济学和早期的"知识沟"理论为代表。在信息不平等研究中,小世界理论、部分知识沟假说和部分创新扩散理论则是主体建构论的代表。该领域研究的理论视角存在明显的二元对立,表现为个体与社会、主观能动性与社会结构、主观性与客观性等方面的分化。

(二)研究思路和结论越来越受到质疑

在数字鸿沟研究领域,越来越多的学者(如 Jung 等[3];Light[4];

---

[1] Yu, Liangzhi, "The Divided Views of the Information and Digital Divides: A Call for Integrative Theories of Information Inequality", *Journal of Information Science*, Vol. 37, No. 6, 2011, pp. 660 – 679.

[2] 于良芝、刘亚:《结构与主体能动性:信息不平等研究的理论分野及整体性研究的必要》,《中国图书馆学报》2010 年第 1 期。

[3] Jung, J. Y., Qiu, J. L. and Kim, Y. C., "Internet Connectedness and Inequality: Beyond the 'Divide'", *Communication Research*, Vol. 28, No. 4, 2001, pp. 507 – 535.

[4] Light, J., "Rethinking the Digital Divide", *Harvard Educational Review*, Vol. 71, No. 4, 2001, pp. 709 – 733.

Mossberger 等[1]；Selwyn[2]；Warschauer[3]）对早期数字鸿沟的研究提出质疑，认为这些研究过于肤浅。而且由于操作性定义及测度模型不同，人们对数字鸿沟的认识充满着分歧。van Dijk 和 Hacker[4]指出，由于政治观点和社会立场不同，人们对于数字鸿沟持有如下四种相互矛盾的观点：（1）否认数字鸿沟的存在；（2）认为的确存在某些鸿沟，但将迅速弥合；（3）强调数字鸿沟正持续变宽并将因收入、教育、年龄、性别、种族和地理区位的不平等而达到顶点；（4）某些方面的鸿沟在加宽，而另一些方面的鸿沟在弥合。事实上，不仅是在研究者社区，甚至在政府的决策中，也常常在如何应对数字鸿沟等信息社会问题方面发出矛盾的声音。Dimaggio 和 Hargittai 等[5]发现，在克林顿当政时期，美国政府制订了雄心勃勃的计划，试图将学校、图书馆、政府机构和社区中心纳入网络联结之中；而布什政府则明显转变了对数字鸿沟的态度，认为这一问题并不存在或已得到了有效解决。据此，Dimaggio 等指出，在对数字鸿沟的研究与决策中，即使研究者和决策者都使用了可靠的数据，但由于在如何解释这些数据方面存在着明显的分歧，人们对数字鸿沟的实质及其发展趋势的理解仍然各执一词。

近年来，数字鸿沟的研究思路和结论更是备受诟病。如，Goode[6]认为，本领域的研究者对数字鸿沟的关注虽然从第一道鸿沟——接入沟（access）进化到了第二道鸿沟——技能和使用沟（skills and use divide），但上述两道数字鸿沟都带有明显的技术决定主义倾向。Hargittai[7]对传统的"有"（haves）和"无"（have nots）式二元对立的数字鸿沟研究提出

---

[1] Mossberger, K., Tolbert, C. and Stansbury, M., *Virtual Inequality: Beyond the Digital Divide*, Washington, D. C.: Georgetown University, 2001, pp. 8 – 12.

[2] Selwyn, N., "Reconsidering Political and Popular Understandings of the Digital Divide", *New Media Society*, Vol. 12, No. 6, 2004, pp. 341 – 362.

[3] Warschauer, M., *Technology and Social Inclusion: Rethinking the Digital Divide*, Cambridge: MIT Press, 2003, p. 9.

[4] van Dijk, J. and K. Hacker, "The Digital Divide as a Complex and Dynamic Phenomenon", *Information Society*, Vol. 19, No. 4, 2003, p. 315.

[5] Dimaggio, P., Hargittai, E., et al., *Digital Inequality: From Unequal Access to Differentiated Use*, Neckerman, K. M. Social Inequality, New York: Russell Sage, 2004, pp. 55 – 400.

[6] Goode, J., "The Digital Identity Divide: how Technology Knowledge Impacts College Students", *New Media Society*, Vol. 16, No. 12, 2010, p. 497.

[7] Hargittai, E., "The Digital Reproduction of Inequality", in Grusky, D. B., *Social Stratification: Class, Race, and Gender in Sociological Perspective*, Philadelphia: Westview Press, 2008, pp. 936 – 944.

了批评。Willis 等[1]认为信息不平等首先是一种社会不平等，而不是技术接入或使用的不平等，应该从社会分层的角度理解数字鸿沟。Rodino-Colocino[2]认为，强调获取（access）的"第一道数字鸿沟"是技术决定主义的典型体现，强调素养（literacy）的"第二道数字鸿沟"则是一种软技术决定主义（soft technological determinism），上述两道数字鸿沟都过高估计了数字技能作用，从而成为市场服务的代言者。遗憾的是，尽管大量批判者都言之凿凿地陈述了现有数字鸿沟研究的不足，但囿于理论视角的局限性，许多批判者自身也常常身陷于技术决定主义，难以弥补传统数字鸿沟研究的不足。为适应信息社会发展的需要，新的、具有更高整合能力的研究视角亟待产生。

事实上，不仅是在数字鸿沟研究领域，其他形态的信息贫富分化研究也受到了质疑。Haider[3]应用批判性话语分析的方法，对"信息贫困"的概念进行分析后发现，本领域形成了如下话语成规：（1）经济决定主义趋向，把信息贫困视为城市—农村、西方—本土、发达国家—发展中国家、有文化者—文盲之间的二元对立，把经济上的贫困者与富有者作为判定信息贫困的主要依据，认为信息类似于自然资源，是金钱财富的直接结果。（2）技术决定主义趋向，认为人们因无法访问 Internet 而导致了剥夺，从而形成了信息贫困。这些话语成规在信息贫富分化研究领域所造成的"管状视野和盲点"（tunnel vision and blind spots）已成为这一领域研究得以持续深化的障碍。

综上所述，无论是以数字鸿沟、信息贫困或其他何种名义进行的信息贫富分化研究，都面临着相似的窘境。正如 Pruulmann-Vengerfeldt[4]所总结的，"我们测量了计算机数量、电缆长度以及网络的接入率，但却忽视了整个社会"。但是，从另一个角度看，面临诸多批评和质疑的传

---

[1] Willis, S. and Tranter, B., "Beyond the 'digital divide': Internet Diffusion and Inequality in Australia", *Journal of Sociology*, Vol. 42, No. 1, 2006, pp. 43–59.

[2] Rodino-Colocino, M., "Laboring under the Digital Divide", *New Media Society*, Vol. 22, No. 8, 2006, p. 487.

[3] Haider, J., "Conceptions of 'Information Poverty' in LIS: an Analyisis of Discourses", *Proceedings of the 14th BOBCATSSS symposium: information, innovation, responsibility: the information professional in the network society*, Tallinn, Estonia, 2006.

[4] Pruulmann-Vengerfeldt, P., "Exploring Social Theory as a Framework for Social", *The Information Society*, Vol. 22, No. 22, 2006, pp. 303–310.

统信息贫富分化研究恰恰蕴藏着从新的理论视角展开研究的前景。

二 呼唤整体性的研究思路

既然现有的数字鸿沟及其他形态信息贫富分化研究存在着诸多局限性，就有必要以新的研究思路克服现有研究的不足。分析现有信息贫富分化的研究成果可以看出，当把信息贫富分化仅仅归因于经济社会地位或物质条件的差距时，作为信息社会的真正主体——人的主观能动性往往被忽视了。就每个人的具体信息实践活动而言，个体自身特有的特征与其信息实践有着千丝万缕的联系。很明显，社会经济条件、政治环境、基础设施及教育状况等诸因素都对信息贫富分化的形成与治理产生着或产生过重要的影响，但站在对信息贫富分化问题进行全面分析的立场上，即使个体都具备同样的外部社会条件（如相似的教育水平或物理环境等），信息贫富分化问题也不会"不治而愈"（例如，曾凡斌关于大学生的信息贫富分化研究表明，即使具备相同的网络条件，知识沟将仍然存在[①]）。生活经验也表明，社会经济地位同质人群的信息贫富程度未必一致（如学生群体中的信息贫富分化）。更何况在现有的信息贫富分化研究中，研究者常常以单一的结构因素（如，数字鸿沟的研究者常常以人们的受教育水平或收入等因素衡量人们所处的信息贫富状况）解释信息贫富分化的发生。因而，在信息贫富分化的研究中仅仅关注客观的社会结构因素（尤其是单维的结构因素），很可能会失之偏颇（正如数字鸿沟所招致的批评——技术决定主义倾向常常因过分强调物质资料的投入而事实上成了商业利益的代言者）。当然，社会结构因素虽然不能被作为解释和解决信息贫富分化的唯一因素，但却是必须具备的要素。

与经济/技术决定主义的研究趋向相反，也有研究者试图基于人们的主观特性考察信息交流和信息利用等现象，最典型的是 Dervin 及其同事创立的"意义建构"理论。然而，基于建构主义的理论立场，这种理论视角的研究者常常拒斥对信息贫富分化进行"客观比较的可能性"。如 Dervin 曾明确拒斥将信息不平等现象当作有意义的研究命题。[②] 但是，因

[①] 曾凡斌：《大学生第二道数字鸿沟的测量及影响因素研究》，《现代传播》（中国传媒大学学报）2011 年第 2 期。

[②] Dervin, B., "Communication Gaps and Inequities: Moving Toward a Reconceptualization", In B. Dervin & M. Voigt (Eds.), *Progress in Communication Sciences*, Norwood, N. J.: Ablex, 1980.

否认信息的客观性而拒斥信息不平等研究,颇像把孩子与洗澡水一起倒掉的做法①。这恰恰是建构主义理论视角在信息贫富分化研究中局限性的一个重要表现。

事实上,"结构与主体能动性的对立"是"社会科学理论中根深蒂固的理论断层之一,其存在不可避免地阻碍我们对活生生的现实的理解。"②于良芝等呼吁,关于结构性因素与能动性因素如何相互影响,以及二者如何共同决定信息不平等和信息贫困现象,仍然是信息贫富分化研究领域的空白,本领域的研究者应积极寻找理论转向,以填补这一空白。③ 自21世纪初,于良芝开始更直接地参与信息不平等研究,并于2005年前后将研究目标转向了对这一问题的整体性研究。"个人信息世界"概念便是作者在转向整体性研究之后产生的具体成果,也是本研究得以展开的理论基础。

总之,着眼于克服现有研究的局限性,信息贫富分化研究深化并呼唤新的研究思路。即,对于信息贫富分化现象的全面解读有必要基于整体性理论视角,从社会结构与主观能动性的多维角度展开。

三 研究起点与研究问题

如前文所述,个人信息世界概念的提出是对信息贫富分化领域最新研究趋势的响应。本研究的起点是:尝试以个人信息世界的差距作为信息贫富分化的操作化定义,通过对城市成年人群信息贫富状况的聚类分析和比较,从整体性的多维角度揭示这一人群信息贫富分化的实际状况。

虽然由于立场和角度的差异,研究者在对"信息"这一概念如何界定的问题上存在着争议,但在社会信息化程度日益加深的背景下,信息越来越深刻地影响着人们的生产和生活,并已成为现代社会不可或缺的重要战略资源,这已经成为一个毋庸置疑的事实。信息作为社会战略资源地位的凸显,也恰恰是基于信息(而不是经济社会地位)考察信息贫富分化

---

① 于良芝、刘亚:《结构与主体能动性:信息不平等研究的理论分野及整体性研究的必要》,《中国图书馆学报》2010年第1期。

② 于良芝、刘亚:《结构与主体能动性:信息不平等研究的理论分野及整体性研究的必要》,《中国图书馆学报》2010年第1期。

③ 于良芝、刘亚:《结构与主体能动性:信息不平等研究的理论分野及整体性研究的必要》,《中国图书馆学报》2010年第1期。

现象的必要性所在。

具体而言，本研究将有如下几个研究目的：（1）通过对城市成年人群个人信息世界的测度与聚类分析，确定这一人群中的信息贫富分化层级；（2）分析在信息贫富分化中处于不同层级的城市成年人群在个人信息世界的内容、边界、动力方面的差异；（3）分析社会经济地位、信息主体的人口学特征及相关主观特征与其个人信息世界丰富程度之间的关系；（4）考察现有信息服务机构及相关活动通过作用于个人信息世界对于信息贫富分化治理的作用。

上述研究目的进而可转化为如下研究问题：（1）若以个人信息世界的丰富程度为标准，城市成年人群中是否存在若干信息贫富分化层级？不同层级人群的个人信息世界有何特征？（2）在信息贫富分化中处于不同层级的城市成年人群是否在个人信息世界的各要素（边界、内容、动力）方面存在差异？（3）社会经济地位、人口学特征及信息主体的主观特征可以在何种程度上解释城市成年人群个人信息世界的差异？（4）作为社会设计的信息空间，公共图书馆在信息贫富分化治理中的作用如何？现有的社会阅读活动对于信息贫富分化的治理是否有实质性影响？

第三节 研究的内容、创新点和本书的结构

现有信息贫富分化研究的局限性呼唤从整体性角度对这一问题进行研究，基于个人信息世界考察信息贫富分化问题正是对这一最新研究趋势的响应。具体而言，本研究的意义及内容如下。

一 研究内容与目标

本研究将由如下三部分内容构成。

1. 城市成年人群个人信息世界的测度及信息贫富分化的差序结构与各人群特征分析

本研究将根据个人信息世界的概念要素，按照个人信息世界的主要参数（边界、内容、动力），对个人信息世界进行聚类分析和比较，划分出不同类型的个人信息世界，再按其边界大小、动力强弱及内容的丰富程度，将不同类型的个人信息世界排列成从贫困到富有的等级结构，并对处于信息贫富分化不同层级中的各人群个人信息世界各要素（内容、边界、

动力）的特征与差异进行分析。

本阶段研究的目标是，以个人信息世界贫富差序作为信息贫富分化的操作化定义，对城市成年人群的信息贫富分化状况进行测度；以个人信息世界的聚类比较为基础，概括处于信息贫富状况不同的人群在个人信息世界诸维度上的特征与差异。

2. 各种主客观因素对个人信息世界的影响探析

数字鸿沟、数字不平等、"知识沟"等领域现有研究发现，经济社会地位及人口学特征对于信息贫富分化有着一定程度的影响。基于整体性研究的视角，本研究将对各种客观的社会结构因素（如社会经济地位及年龄、性别等人口学特征）及信息主体的主观能动性特征（如自我效感等）之于信息贫富分化的影响进行考察，以解析各种主客观因素与个人信息世界差序之间的关联。

本阶段的目标是，参照现有研究，选定若干主客观因素为自变量，以信息主体个人信息世界的贫富状况为因变量，通过回归分析，考察各种主客观因素对于人们个人信息世界的贫富状况的解释能力。

3. 信息贫富分化相关治理措施的作用分析

随着社会信息贫富分化程度的加深，对于信息贫富分化的治理已受到政府和相关社会组织的重视。作为社会设计的信息空间，公共图书馆职业使命要求这一机构应该对于信息贫富分化的治理有所作为。本研究将通过对典型案例的分析，考察公共图书馆之于信息贫富分化治理的实际影响。此外，本研究也将考察社会阅读活动在促进人们信息的获取和利用，促使其个人信息世界丰富化方面的潜在意义。

本阶段的目标是，选择典型案例，通过比较分析，考察公共图书馆在信息贫富分化治理中的实际作用；通过对社会阅读活动诸因素与信息贫富分化的关联分析，考察社会阅读活动对于信息贫富分化治理的影响。

二 研究创新点

从理论发展的角度看，本研究旨在以个人信息世界的贫富差距作为信息贫富分化的操作化定义，由此形成对信息贫富分化现象的新认识。由于这种新认识的获得是基于对信息贫富分化现象的多维分析而得出的，因此可有效地克服现有研究通过单一维度（如信息获取利用、ICT接入、信息吸收等）认识信息贫富分化现象所产生的不足。具体而言，本研究将在如下两方面产生理论创新。

首先，基于个人信息世界对信息贫富分化进行解读，将是对单维信息贫富分化认识的创新，这种创新可有效弥补已有信息贫富分化理论的局限，提高信息贫富分化理论的解释力。具体表现在，由于综合考虑了个人信息世界的边界、内容、动力等因素，该理论可以解释综合性信息贫富分化的存在。在现实中，不同形态的信息贫富分化不可能孤立地存在，因而与以往专门解释特定分化现象的理论相比，基于个人信息世界差序对信息贫富分化进行解释的优越性在于，它更接近信息贫富分化存在状态的真实，由此获得的对信息贫富分化的认识无疑具有更强的包容性和解释力。

其次，基于个人信息世界分化的差序结构而形成的关于信息社会结构的认识，将创新单纯从社会经济地位（而不是信息的贫富程度）的角度对人们在信息社会分层中地位的认识。这一创新有助于形成对信息社会中信息贫富状况不同人群特征的准确认识，从而为设计有效的信息服务制度提供理论参照。

从实践角度来看，尽管信息贫富分化、数字鸿沟等信息社会问题已引起了各国的普遍重视，但现有信息贫富分化理论对实践的指导作用还比较薄弱。本研究将根据影响人们信息贫富（而不是其社会经济地位高低）的因素，提出有针对性的建议，增强政策的针对性和有效性。另外，基于个人信息世界的要素（边界、内容、动力）预见信息贫富分化干预和治理的政策的效果，也可有效增强政策选择的预见力。

三　本书的结构

前文已对本研究得以实施的背景进行了概述。着眼于克服现有研究的局限性，本书从整体性理论的视角出发，提出了研究问题，并据此阐释了本书的内容和阶段目标。本书第二章是对国内外信息贫富分化研究的文献回顾。本章首先综述了迄今为止信息社会研究的主要理论流派，并分析了当前信息贫富分化研究的两种理论视角——同质分层和异质分层。进而，本章详细评述了关于数字鸿沟、数字不平等及信息社会结构的相关研究。基于对本领域现有研究的回顾，本研究发现，出于全面地从信息角度认识信息贫富分化的目的，非常有必要基于个人信息世界理论，从多维视角考察信息贫富分化现象。本书第三章是对本研究的理论基础和研究假设的阐释。本章首先对个人信息世界的理论框架进行了简述，并介绍了个人信息世界理论对信息贫困的解读。进而，本章在对相关领域现有研究成果进行简要回顾的基础上提出了研究假设。第四章是对研究设计的说明。本章首先对本研究所使用的测量工具进行了介绍，然后分别对样本选取、数据整理与变量选择进行了阐释，并对本研究所使用的数据分析方法与工具进行了介绍。从第五章起，本书基于实证研究所获得的证据，逐次检验了本研究所提出的研究假设。具体而言，第五章通过聚类分析，探查了城市成年人群信息贫富分化的差序，并考察了信息贫富状况不同的人群个人信息世界的差异；第六章对信息贫富状况不同的人群在个人信息世界各要素上的内在特征进行了对比分析；第七章首先通过对经济社会地位、相关人口学特征及信息主体的自我效能感等因素与信息贫富状况之间的关联分析，考察了各类主客观因素之于信息贫富分化的解释能力，然后逐次考察了上述各因素与个人信息世界各维度之间的关系，并在上述分析的基础上，对信息社会分层的实质进行了论述；第八章以东莞市为样本，考察了公共图书馆及社会阅读活动对通过作用于个人信息世界而对信息贫富分化治理产生的作用；第九章概括了本研究的主要发现并提出了信息贫富分化治理的政策建议。

第二章

文献回顾与述评

第一节 信息社会理论流派与信息贫富分化研究的理论视角

信息贫富分化并非人类社会新近出现的问题，在一个多世纪以前，人们就开始讨论信息公平问题。随着人类社会信息化程度的加深，这一问题在最近几十年逐渐成为人们关注的焦点。本节将对信息社会研究的理论流派和现有信息贫富分化研究的主要理论视角进行梳理。

一 信息社会研究的主要理论流派

邱林川[①]在对 Frank Webster 的《信息社会理论》（Theory of Information Society）等理论著述进行综合分析的基础上，把西方信息社会理论归为五大流派。（1）部分关心经济问题的研究者把信息技术看成现代化过程的一部分，视信息技术为促进人类进步的"革命"力量。这部分研究者中的代表人物有 Fritz Machlup、Marc Prorat、Peter Drucker 等，这一流派受到了涂尔干社会分工论的影响。（2）"后现代学派"。这一流派认为信息技术加速了现代性的消亡，认为信息社会从本质上是"反理性"的，是对现代化过程的颠覆。代表人物有 Jean Boudrillard、Gianni Vattimo、Mark Poster 等。（3）具有信息政治经济学理论背景的研究者则把信息革

[①] 邱林川：《信息"社会"：理论、现实、模式、反思》，北京论坛（2007）文明的和谐与共同繁荣——人类文明的多元发展模式："多元文化、和谐社会与可选择的现代性：新媒体与社会发展"，中国北京，2007 年。

命看作资本主义体系演变的关键因素,把研究的重点放在公共领域、媒体所有制、社会公平等方面。这一学派坚持民主、平等、理性等现代性原则。代表人物有 Peter Golding、Graham Murdoch、Vincent Mosco、Schiller 父子等。(4)还有部分研究者在总体上将信息社会看成社会现代化的一部分,强调政府、公司等大型组织利用信息传播加强现代化监控手段,进行"控制革命"。代表性人物有 Giddens、James Beniger、Oscar Gandy 等。(5)"网络社会流派"。这一流派整合了除"后现代学派"之外的几乎所有流派,代表人物有 Jan van Dijk、Berry Wellman、Annalee Saxenian、Matthew Zook 等,Manuel Castells 是这一学派的集大成者。

基于对上述理论流派的分析,邱林川认为,不同学术流派之间相互激荡,对信息社会的理论研究产生了如下启示。(1)不能只研究新型信息传播技术,因为它只是信息社会的冰山一角,本领域的研究应该有相对宽广的学术视野。(2)信息社会最重要的原命题是社会进步,包括技术进步,但更重要的是经济发展、政治民主、文化多元,是社会的全面进步。(3)彻底摒弃商业公关和政府宣传对学界的偏颇影响,信息社会理论的产生和发展要以对社会现实的发掘和整理为基础。

对信息社会理论流派进行梳理和反思,对于信息贫富分化研究有着非常积极的意义:一方面,信息贫富分化研究必然以信息社会理论为基础,从中汲取理论养分;另一方面,丰富和完善信息社会理论也是信息贫富分化研究的重要价值体现。从这个意义上说,上述各种信息社会研究的理论流派为信息贫富分化问题研究的进一步深化提供了理论准备。

二 信息贫富分化研究的理论视角

如同其他社会现象一样,信息贫富分化问题一经纳入研究者的视野,不同理论立场的研究者就对其进行了不同的解读。Lievrouw 和 Farb[①]通过把"信息"与"公平"相结合进行分析,发现有关信息社会背景下的社会不平等研究可归结为两种视角:垂直或同质分层视角(vertical or hierarchical perspective)和水平或异质分层视角(horizontal or heterarchical perspective)。本研究依据这种分类方法,对信息贫富分化领域的研究成果梳理如下。

---

① Lievrouw, L. A., Farb, S. E., "Information and Equity", *Annual Review of Information Science and Technology*, Vol. 37, 2003, pp. 499–540.

（一）同质分层视角的信息贫富分化研究

同质分层视角的信息贫富分化研究，又称信息贫富分化研究的垂直视角，是指社会经济特征相似的人群在信息贫富分化中也处于相似的阶层。如，在数字鸿沟的研究中，信息获取与使用常常与人们的社会经济地位相联结，据此可以大体依据人群在社会、经济、文化等方面的共同特质（同质人群）而将其划分为信息"穷人"和信息"富人"。同质分层视角一般把信息视作私有商品，认为人们社会经济地位的优劣决定其得到这种商品的多寡。

Lievrouw 和 Farb[1] 指出，同质分层视角是迄今为止信息贫富分化研究的主流。早期的同质分层信息贫富分化研究以针对信息穷人与富人的研究为代表，认为如同任何私有商品一样，拥有更多财富或其他方面社会优势的人更容易获取和使用信息，而且信息作为商品也可相互交换。此类研究至少可追溯到 Bernard Berelson 于 1949 年针对美国图书馆使用情况展开的研究，在这项研究中，研究者发现人们的社会经济地位与其对图书馆的使用情况正相关。[2] 1975 年，Childers 和 Post 出版了《美国的信息穷人》一书，验证了信息贫困与经济和社会地位有关。[3] 在同质分层视角的研究中，最著名的当数 Tichenor，Donohue 和 Olien[4] 提出的"知识沟"假说。"知识沟"假说认为，信息流入社区时，会进一步加大经济社会地位优势人群与劣势人群之间的鸿沟，从而使现有的不平等更趋恶化。[5] Zweizig 等 1977 年针对图书馆用户展开的一系列研究表明，教育水平与图书馆使用情况密切相关，同时，教育水平与社会经济地位之间也存在着密不可分的关系，因此社会经济地位对图书馆使用存在着重大影响[6]。由 Kagan 起草

---

[1] Lievrouw, L. A., Farb, S. E., "Information and Equity", *Annual Review of Information Science and Technology*, Vol. 37, 2003, pp. 499–540.

[2] Berelson, B., *The Library's Public*, New York: Columbia University Press, 1949, p. 18.

[3] Childers, T., Post, J. A., *The Information Poor in America*, Metuchen, NJ: Scarecrow Press, 1975, p. 25.

[4] Tichenor, P. J., Olien, C. N., Donohue, G. A., "Mass Media Flow and Differential Growth in Knowledge", *Public Opinion Quarterly*, Vol. 34, No. 3, 1970, pp. 159–170.

[5] Tichenor, P. J., Donohue, G. A., Olien, C. N., "Mass Media Flow and Differential Growth in Knowledge", *Public Opinion Quarterly*, Vol. 34, No. 1, 1970, pp. 159–170.

[6] Zweizig, D., Dervin, B., "Public Library use, users, uses: Advances in Knowledge of the Characteristics and Needs of the Adult Clientele of American Public Libraries", In M. J. Voigt & M. H. Harris (Eds.), *Advances in Librarianship*, 1977, pp. 231–255.

的"国际图联社会责任讨论组"报告中,强调了人们的富裕程度与信息获取之间的关系,这一报告把信息穷人定义为:(1)发展中国家的经济弱势人群;(2)地处通信和交通闭塞地区的农村人群;(3)文化和社会贫困人口,特别是文盲、老人、妇女和儿童;(4)受到种族、教义和宗教歧视的少数民族;(5)身体残疾者。[1]

随着信息贫富分化研究的深化,如何对其进行有效治理逐渐引起了社会的重视。公共图书馆作为服务公民信息需求的一项制度安排,在治理信息贫富分化的研究中被置于一个重要位置。Dela Pena McCook等认为图书馆员必须理解社会经济环境下的贫困,以便有效传递信息,实现图书馆在民主化进程中应有的功能[2]。信息公平政策一直是美国图书馆协会(ALA)的一项基本宗旨,1999年ALA年度报告指出,"图书馆非常需要重新定位自己在为贫困者提供各种资源过程中的角色"。[3] 不难看出,信息时代公共图书馆界对自己职业的定位是,为"社会经济环境下的贫困者"提供服务,以便促进社会信息贫富分化的消除,这显然是一种同质分层的立场。

在同质分层信息贫富分化的研究者中,Chatman是一位引人注目的研究者。Chatman通过对贫穷的老年女工、监狱中的犯人、低技能的工人进行深入访谈,发现社会和文化标准规制了这些人的信息行为,在这些弱势人群中形成了"小世界",从而造成了信息贫困(Chatman[4]; Chatman &

---

[1] Kagan, A., "The Growing Gap Between the Information Rich and the Information Poor, Both within Countries and Between Countries. Acomposite Policy Paper of the Social Responsibilities Discussion Group", International Federation of Library Associations and Institutions. Retrieved November 21, 2000.

[2] Dela Pena McCook, K., "Poverty, Democracy and Public Libraries", In N. Kranich (Ed.), Libraries: The Cornerstone of Democracy, Chicago: American Library Association, Retrieved January 2, 2002, p. 32.

[3] Dela Pena McCook, K., "Poverty, Democracy and Public Libraries", In N. Kranich (Ed.), Libraries: The Cornerstone of Democracy, Chicago: American Library Association, Retrieved January 2, 2002, p. 32.

[4] Chatman, E. A., "Information, Mass Media Use and the Working Poor", Library & Information Science Research, Vol. 32, No. 7, 1985, pp. 97 – 113; Chatman, E. A., "The Information World of Low-skilled Workers", Library & Information Science Research, Vol. 34, No. 9, 1987, pp. 265 – 283; Chatman, E. A., The Information World of Retired Women, Westport, CT Greenwood Press, 1992, p. 89; Chatman, E. A., "Framing Social Life in Theory and Research", New Review of Information Behaviour Research, Vol. 5, No. 1, 2000, pp. 3 – 17.

Pendleton[1]）。此外，研究者还发现性别（Harris[2]，Shade[3]）、种族和语言（Liu[4]）等也对信息贫困的形成有着明显的影响，这种影响强化了社会经济地位同质群体在信息贫富分化中的同质性。

随着20世纪90年代以来的社会信息化程度的加深，数字鸿沟渐成同质分层视角信息贫富分化研究的主流。数字鸿沟研究一方面拓展了人们对信息社会问题的认识，另一方面也因明显的技术决定主义倾向而遭到越来越多的批评。在此背景下，关注信息贫富分化问题的研究者进而转向数字不平等研究，试图通过把更多维度纳入信息贫富分化的研究之中，以克服数字鸿沟研究者以技术"有"和"无"二元对立判断信息贫富分化所造成的局限性。鉴于数字鸿沟和数字不平等研究在最近十年来已取得数量庞大的研究成果，本书将在下一节对其专门进行综述，在此不赘。

同质分层视角的信息贫富分化研究有着显而易见的局限性。McCreadie和Rice[5]认为，同质分层视角的基点在于"马太效应"（Matthew Effect）。然而，对某种信息源和信息技术的拥有或获取并不意味着人们可以自动从中获益，只有当个体赋予其意义时，信息对个体才是有价值的。而个体能否赋予信息以意义并使之变得有用，很大程度上依赖于其技能、经验和其他环境因素。据此，Lievrouw和Farb[6]分析认为，同质分层视角的缺陷是把信息的贫富等同于其他任何形式的贫富，认为信息的富有是有限而可以累积的，只需要测度某个人或某个群体比他人多使用了多少信息就能精确地反映信息的贫富差距。按这种逻辑推理，极低社会经济地位的个体或严重的社会弱势群体的信息获取与使用应该接近于零，反之，精英

---

[1] Chatman, E. A., Pendleton, V. E. M., "Knowledge Gaps, Information-seeking and the Poor", *Reference Libraria*, Vol. 49/50, 1995, pp. 135 – 145.

[2] Harris, R., "Service Undermined by Technology: An Examination of Gender Relations, Economics and Ideology", Progressive Librarian, (2011 – 09 – 08), http://www.libr.org/PU1O-11-Harris.html.

[3] Shade, L. R., "A Gendered Perspective on Access to the Information Infrastructure", *The Information Society*, Vol. 14, 1998, pp. 33 – 44.

[4] Liu, M., "Ethnicity and Information Seeking", *Reference Librarian*, Vol. 49/50, 1995, pp. 123 – 134.

[5] McCreadie, M., Rice, R. E., "Trends in Analyzing Access to Information, Part I: Cross-disciplinary Conceptualizations of Access", *Information Processing & Management*, Vol. 35, 1999, pp. 45 – 76.

[6] Lievrouw, L. A., Farb, S. E., "Information and Equity", *Annual Review of Information Science and Technology*, Vol. 37, 2003, pp. 499 – 540.

阶层的信息则会越来越富有。显然，这种视角对信息资源在人们生活中扮演的复杂角色的把握是不完整的，其实质是把复杂问题进行了简单化处理。

（二）异质分层视角的信息贫富分化研究

与同质分层视角的信息贫富分化不同，异质分层视角（水平视角）的信息贫富分化认为，即使来自相同社区、种族或具有相同经济背景的人群，其信息需求和使用也存在着差异，即社会经济背景同质的人群其信息世界也很可能具有异质性。这种视角认为，信息不仅具有与其他商品类似的属性，而且也是一种具有主观性和高度环境依赖性的无形的公共产品。这种产品的特性之一是不因使用而出现损耗。从异质分层的视角看，除非人们的有效参与，否则仅仅通过对信息服务和信息系统等物质资源的重新分配并不能解决信息贫富分化问题。据此，研究者的任务是洞察信息资源分配的方式与质量，以及人们是否使用和如何使用这些信息资源。而国家政策的目标应该是使每个人都可获取信息资源，并通过这些资源实现其个人目的，有效地参与社会。

Lievrouw 和 Farb[1] 发现，与同质分层视角在信息贫富分化研究领域受到普遍认同形成鲜明对比的是，异质分层视角在很大程度上被忽视了。事实上，信息贫富分化问题研究中的异质分层视角可追溯到 20 世纪 70 年代。Dervin 和 Nilan[2] 对 1978 年以来信息行为的研究成果进行综述时发现，本领域的研究已转向用户中心范式，而这种转向正是异质分层视角信息贫富分化研究的源头[3]。异质分层视角反对把信息视为客观的物品。Dervin[4] 指出，如果把信息视为客观物品，则根本无法

---

[1] Lievrouw, L. A., Farb, S. E., "Information and Equity", *Annual Review of Information Science and Technology*, Vol. 37, 2003, pp. 499–540.

[2] Dervin, B., & Nilan, M., "Information Needs and Uses", *Annual Review of Information Science and Technology*, Vol. 21, 1986, pp. 3–33.

[3] Lievrouw, L. A., Farb, S. E., "Information and Equity", *Annual Review of Information Science and Technology*, Vol. 37, 2003, pp. 499–540.

[4] Dervin, B., "The Everyday Information Needs of the Average Citizen: A Taxonomy for Analysis", In M. Kochen & J. Donohue (Eds.), *Information for the Community*, Chicago: American Library Association, 1976, pp. 19–38; Dervin, B., "Communication Gaps and Inequities: Moving Toward a Reconceptualization", *Progress in Communication Sciences*, No. 2, 1980, pp. 73–112; Dervin, B., "Information as a User Construct: The Relevance of Perceived Information Needs to Synthesis and Interpretation", In S. A. Ward & L. J. Reed (Eds.), *Knowledge Structure and use: Implications for Synthesis and Interpretation*, Philadelphia: Temple University Press, 1983, pp. 153–183.

解释在社会建构、环境依存、偶遇等情况下的无形信息，因此把信息从其特有的环境中分离出来是对其本质最大程度的扭曲和最无意义的解读，即便是凭直觉，把信息作为物品拥有和交换的观点也常常难以自圆其说。

异质分层视角植根于建构主义学说之中。站在建构主义的立场上，许多研究者对本领域的研究进行了反思。如，Dick[①]发现，图书馆与情报学领域的研究者从认识论的层次开始对信息到底是"被发现的"还是"被建构的"予以质疑。基于认识论的转向，Swanson[②]发现，许多研究者开始对传统的由专家驱动的、自上而下设计的信息组织、存储和检索系统进行否定。Cole[③]指出，这种新的范式把信息重新定义为"至少在某种程度上是由用户建构的主观现象"。

异质分层视角在图书馆职业实践活动中也得到了回应。如，Mosco 在加拿大国家图书馆关于接入、公平和网络的报告中指出，加拿大的社会和信息政策应该更关注于培育个体的能力与兴趣，"把传统的关于接入的定义（即把接入定义为特定硬件或软件技术获取）进行拓宽非常重要，更深层次地说，接入必须伴随着能力、智慧、社会和文化方可转变成人们对信息高速公路的有效使用"。[④]

综上所述，从理论构建的角度看，异质分层视角的研究者所秉持的基本观点是，由于人们从信息中获益常常依赖于个体的建构能力，在信息技术扩散的背景下，即使在社会经济地位同质的人群中也很可能因建构能力的差异而出现信息贫富分化，从而使"经济社会地位同质"的人群演化成"信息异质"的人群。异质分层视角融合了现象学看待信息的主观视角、信息政治经济学对信息商品化的批判以及把社会正义视

---

① Dick, A. L., "Epistemological Positions and Library and Information Science", *Library Quarterly*, Vol. 69, 1999, pp. 305–323.

② Swanson, D. R., "Historical Note: Information Retrieval and the Future of an Illusion", In K. Sparck Jones & P. Willett (Eds.), *Readings in Information Retrieval*, San Francisco: Morgan Kaufmann, 1997, pp. 555–561.

③ Cole, C., "Operationalizing the Notion of Information as a Subjective Construct", *Journal of the American Society for Information Science*, Vol. 45, 1994, pp. 465–476.

④ Mosco, V., "Public Policy and the Information Highway: Access, Equity and Universality, A Report to the National Library of Canada", (February, 2000), http: llwww. carleton. edd-vmosco/pubpol. htm.

为公正而非绝对平等的理论视角。异质分层视角的信息贫富分化问题研究者不再把信息资源的分配作为解决信息贫富分化问题的唯一对策。很多研究者试图通过对个体获取与使用信息中所处的社会网络分析解释信息贫富分化,与此同时,社会资本、公共产品等概念也随之进入了本领域研究者(如,DiMaggio 等[1],Putnam[2],Wellman 等[3])的视野。很多研究者都发现,在人们的日常生活中,社会网络不仅是一种强有力的信息源,而且起着过滤信息和把成员融入信息环境的功能。例如,Coleman[4] 发现,社会网络塑造了人们信息交流的特征和对信息的敏感度。Putnam[5] 认为,由于社会网络越大,则越能为个体提供重要信息源和社会资本,因而社会网络和社会资本能够使其成员获取更大的外部效益,得到高质量的公共产品。Anton 等[6]、Introna 等[7]、Lessig[8]、Serageldin[9]、Spar[10]、Stiglitz[11]、

---

[1] DiMaggio, P., Hargittai, E., Neuman, W. R., Robinson, J. P., "Social Implications of the Internet", *Annual Review of Sociology*, Vol. 27, 2001, pp. 307–336.

[2] Putnam, R. D., *Bowling Alone: The Collapse and Revival of American Community*, New York: Simon & Schuster, 2000, p. 87.

[3] Wellman, B., Salaff, J., Dimitrova, D., Garton, L., Gulia, M., Haythornthwaite, C., "Computer Networks as Social Networks: Collaborative Work, Telework, and Virtual Community", *Annual Review of Sociology*, Vol. 22, 1996, pp. 213–238.

[4] Coleman, J. S., *Social Capital In Foundations of Social Theory*, Cambridge: Belknap Press, 1990, pp. 300–321.

[5] Putnam, R. D., *Bowling Alone: The Collapse and Revival of American Community*, New York: Simon & Schuster, 2000, p. 9.

[6] Anton, A., Fisk, M., Holmstrom, N., *Not for Sale: Independent of Public Goods*, Boulder, CO: Westview Press, 2000, p. 88.

[7] Introna, L. D., & Nissenbaum, H., "Shaping the Web: Why the Politics of Search Engines Matters", *The Information Society*, Vol. 16, No. 3, 2000, pp. 169–185.

[8] Lessig, L., *Code and Other Laws of Cyberspace*, New York: Basic Books, 1999, p. 56; Lessig, L., *The Future of Ideas: The Fate of the Commons in a Connected World*, New York: Random House., 2001, p. 93.

[9] Serageldin, I., "Cultural Heritage as Public Good: Economic Analysis Applied to Historic Cities", In I. Kaul, I. Grunberg, & M. A. Stern (Eds.), *Global Public Goods: International Cooperation in the 21st Century*, Oxford, UK: Oxford University Press, 1999, pp. 240–263.

[10] Spar, D. L., "The Public Face of Cyberspace", In I. Kaul, I. Grunberg, & M. A. Stern (Eds.), *Global Public Goods: International Cooperation in the 21st Century*, Oxford, UK: Oxford University Press, 1999, pp. 344–363.

[11] Stiglitz, J. E., "Knowledge as a Global Public Good", In I. Kaul, I. Grunberg, & M. A. Stern (Eds.), *Global Public Goods: International Cooperation in the 21st Century*, Oxford, UK: Oxford University Press, 1999, pp. 308–325.

Sy[①]、van den Hoven[②] 等都发现，许多类型的信息、技术系统、知识和文化遗产都是公共的而非私人产品。近十年来，从社会网络及社会资本角度对信息贫富分化问题进行的研究数量明显增加，其理论深度也得以不断深化。

同质分层和异质分层两种理论视角从不同角度对信息贫富分化进行了分析，然而，这两种视角之间绝非彼此隔绝、完全对立的。Lievrouw 和 Farb 指出，如果把信息平等作为一种社会目标，则同质和异质视角都应该得到充分观照。具体而言，信息贫富分化问题的解决需要同时关注如下因素：（1）信息资源和信息技术的不均衡扩散将使现有的社会经济地位不平等趋于恶化，因此，解决信息贫富分化首先需要关注信息资源的均衡配置。（2）在人们缺乏信息使用能力的前提下，即使最均衡的信息资源配置也是无意义的，因此，必须为人们创造足够的学习机会。（3）开放、开源的价值观与人们的信息获取和使用密切相关，应该倡导这些价值观。（4）信息资源的提供及相关政策的制定应深深地植根于人们的生活环境之中。（5）社会生活环境如何形塑了人们的信息需求和兴趣应该引起足够关注[③]。

第二节 数字鸿沟、数字不平等与"知识沟"研究

如前所述，同质分层视角是迄今为止信息贫富分化研究的主要理论视角，数字鸿沟、数字不平等与"知识沟"研究则构成了同质分层信息贫富分化研究的主体。

一 数字鸿沟研究进展
（一）数字鸿沟的界定与操作化

如何定义数字鸿沟并对其进行操作化，对于本领域的研究至关重要。

---

① Sy, J. H., "Global Communication for a More Equitable World", In I. Kaul, I. Grunberg, & M. A. Stern (Eds.), *Globalpublicgoods: International Cooperation in the 21st Century*, Oxford, UK: Oxford University Press, 1999, pp. 326 – 343.

② van den, Hoven J., "Distributive Justice and Equal Access: Simple vs. Complex Equality", In L. D. Introna (Ed.), *Proceedings of the Computer Ethics: Philosophical Enquiry (CEPE' 98) Conference*, London: London School of Economics and Political Science, 1998.

③ Lievrouw, L. A., Farb, S. E., "Information and Equity", *Annual Review of Information Science and Technology*, No. 37, 2003, pp. 499 – 540.

如果追根溯源，当前数字鸿沟研究领域的争论与分歧几乎都与研究者对数字鸿沟的界定有着千丝万缕的联系。在数字鸿沟研究领域，迄今最有影响力，也受到其他国家和国际组织的普遍认同的定义是由美国商务部作出的，[①] 即数字鸿沟指"计算机和 Internet 的获取（access）率之间的差异"。[②] 但在具体研究实践中，不同研究者常常又对数字鸿沟进行了各自界定。

虽然数字鸿沟的研究迄今已产生了大量研究成果，然而，数字鸿沟的定义并未因研究的深入而趋于统一，相反，目前研究者对数字鸿沟的理解似乎更趋多元化。仅仅是对如何才能算得上对 Internet 的"获取"就可以从现有研究中提取出数十种不同的解释。上述分歧的一个后果是，对数字鸿沟的不同定义衍化成各异的操作性定义和测度指标，进而又产生出不尽一致甚至相互矛盾的研究结论来。显然，缺乏有足够包容能力和解释力的概念界定及操作性定义已成为制约本领域研究得以进一步深化的一个瓶颈。

(二) 数字鸿沟研究的进化

与研究者对数字鸿沟概念的界定相呼应，数字鸿沟研究也经历了一个进化的过程。Goode[③] 认为，数字鸿沟的研究经历了如下三个阶段的进化过程。第一阶段的数字鸿沟研究强调"获取"。学术界对数字鸿沟的关注源自数字技术获取和使用的不均衡，而 1995 年美国通信与信息管理署发布的计算机不均衡扩散的报告则是数字鸿沟研究的肇始。这一阶段，数字鸿沟的研究强调大规模的调查与统计，但缺乏相应的理论框架，而且也无法对信息社会的全景进行有效的描述，因此招致了大量的批评。如，Jung 等[④]、

[①] Wong, Y. C. L., Chi Kwong, Fung, John Y. and Lee, V., "Digital Divide and Social Inclusion: Policy Challenge for Social Development in Hong Kong and South Korea", *Journal of Asian Public Policy*, Vol. 3, No. 1, 2010, pp. 37 – 52.

[②] U. S., Department of Commerce (ESA & NTIA), *Falling through the Net: toward digital inclusion*, Washington, D. C.: Author, 2000, p. 12.

[③] Goode, J., "The Digital Identity Divide: how Technology Knowledge Impacts College Students", *New Media Society*, Vol. 12, No. 1, 2010, p. 497.

[④] Jung, J. Y., Qiu, J. L. and Kim, Y. C., "Internet Connectedness and Inequality: Beyond the 'Divide'", *Communication Research*, Vol. 28, No. 4, 2001, pp. 507 – 535.

Selwyn[1]、Warschauer 等[2]。第二阶段的数字鸿沟研究强调"技能和使用"（skill and usage）。在这一阶段，研究者关注的焦点是人们如何使用技术，并通常把技术使用的不平衡归因于教育。如 Becker[3]，Warschauer 等[4]，Ching 等[5]。第三阶段的数字鸿沟研究是建立在对前两个阶段数字鸿沟研究中明显的技术决定主义倾向进行批判的基础之上的，这一阶段，研究者关注的最重要的问题是数字鸿沟如何反映和强化了社会和经济的不平等。也有研究者从数字鸿沟研究者所秉持理论立场的差异出发，对数据鸿沟研究的阶段进行了划分。Rodino-Colocino[6] 认为，迄今为止，本领域经历了两波数字鸿沟的研究。第一波数字鸿沟（Digital Divide I: The First Wave）可称之为"硬技术决定主义"，认为技术直接影响社会变化。美国商务部1995年以来出台的系列报告可被视为硬技术主义的代表。第二波数字鸿沟（Digital Divide II: The Second Wave）属于"软技术决定主义"，在认为技术是一种影响社会的现象的同时，又把技术本身作为一种社会问题的症状。如，Jung 等[7]在对第一波数字鸿沟进行批判性分析的基础上，提出以连接度（connectedness）代替获取（access）。Sevron[8] 提出，获取只能作为数字鸿沟

---

[1] Selwyn, N., "Reconsidering Political and Popular Understandings of the Digital Divide", *New Media & Society*, Vol. 6, No. 3, 2004, pp. 341 – 362.

[2] Warschauer, M., "Demystifying the Digital Divide: The Simple Binary Notion of Technology Haves and Have-nots Doesn't Quite Compute", *Scientific American*, Vol. 289, No. 2, 2003, pp. 42 – 47; Warschauer, M., *Technology and Social Inclusion: Rethinking the Digital Divide*, Cambridge, MA: MIT Press, 2003, p. 235; Warschauer, M., Knobel, M. and Stone, L., "Technology and Equity in Schooling: Deconstructing the Digital Divide", *Educational Policy*, Vol. 18, No. 4, 2004, pp. 562 – 588.

[3] Becker, H. J., "Who's Wired and Who's Not: Children's Access to and Use of Technology", *Children and Computer Technology*, Vol. 10, No. 2, 2000, pp. 44 – 75.

[4] Warschauer, M., "Technology and School Reform: A View from Both Sides of the Track", *Educational Policy Analysis Archives*, Vol. 8, No. 4, 2000, pp. 6 – 12; Warschauer, M., Knobel, M. and Stone, L., "Technology and Equity in Schooling: Deconstructing the Digital Divide", *Educational Policy*, Vol. 18, No. 4, 2004, pp. 562 – 588.

[5] Ching, C., Basham, J. and Jang, E., "The Legacy of the Digital Divide", *Urban Education*, Vol. 40, No. 4, 2005, pp. 394 – 411.

[6] Rodino-Colocino, M., "Laboring Under the Digital Divide", *New Media Society*, Vol. 8, 2006, p. 487.

[7] Jung, J. Y., Qiu, J. L. and Kim, Y. C., "Internet Connectedness and Inequality: Beyond the 'Divide'", *Communication Research*, Vol. 28, No. 4, 2001, pp. 507 – 535.

[8] Sevron, L., *Bridging the Digital Divide: Technology, Community, and Public Policy*, Malden: Blackwell, 2002, p. 124.

问题诸多维度中的一个。Mossberger 等[1]认为数字鸿沟应扩展到技术技能和素养与对 Internet 的获取、经济机会、民主区隔之间的互动。Warschauer[2] 呼吁数字鸿沟的研究应与技术、社会、经济和政治问题等非技术变量相关联。

Pruulmann-Vengerfeldt[3] 则对传统的数字鸿沟测度提出了质疑,并认为"信息社会"不等于"信息+社会",以数字鸿沟为代表的现有信息社会的测度陷入了一个误区——把技术作为社会发展变化的唯一动力。Braman[4]、MacKay[5]、Dutton[6]、Wyatt 等[7]的研究均表明,社会的变化与发展并非仅仅由技术驱动,测量计算机、光缆以及连接度只能反映信息社会的一小部分。Mansell 和 When[8] 也指出,技术自身并不创造社会的转型,技术本身也是由特定社会、经济和技术环境中的人设计并应用的。

Selwyn[9] 对政治和大众话语中的数字鸿沟进行了反思,认为现有的数字鸿沟研究的缺陷表现在如下几个方面。(1) 对 ICT 理解的偏差。或者太宽,认为 ICT 与技术同质;或者太窄,把 ICT 等同于某项具体的技术。作者提出,在理论上,数字鸿沟应该与一切技术相分离。(2) 在政治话语中,把 access 等同于物理接口,事实上把 access 等同于 available。作者认为,任何数字鸿沟的定义都必须从个体视角进行。(3) 无视 access to 与 use of ICT 的

---

[1] Mossberger, K., Tolbert, C. and Stansbauy, M., *Stansbury Virtual Inequality: Beyond the Digital Divide*, Washington, D. C.: Georgetown University Press, 2003, p. 323.

[2] Warschauer, M., *Technology and Social Inclusion: Rethinking the Digital Divide*, Cambridge: MIT Press, 2003, p. 121.

[3] Pruulmann-Vengerfeldt, P., "Exploring Social Theory as a Framework for Social", *The Information Society*, Vol. 22, 2006, pp. 303–310.

[4] Braman, S., "Defining Information: An Approach for Policymakers", *Telecommunications Policy*, Vol. 13, No. 3, 1989, pp. 233–242.

[5] MacKay, H., "Theorising the IT/Society Relationship", In *Information Technology and Society: A Reader*, eds. N. Heap, R. Thomas, G. Einon, R. Mason, and H. Mackay, Thousand Oaks, CA: Sage, 1995, pp. 41–53.

[6] Dutton, W., *Society on the Line: Information Politics in the Digital Age*, New York: Oxford University Press, 1999, pp. 23–35.

[7] Wyatt, S., Henwood, F., Miller, N., and Senker, P., et al., *Technology and in/equality: Questioning the Information Society*, New York: Routledge, 2000, pp. 22–35.

[8] Mansell, R., When, *Knowledge Societies: Information Technology for Sustainable Development*, Report for the United Nations Commission on Science and Technology for Development, New York: Oxford University Press, 1998, p. 98.

[9] Selwyn, N., "Reconsidering Political and Popular Understandings of the Digital Divide", *New Media Society*, Vol. 22, No. 6, 2004, pp. 341–362.

长期复杂关系，而把二者混为一谈。作者认同 Bonfadelli[①] 的观点，认为数字鸿沟的研究应该对个体予以关注，因此信息社会背景下表述个体与ICT关系更准确的词是参与（engagement）而非获取（access）。

此外，大量学者也从其他角度对传统数字鸿沟的研究予以反思和批判，如 Devine[②]、Edwards-Johnson[③] 认为传统数字鸿沟研究二元化的简单理解导致了数字鸿沟易于弥合等简单化政治意愿；Burgelman[④] 认为，现有数字鸿沟研究和普遍服务理念扎根于经济的判断，因而陷入化约主义、形式主义以至于最终变成了空想。

总之，数字鸿沟的研究与测度在质疑与反思中不断进化。为了弥补现有研究的不足，现有数字鸿沟领域的研究在对技术决定主义进行批判的基础上，逐步把研究旨趣回归到对宏观信息社会背景的整体考察及信息社会中的人自身特征的关注方面。这种回归是一个积极的信号，这意味着以数字鸿沟为代表的信息贫富分化研究正顺应于过去二三十年来社会科学领域消除结构与主体能力性二者对立的趋势，试图以整体性理论对信息社会问题作出解释。如 Selwyn[⑤] 借用 Boundieu 的理论提出，理解数字鸿沟的最佳视角是区分不同形式的经济、文化和社会资本，从而实现理论视野的融合。然而，迄今为止，在数字鸿沟的界定与操作化问题上的严重分歧一方面在推动本领域研究在反思中不断得以进化，但另一方面也限制了本领域已有研究成果的沉淀和整合。站在整体性研究的立场上，数字鸿沟领域的研究急迫地呼唤新的理论视角，以便在统整现有研究成果的基础上产生出兼具理论解释力并能够贡献于信息社会发展的理论体系。

（三）关于数字鸿沟的实证研究

在针对数字鸿沟进行的研究中，相当部分的研究者力图析出影响数字鸿沟的因素，以便有效地测度数字鸿沟，并对数字鸿沟的成因与治理提供

---

① Bonfadelli, H., "The Internet and Knowledge Gaps: a Theoretical and Empirical Investigation", *European Journal of Communication*, Vol. 17, No. 1, 2002, pp. 65 – 84.

② Devine, K., "Bridging the Digital Divide", *Scientist*, Vol. 32, No. 1, 2001, p. 28.

③ Edwards-Johnson, A., "Closing the Digital Divide", *Journal of Government Information*, Vol. 27, No. 6, 2000, pp. 898 – 900.

④ Burgelman, J., "Regulating Access in the Information Society: the Need for Rethinking Public and Universal Service", *New Media and Society*, Vol. 2, No. 1, 2000, pp. 51 – 66.

⑤ Selwyn, N., "Reconsidering Political and Popular Understandings of the Digital Divide", *New Media Society*, Vol. 22, No. 6, 2004, pp. 341 – 362.

建议。如表2.1所示,迄今研究者已从不同角度证明数字鸿沟与各种各样的社会因素和个人因素有关。

表2.1　　　　　　　　　　数字鸿沟相关因素研究

与数字鸿沟相关的因素	来源
收入（income）	Ebo，1998①
职业（occupation）	Losh，2004②；McLaren & Zappala，2002③
性别和年龄（gender and age）	DiMaggio et al.，2004④
教育（education）	Cornfield & Rainie，2003⑤
地理区位的中心度（geographic centrality）	Chen et al.，2003⑥；Cornfield et al.，2003⑦
民族和种族（ethnicity and race）	Hoffman et al.，2000⑧；Novak et al.，2007⑨
宗教（religiosity）	Bell et al.，1997⑩

---

① Ebo, B., *Cyberghetto or Cybertopia? Race, Class, and Gender on the Internet*, Westport, CT: Praeger, 1998, p. 55.

② Losh, S. C., "Gender, Educational, and Occupational Digital Gaps", *Social Science Computer Review*, Vol. 22, No. 2, 2004, pp. 152–166.

③ McLaren, J., and Zappala, G., "The 'Digital Divide' Among Financially Disadvantaged Families in Australia", *First Monday*, Vol. 7, No. 11, 2002, pp. 12–19.

④ DiMaggio, P., Hargittai, E., Celeste, C., and Shafer, S., "Digital Inequality: From Unequal Access to Differentiated Use", In *Social Inequality*, ed. K. Neckerman, New York: Russell Sage Foundation, 2004, pp. 355–400.

⑤ Cornfield, M., and Rainie, L., *Untuned Keyboards: Online Campaigners, Citizens, and Portals in the 2002 Elections*, Institute for Politics, Democracy & the Internet, Washington DC: Pew Internet & American Life Project, 2003, p. 88.

⑥ Chen, W., and Wellman, B., *Charting and Bridging Digital Divides: Comparing Socio-economic, Gender, Life Stage and Rural-urban Internet Access and use in Eight countries*, AMD Global Consumer Advisory Board (GSAB), 2003, p. 98.

⑦ Cornfield, M., and Rainie, L., *Untuned Keyboards: Online Campaigners, Citizens, and Portals in the 2002 Elections*, Institute for Politics, Democracy & the Internet, Washington DC: Pew Internet & American Life Project, 2003, p. 48.

⑧ Hoffman, D., Novak, T. and Schlosser, A., "The Evolution of the Digital Divide: How Gaps in Internet Access may Impact Electronic Commerce", *JCMC*, Vol. 5, No. 3, 2000, pp. 3–12.

⑨ Novak, T. P., Hoffman, D. L., and Venkatesh, A., "Diversity on the Internet: The Relationship of Race to Access and Usage", *Queenstown, MD. Paper Prepared for the Aspen Institute's Forum on Diversity and the Media*, 2007, p. 45.

⑩ Bell, P., Reddy, P., and Rainie, L., *Rural Areas and the Internet*, Washington, D. C.: Pew Internet and American Life Project, 1997, pp. 33–46.

续表

与数字鸿沟相关的因素	来源
语言（language）	Foulger, 2001[1]
家庭结构（family structure）	Kennedy et al., 2003[2]
体能（physical capacity）	Le Blanc et al., 2000[3]; Lenhart et al., 2003[4]
频率（frequency）	Fox, 2004[5]
在线时间（time online）	Spooner & Rainie, 2001[6]
目的（purpose）	Center for the Digital Future, 2004[7]
技能（skills）	Robinson et al., 2003[8]
自主性（autonomy）	Dasgupta et al., 2002[9]
负担能力（affordability）	OECD/DSTI, 2001[10]
竞争性市场的结构（competitive market structure）	Dutta & Jain, 2004[11]

---

[1] Foulger, D., "Seven Bridges Over the Global Digital Divide", IAMCR & ICA Symposium on Digital Divide, Austin, TX. 2011 - 09 - 08, http://evolutionarymedia.com/papers/digitalDivide.htm.

[2] Kennedy, T., Wellman, B., and Klement, K., "Gendering the Digital Divide", *IT & Society*, Vol. 1, No. 5, 2003, pp. 1 - 25.

[3] Le Blanc, J., and Anderson, R., "Access and Accessibility", *Communications Policy and Practice*, Vol. 2, No. 26, 2000, pp. 4 - 9.

[4] Lenhart, A., Horrigan, J., Rainie, L., Allen, K., Boyce, A., Madden, M., and O'Grady, E., *The Ever-shifting Internet Population: A new Look at Internet Access and the Digital Divide*, Washington, DC: The Pew Internet & American Life Project, 2003, p. 88.

[5] Fox, S., *Older Americans and the Interne*, Washington, D. C.: Pew Internet and American Life Project, 2004, p. 76.

[6] Spooner, T., and Rainie, L., *Hispanics and the Internet*, Washington, DC: Pew Internet and American Life Project, 2001, p. 22.

[7] Center for the Digital Future. *The Digital Future Report: Surveying the Digital Future, Year Four: Ten Years, Ten Trends*, LosAngeles: USC Annenberg School, 2004, pp. 125 - 144.

[8] Robinson, J. P., Dimaggio, P., and Hargittai, E., "New Social Survey Perspectives on the Digital Divide", *IT & Society*, Vol. 1, No. 5, 2003, pp. 1 - 22.

[9] Dasgupta S., Lall S., and Wheeler D., *Policy Reform, Economic Growth, and the Digital Divide. Policy Reform Working Paper of the World Bank no. WPS* 2567. Washington, DC, 2002, p. 90.

[10] OECD/DSTI, "Understanding the digital divide", OECD papers. (2011 - 11 - 02), http://www.oecd.org/dataoecd/38/57/1888451.pdf.

[11] Dutta, S., and Jain, A., *The Networked Readiness Index, 2003 - 2004: Overview and analysis framework*, World Economic Forum, 2004, pp. 89 - 90.

续表

与数字鸿沟相关的因素	来源
计算机和网站的所有权和密度（ownership and density of computers and web sites）	Sicherl，2003[①]
通信基础设施（communication infrastructure）	Horrigan & Rainie，2004[②]；Horrigan，2004a[③]，2004b[④]；Katz et al.，2003[⑤]；Wareham et al.，2004[⑥]

资料来源：笔者根据相关文献整理。

可以看出，在影响数字鸿沟的因素中，既有经济因素（如市场结构、负担能力、通信基础设施），又有文化与社会因素（如宗教、语言家庭结构、地理区位等）；既有技术因素（如技能、上网频率、在线时间、网站密度），又有大量非技术因素（如自主性、体能、性别与年龄）；既有客观因素（如收入、职业、教育、民族与宗教等），又有主观因素（如目的）。纷繁复杂的因素被纳入数字鸿沟的研究之中，一方面说明了数字鸿沟成因的复杂性，另一方面也说明，本领域研究常常植根于一个并不坚实的基础之上。总之，如表 2.1 所示，现有研究已充分证明数字鸿沟是一个多维度的复杂问题，试图从单一角度测度或分析数字鸿沟的尝试都注定陷入片面。不幸的是，由于缺乏具有整合能力的综合性概念及操作性定义，不仅仅是数字鸿沟研究，而且整个信息贫富分化领域的研究都常常因无法从整体上把握相关影响因素而不可避免地陷入片面甚至相互矛盾的结论之

[①] Sicherl, P., *Different Statistical Measures Provide Different Perspectives on Digital Divide*, 2003, (2011-09-08), 6th ESAConference. http://www.sicenter.si/pub/Sicherl Digital divide Murcia.pdf.

[②] Horrigan, J., and Rainie, L., *The Broadband Difference*, Washington, D.C.: Pew Internet & American Life, 2004, p. 9.

[③] Horrigan, J. B., *28% of Americans are Wireless Ready*, Washington, D.C.: Pew Internet & American Life Press Release, 2004, 9.90.

[④] Horrigan, J. B., *Broadband Penetration on the Upswing: 55% of Adult Internet Users have Broadband at Home or Work*, Washington, D.C.: Pew Internet Project Data Memo, 2004, p. 77.

[⑤] Katz, J. E., and Rice, R. E., "Comparing Internet and Mobile Phone Usage: Digital Divides of Usage, Adoption, and Dropouts", *Telecommunications Policy*, Vol. 27, No. 8-9, 2003, pp. 597-623.

[⑥] Wareham, J., Levy, A., and Shi, W., "Wireless Diffusion Andmobile Computing: Implications for the Digital Divide", *Telecommunications Policy*, Vol. 28, No. 5-6, 2004, pp. 439-457.

中。例如，以教育为自变量的研究就存在以下数种结论：Oyelaran-Oyeyinka 等[1]认为教育和收入的差异导致了数字鸿沟，而且教育质量对 ICT 扩散的影响比收入大 2 倍；而 Chinn 等[2]则发现，教育与 PC 拥有量相关但却与 Internet 的使用无关；Kiiski 和 Pohjola 则发现[3]，平均受教育年限对 Internet 有显著影响。事实上，关于数字鸿沟的分歧不仅表现在实证研究结论的冲突方面，也表现在研究者对数字鸿沟是在弥合还是加宽的争论上。Kvasny 等[4]在文献调查的基础上发现，对于数字鸿沟的趋向已逐步分解为两种声音：关注于政策问题的研究者（如，Anderson 和 Melchior[5]，Katz 和 Aspden[6]，Goslee 和 Conte[7]，Hoffman 和 Novak[8]，美国商务部[9]；Mossberger 等[10]，Compaine[11] 等）认为数字鸿沟正在快速弥合，而且数字鸿沟只是现存社会分层的复制而已，因此无须特别干预，仅凭市场自身的力量即可实现弥合；反之，关注 ICT 扩散的社会影响的研究者（如，Hacker

---

[1] Oyelaran-Oyeyinka, B., & Lal, K., "Internet Diffusion in Sub-Saharan Africa: A Cross-country Analysis", *Telecommunications Policy*, Vol. 29, No. 7, 2005, pp. 507 – 527.

[2] Chinn, M. D., & Fairlie, R. W., "The Determinants of the Global Digital Divide: A Cross-country Analysis of Computer and Internet Penetration", *Oxford Economic Papers*, Vol. 59, No. 1, 2007, pp. 16 – 44.

[3] Kiiski, S., & Pohjola, M., "Cross-country Diffusion of the Internet", *Information Economics and Policy*, Vol. 14, No. 2, 2002, pp. 297 – 310.

[4] Kvasny, L. M. and Keil, M., "The Challenges of Redressing the Digital Divide: A Tale of Two US Cities", *Information Systems Journal*, Vol. 5, No. 16, 2006, pp. 23 – 53.

[5] Anderson, T. & Melchior, A., "Assessing Telecommunications Technology as a Tool for Urban Community Building", *Journal of Urban Technology*, Vol. 22, No. 3, 1995, pp. 29 – 44.

[6] Katz, J. & Aspden, P., "Motivations for and Barriers to Internet Usage: Results of a National Public Opinion Survey", *Internet Research: Electronic Networking Applications and Policy*, Vol. 45, No. 7, 1997, pp. 170 – 188.

[7] Goslee, S. & Conte, C., "Losing Ground bit by Bit: Low-income Communities in the Information Age, Research Report prepared by the Benton Foundation", 2011 – 08 – 07, http://www.benton.org/publibrary/losing-ground/home.html.

[8] Hoffman, D. L. & Novak, T. P., "Bridging the Racial Divide on the Internet", *Science*, Vol. 24, No. 8, 1998, pp. 390 – 391.

[9] U. S. Department of Commerce, "A Nation Online: How Americans are Expanding their Use of the Internet. Report Prepared by The National Telecommunications and Information Administration", 2011 – 08 – 07, http://www.ntia.doc.gov/ntiahome/dn/

[10] Mossberger, K., Tolbert, C. & Stansbury, M., *Virtual Inequality: Beyond the Digital Divide*, Georgetown University Press, Washington, D. C., USA, 2003, p. 88.

[11] Compaine, B., *The Digital Divide: Facing a Crisis or Creating a Myth?* MIT Press, Cambridge, MA, USA. Freire, P. (1970) Pedagogy for the Oppressed. *Continuum International Publishing Group*, New York, NY, USA, 2001, p. 90.

和 Mason[1]、Kvasny 等[2]、Servon[3]、Warschauer[4]、Hargittai[5]、van Dijk 和 Hacker[6]、Becht 等[7]; Norris[8] 等) 则认为, 数字鸿沟由复杂的社会、政治、历史和文化网络形塑, 因此必须在关注技能、能力的同时, 关注不同团体使用 ICT 的不同获益状况, 不关注 ICT 扩散的社会环境, 就无法"治愈"数字鸿沟。Fuchs 等[9]站在信息资本主义的立场上, 认为全球的数字鸿沟将通过以下六种途径得以解决:(1) 市场和技术的发展将使获取(access) 更廉价, 从而使数字鸿沟不治而愈;(2) 由于后发优势, 第三世界国家通过跨越式发展而直接进入信息社会;(3) 技术化约主义观点, 即认为通过向第三世界国家提供开源软件或低价技术即可弭平数字鸿沟;(4) 市场原教旨主义认为, 市场驱动和利益导向是解决数字鸿沟问题的根本方案;(5) 二元论观点认为, 技术与社会是完全分离的, 技术完全不重要;(6) 辩证整合主义认为, 这是一种复杂的数字鸿沟解决方案, 是对上述五种观点的整合。

综上所述, 从基本概念的界定、关键概念的操作化到实证研究, 数字鸿沟研究领域弥漫着分歧与对立。本研究认为, 这种状况的出现是由理论视角的二元对立所导致的: 当站在结构决定主义立场上把社会结构因素归结为数字鸿沟的决定因素时, 事实上已经忽视了在个体能动性与社会结构

---

[1] Hacker, K. & Mason, S., "Ethical Gaps in Studies of the Digital Divide", *Ethics and Information Technology*, Vol. 23, No. 5, 2003, pp. 99 – 115.

[2] Kvasny, L., Sawyer, S. & Purao, S., *The Digital Divide and Information Systems Research: Stepping up or Stepping Away? Paper Presented at the MISRC/CRITO Digital Divide Symposium*, University of Minnesota, Minneapolis, MN, 2004, pp. 64 – 68.

[3] Servon, L., *Bridging the Digital Divide: Technology, Community and Public Policy. Blackwell Press*, Malden, MA, USA. 2002, p. 98.

[4] Warschauer, M., "Reconceptualizing the Digital Divide", *First Monday*, Vol. 45, No. 7, 2002, pp. 3 – 8.

[5] Hargittai, E., "Second-level Digital Divide: Differences in People's onLine Skills", *First Monday*, Vol. 34, No. 7, 2001, pp. 4 – 8.

[6] van Dijk, J. & Hacker, L., "Digital Divide as a Complex and Dynamic Phenomenon", *Information Society*, Vol. 34, No. 19, 2003, pp. 315 – 326.

[7] Becht, D., Taglangand, K. & Wilhelm, A., "The Digital Divide and the U. S. Hispanic Population", *Digital Beat*, Vol. 2, No. 1, 1999, p. 13.

[8] Norris, P., *Digital Divide? Civic Engagement, Information Poverty and the Internet in Democratic Societies*, Cambridge University Press, New York, NY, USA, 2001, p. 55.

[9] Fuchs, C. and Horak, E., "Informational Capitalism and the Digital Divide in Africa", *Masaryk University of Law and Technology*, Vol. 1, No. 2, 2007, pp. 11 – 32.

之间的互动之于数字鸿沟的重要作用,这从另一个侧面说明了信息贫富分化研究中多维理论视角的重要性。于良芝指出,信息社会问题领域的研究者常常陷于结构与能动性二元对立之中,而结构与能动性的互动已成为信息贫富分化理论的盲点。"现有信息贫富分化研究要么只解释结构的决定作用,要么只解释主体的建构作用,要么在假定各类因素相对独立或平行的前提下分别解释它们的作用力。理论鸿沟的存在限制了两边的视野,也削弱了双方的解释力"。[①] 显然,数字鸿沟研究要产生有解释力和包容性的理论认识,首先必须弭平这一领域理论视野的鸿沟,有鉴于此,数字鸿沟以至整个信息贫富分化的研究都亟待新的理论视角的出现。

二 数字不平等研究进展

着眼于克服数字鸿沟研究越来越明显的局限性,大量学者进而通过对现有数字鸿沟的扬弃而转向数字不平等研究。闫慧[②]通过文献调查发现,虽然不同学者对数字不平等内涵的解释都是从自己专业背景出发,存在着各种差异,但同时也能找到一些共同点,如数字不平等是对数字鸿沟两分法的大幅度修正和细化,是对数字鸿沟简单分析方法的扬弃;强调数字化差异背后的社会、政治、经济等不平等,以及ICT主体多样化和ICT社会化的多个维度。与数字鸿沟研究相比,数字不平等研究的一个重要突破是以更加丰富的维度对信息贫富分化加以理解。

从本质上说,数字不平等与数字鸿沟的研究是一脉相承的,二者在看待信息社会问题的理论视角上并无本质差异。如前文所述,数字不平等保留了数字鸿沟研究看待信息社会问题一如既往的理论视角——认为ICT的获取(access)与使用是导致信息贫富分化的根源;而前者与后者有所区别的是不再以ICT的"有"和"无"作为判断信息贫富分化的根本标准,而强调把更多的技术相关因素纳入信息贫富分化考察的范围。如,Hsieh等把数字不平等定义为"技术获取之后持续使用的相关行为",[③] 并把

[①] 于良芝、刘亚:《结构与主体能动性:信息贫富分化研究的理论分野及整体性研究的必要》,《中国图书馆学报》2010年第1期。

[②] 闫慧:《数字鸿沟研究的未来:境外数字不平等研究进展》,《中国图书馆学报》2011年第4期。

[③] Hsieh, P. A., Rai, A., et al., "Understanding Digital Inequality: Comparing Continued use Behavioral Models of the Socio-economically Advantaged and Disadvantaged", *MIS Quarterly*, Vol. 32, No. 1, 2008, pp. 97–126.

"计划行为理论"（theory of planned behavior）作为解释数字不平等的基本理论模型。Hargittai 等把数字不平等视为一种与"知识沟"密切相关的现象，认为技能是造成数字不平等最关键的因素[①]。

无疑，与数字鸿沟的研究相比，数字不平等更加贴近信息社会的现实，其理论成果具有更强的解释能力。但由于沿袭了与数字鸿沟相同的理论视角，数字不平等研究远未摆脱技术决定主义的桎梏，所改进的，只是把认识信息贫富分化的层次从技术的"有"和"无"扩展到了技术的其他方面而已。

三 "知识沟"研究进展

基于对大众传媒的研究，Phillip Tichenor、George Donohue 和 Clarice Olien 于 1970 年提出了"知识沟"假设。假设的基本内容是："随着大众媒体信息不断'浸入'社会系统，社会经济地位高者比社会地位低者更快地获取这些信息，以至于两者之间的知识沟趋于加宽而非弥合。"[②]

在美国，对"知识沟"的研究分为两个阶段。1970—1975 年为第一阶段，这一阶段 Tichenor 等基于实证研究提出了最初的理论假设：随着媒介传播信息量的增长，社会各阶层的"知识沟"将会越来越大；在均等接受媒介信息的前提下，有较高教育水准的人与有较低教育水准的人之间的"知识沟"会增大。1975 年后，"知识沟"假说不断得到修正，得出了与早期"知识沟"假设不一致甚至相反的结论。

于良芝等[③]在对"知识沟"领域的研究进行回顾的基础上，把本领域的研究归为三类。第一类研究以 Tichenor 等的研究为代表，其主要旨趣是延续和发展他们的早期研究，一方面继续验证"不同阶层以不同的速度获取知识，从而导致他们的知识沟不断增大"的结论；另一方面对某些中间变量进行考察，以确定哪些因素可能干预知识沟的产生及其变化。第二类研究以 Ettema 等的研究为代表，认为"在获取大众媒介传播的知识

---

① Hargittai, E. and Hinnant, A., "Digital Inequality: Differences in Young Adults' Use of the Internet", *Communication Research*, Vol. 35, No. 5, 2008, pp. 602 – 621.

② Tichenor, Phillip J., George A. Donohue and Clarice N. Olien, "Mass Media Flow and Differential Growth in Knowledge", *Public Opinion Quarterly*, Vol. 34, No. 1, 1970, pp. 159 – 170.

③ 于良芝、刘亚：《结构与主体能动性：信息贫富分化研究的理论分野及整体性研究的必要》，《中国图书馆学报》2010 年第 1 期。

时，动机不同的人群的知识沟会拉大，而动机相同的人群的知识沟则不会拉大"。[1] 第三类研究以 Gaziano 等为代表，呼吁关注文化因素对知识沟的影响。

Bonfadelli[2] 对基于知识沟假说而展开的大量实证研究进行综合分析后发现，下述 5 个因素被证明与"知识沟"密切相关。（1）交流技巧。Grabe[3] 发现，与低教育水平者相比，高教育水平者的综合交流能力和对具体媒体信息进行解读的能力更强。（2）已有知识。Price 和 John[4] 发现，高教育水平者对公共事务议题具有更加广博的知识储备。Graber[5] 进而证明，这种潜在的认知框架增强了高教育水平者对新信息的识别和获取能力。（3）相关社会接触。Viswanath 等[6]发现，受过更好教育的人不仅与社会的整体融合度高，并且能够有效地从社会网络获取人际信息资源。（4）对信息的接收、使用和存储。研究发现，教育水平与主动搜寻信息的行为有着很强的相关性。（5）媒体系统的结构。McLeod 和 Elisabeth[7] 发现，高教育水平者更多使用印刷媒体等"信息富集媒体"（information-rich media），而低教育水平者则主要依赖于电视等信息源。此外，Hernstein[8] 对 58 项关于"知识沟"假说的研究以及 39 项针对改进"知识沟"研究方法的研究成果进行分析后发现，在 20 世纪的最后 20 年间，知识不平等不仅持

---

[1] Ettema, J. S., Brown, J. W., Luepker, R. V., "Knowledge Gap Effects in a Health Information Campaign", *The Public Opinion Quarterly*, Vol. 47, No. 4, 1983, pp. 516–527.

[2] Bonfadelli, H., "The Internet and Knowledge Gaps: A Theoretical and Empirical Investigation", *European Journal of Communication*, Vol. 17, No. 1, 2002, pp. 65–84.

[3] Grabe, M. E., "Cognitive Access to Negatively Arousing News. An Experimental Investigation of the Knowledge Gap", *Communication Research*, Vol. 27, No. 1, 2000, pp. 3–26.

[4] Price, V. and John, Z., "Who Gets the News? Alternative Measures of News Reception and their Implications for Research", *Public Opinion Quarterly*, Vol. 57, No. 1, 1993, pp. 133–164.

[5] Graber, D., *Processing Politics: Learning from Television in the Internet Age*, Chicago, IL and London: University Press of Chicago, 2001, p. 78.

[6] Viswanath, K., Gerald, M., Eric, S., Fredin and Eunkyung Park, "Local Community Ties, Community-Boundedness, and Local Public Affairs Knowledge Gaps", *Communication Research*, Vol. 27, No. 1, 2000, pp. 27–50.

[7] McLeod, D. and Elisabeth, M., "Direct and Indirect Effects of Socioeconomic Status on Public Affairs Knowledge", *Journalism Quarterly*, Vol. 71, No. 2, 1994, pp. 433–442.

[8] Hernstein, M., "Forecast 2000: Widening Knowledge Gaps. Journalism and Mass", *Communication Quarterly*, Vol. 74, No. 2, 1997, pp. 237–264.

续存在，而且严重地影响了社会经济地位快速变化中的弱势群体。Bonfadelli[①] 就 Internet 不断普及背景下的知识沟进行研究后发现，高教育水平者对 Internet 的接入率更高，且这种接入差距不因时间而变小；高教育水平者常常以获取信息服务为目的而使用 Internet，而低教育水平者则常常以娱乐为主要目的使用 Internet；大部分高教育水平者对网络的态度更加积极，认为自己使用网络的技能充满自信，而且热衷于保持对新技术的关注，低教育水平者则多认为自己技能属于"入门级"，对网络的使用常常无特定目标，较情绪化。

中国研究者对"知识沟""知识贫困"等问题的关注始于 20 世纪 90 年代初期。此方面的主要研究成果有如下几种。

单纯[②]对"知识沟"假设及美国学者和德国学者的主要观点进行了较为系统的介绍。从本研究所检索到的文献看，"知识沟"理论在我国并没有引起研究者太多的关注，本领域的研究成果非常有限且研究者相对单一。

韦路等[③]将网络知识（Internet knowledge）的概念与网络经历（Internet experience）、自我效能感（Internet self-efficacy）进行了区分，并对中国 279 名在校大学生进行了问卷调查。发现将网络知识整合进技术接受模型（Technology Acceptance Model）之中时，该变量通过影响大学生的网络使用意向，进而对其通过网络而获取知识的行为产生影响。作者认为，这一发现为实现将技术接受模型与"知识沟"和数字鸿沟研究相互衔接提供了理论契机。

熊才平[④]试图把"知识沟"理论作为缩小我国中小学教育信息化区域性差异的理论依据，并认为公民个体信息素养的差异直接导致"知识沟"的扩大化。但这一研究仅仅停留在理性思考的阶段，尚未获得实证的支持与验证。

付少平[⑤]对农业技术传播中的"知识沟"现象进行分析后发现，在农

---

① Bonfadelli, H., "The Internet and Knowledge Gaps: A Theoretical and Empirical Investigation", *European Journal of Communication*, Vol. 17, No. 1, 2002, pp. 65 – 84.
② 单纯：《"知识沟"理论的演变及其社会意义》，《社会科学》1993 年第 8 期。
③ 韦路、张明新：《网络知识对网络使用意向的影响：以大学生为例》，《新闻与传播研究》2008 年第 1 期。
④ 熊才平：《"知识沟"理论发展新动向及其演变链系统模型——探寻缩小中中小学教育信息化区域性差异的理论依据》，《电化教育研究》2004 年第 6 期。
⑤ 付少平：《农业技术传播中的知识沟现象分析》，《科学学与科学技术管理》2002 年第 12 期。

业技术推广中也存在着"知识沟"现象，文化程度高、收入水平高、对农业技术有需要和兴趣的农民通过大部分传播渠道获知、学习、咨询农业技术的人数比例都远远高于文化程度低、收入水平低和对农业技术没有需要与兴趣的农民。"知识沟"不仅存在于大众传播之中，也存在于组织传播、人际传播过程之中。农民文化程度的不同决定了农民对传播媒介的接受能力不同。收入高的农民对技术传播资源的获取较为充分，而收入低的农民主要是从本社区内部和社区组织获取信息与技术资源，对社区内部和组织传播资源的依赖性较强，而对社区外部传播资源的获取不足。农民对农业技术的需要与兴趣对农民是否能够积极关注信息、主动学习技术有重要的影响。

除上述研究外，韦路等[1]对美国全国性调查数据进行了分析，发现不同社会经济地位者之间的"使用沟"（即"第二道数字鸿沟"，指对Internet在"技能和使用上的差异"[2]）在因特网上比在传统媒介上更为明显。更重要的是，因特网上较大的"使用沟"也导致了更为显著的"知识沟"，使得数字鸿沟不仅在强度上，更在后果上有甚于传统媒介的使用差异。作者认为，这些发现不仅将经典的"知识沟"假设从知识获取沟延伸到知识生产沟，而且有助于在理论上加深对"知识沟"现象及其成因的理解。

第三节 信息时代的公民特质与社会结构研究

无论是对数字鸿沟、数字不平等还是"知识沟"的研究，都对信息社会背景下技术扩散的区域或人群差异及影响因素进行了探讨。在此基础上，部分研究者对技术扩散的社会后果进行了探讨，试图深入分析信息时代的公民特质、社会结构与社会排斥现象。

---

[1] 韦路、张明新：《第三道数字鸿沟：互联网上的知识沟》，《新闻与传播研究》2006年第4期；韦路：《从知识获取沟到知识生产沟——美国博客空间中的知识霸权》，《开放时代》2009年第8期；韦路、李贞芳：《新旧媒体知识沟效果之比较研究》，《浙江大学学报》（人文社会科学版）2009年第5期。

[2] 韦路、张明新：《第三道数字鸿沟：互联网上的知识沟》，《新闻与传播研究》2006年第4期。

一 信息时代的公民特质

Wong 等[①]从社会学的角度对信息社会背景下的公民权（citizenship）进行了分析。Wong 认为，在 ICT 深刻影响社会发展的前提下，公民必须具有一种新的权利——e 公民权。这种公民权确保公民能够参与由 ICT 驱动的信息社会。信息社会的公民尤其要能够从 Internet 上获取数量惊人、增长迅速的信息，能够运用网络空间与他人交流，能够通过正确的渠道向政府和商业经营者表达自己的意见。国家在公民有效行使 e 公民权的过程中承担着重要的责任，IT 素养是整个文化知识素养的一部分，使公民具备应用信息技术的能力应该在政府工作的日程中得到优先安排。Young[②]在对儿童使用 Internet 的行为进行了实证研究后发现，Internet 已进化为一种重要的认知工具，据此，可划分出三种特质的公民：参与型公民（participant citizen）、工具导向型公民（tool-mediated citizen）和自适应型公民（adaptive citizen）。对参与型公民而言，Internet 在向其反映本社区以及更大范围社会事务的同时，使其具备参与社区或社会事务的能力，基于 Internet 而实现文化意识的形成与社会知识的传播都是此类特质的表现。工具导向型公民特质表现在公民对信息获取工具的选择特征和技术应用的熟练程度方面，这种特质是由 Internet 的设计和结构决定的。自适应型公民特质揭示了公民如何融入网络环境中，例如，在网络环境下公民如何聚焦于自己的目标并不断进行自我调节。Young 提出，在网络环境下，每个人身上都同时并存着三种公民特质，而当代公民特质正是人类和 ICT 工具互动的结果，技术与人类长期相互作用的最终结果是对社会结构产生影响。

信息社会背景下，任何社会问题最终都将在公民身上得到体现。因此，对信息社会公民的特质进行解析是全面理解信息贫富分化的一个基石。从这个意义上说，关于信息社会公民特质的研究对于把握信息贫富分化的实质有着重要的启示意义。

[①] Wong, Y. C. L., Chi K. Fung, J. and Lee, V., "Digital Divide and Social Inclusion: Policy Challenge for Social Development in Hong Kong and South Korea", *Journal of Asian Public Policy*, Vol. 3, No. 1, 2010, pp. 37 – 52.

[②] Young, K., "Toward a Model for the Study of Children's Informal Internet Use", *Computers in Human Behavior*, Vol. 24, No. 1, 2008, pp. 173 – 184.

二 国内外关于信息时代社会结构的研究

不同学者对转型中的当代社会给予了不同的名称，如，Jones[①] 称之为赛博社会（cybersociety），Bakardjieva[②] 称之为 Internet 社会，Stehr[③] 称之为知识社会，Bühl[④] 称之为虚拟社会，Bell[⑤] 称之为后工业社会，Masuda[⑥] 称之为信息社会，Lyotard[⑦] 称之为后现代社会，Lipietz[⑧] 称之为后福特主义（Post-Fordism）社会，Barney[⑨]、Castells[⑩]、Shaviro[⑪]、van Dijk[⑫] 等称之为网络社会。

虽然名称各异，上述学者都对当代社会的结构进行了解析。van Dijk[⑬] 基于马克思主义对阶级的定义，提出了网络社会的三层阶级结构：（1）信息精英，由高教育和收入水平、占据最好的工作职位和社会地位、100% 接入 ICT 的人群构成；（2）参与者，由中产阶级和工人阶级组成，这些人的确能够获取计算机和 Internet，但与信息精英相比具有较低的数字技能，所使用的 ICT 设备种类也较少；（3）被排斥者，这个阶层无法

[①] Jones Steven (Ed.), *CyberSociety*, London. SAGE, 1995, p. 99; Jones Steven (Ed.), *Cybersociety 2.0: Revisiting Computer-Mediated Community and Technology*, London, SAGE, 1998, pp. 78 – 90.

[②] Bakardjieva, M., *Internet Society. The Internet in Everyday Life*, London. SAGE, 2005, p. 54.

[③] Stehr, N., "Knowledge Societies", *The Transformation of Labour, Property and Knowledge in Contemporary Society*, London. SAGE, 1994, p. 55.

[④] Bühl, A., *Die Virtuelle Gesellschaft*, Opladen: Westdeutscher Verlag, 1997, pp. 43 – 56.

[⑤] Bell, D., *The Coming of Post-industrial Society*, New York: Basic Books, 1973, p. 9.

[⑥] Masuda, Y., *The Information Society as Post Industrial Society*, Tokyo: Institute for the Information Society, 1980, p. 6.

[⑦] Lyotard, J., *The Postmodern Condition. Minneapolis*, University of Minnesota Press, 1984, p. 77.

[⑧] Lipietz, A., *Mirages and Miracles, The Crisis of Global Fordism*, London: Verso, 1987, p. 74.

[⑨] Barney, D., *The Network Society*, Cambridge: Polity, 2003, p. 123.

[⑩] Castells, M., *The Rise of the Network Society, The Information Age: Economy, Society and Culture*, Malden, Blackwell, Second Edition, 2000, p. 66; Castells, M., *End of Millennium, The Information Age: Economy, Society and Culture*, Malden: Blackwell. Second Edition, 2000, p. 87; Castells, M., *The Internet Galaxy. Reflections on the Internet, Business, and Society*, Oxford: Oxford University Press, 2001, p. 67; Castells, M., *The Power of Identity. The Information Age: Economy, Society and Culture*, Malden: Blackwell. Second Edition, 2004, p. 43.

[⑪] Shaviro, S., *Connected or What It Means to Live in the Network Society?*, Minneapolis/London: University of Minnesota Press, 2003, pp. 34 – 67.

[⑫] van Dijk, J., *The Network Society*, London: SAGE. Second Edition, 2006, pp. 78 – 98.

[⑬] van Dijk, J., *The Network Society*, London: SAGE. Second Edition, 2006, p. 97.

获取计算机和 Internet，因此被排斥于很多社会领域之外。van Dijk 认为，网络社会阶级分化过程中的"马太效应"越来越明显：在网络社会中，结构不平等使信息、知识和权利集中化的趋势加速，社会区隔进一步加强，"逐渐地，越来越多的人将从特定的社会领域被完全排斥出去，结果是形成一等、二等、三等阶级"，① 被排斥者在劳务市场及教育的机会越来越少，结果这些人参与政治和社会事务的机会也更少了。van Dijk 及 Castells 等网络社会学者认为，极化和结构不平等是网络社会的基本特征。Fuchs 等通过对统计数据进行分析后发现，发展中国家信息精英、参与者与被排斥者之间的差距大于发达国家②。他认为，在网络资本主义社会里，Pierre Bourdieu 所述的经济、社会和文化资本的积累是由基于知识和计算机的信息通信技术塑造的，van Dijk 所界定的被排斥者由于经济、社会和文化资本的贫乏甚至被剥夺，因而无法从网络社会中获益，阶级差别因之加大。③

关于信息时代社会结构的很多讨论都是以信息资本主义的名义进行的。信息资本主义是由 Manuel Castells 于 2000 年提出的一个概念。Fuchs④ 指出，信息资本主义充斥着商品经济与礼品经济（gift economy）的交织与对抗，是一个层次化的阶级社会。通过实证研究，Fuchs 等⑤发现，高收入、良好教育背景和高技能者更有可能获取、使用 ICT 并从中获益，这些人在参与政治活动的过程中比缺乏经济、政治和文化资本者获得更多 ICT 的支撑。因此，在信息资本主义条件下，人们在计算机等 ICT 资源的获取、使用和获益能力方面的不平等，通过社会分层的过程造就了信息社会胜利者与失败者之间的阶级差别。Fuchs⑥ 进而对各种社会分层的

---

① van Dijk, J., *The Network Society*, London: SAGE. Second Edition, 2006, p. 87.
② Fuchs, C. and Horak, E., "Africa and the Digital Divide", *Telematics and Informatics*, Vol. 25, No. 2, 2008, pp. 99 – 116.
③ Fuchs, C. and Horak, E., "Africa and the Digital Divide", *Telematics and Informatics*, Vol. 25, No. 2, 2008, pp. 99 – 116.
④ Fuchs, C., "National Space and the 'Network Society'", In: Contribution to the Conference "Internet Research 7.0: Internet Convergences", Organized by the Association of Internet Researchers (AoIR), Brisbane, September 27 – 30, 2006.
⑤ Fuchs, C. and Horak, E., "Informational Capitalism and the Digital Divide in Africa", *Masaryk University of Law and Technology*, Vol. 1, No. 2, 2007, pp. 11 – 32.
⑥ Fuchs, C., "The Role of Income Inequality in a Multivariate Cross-national Analysis of the Digital Divide", *Social Science Computer Review*, Vol. 27, No. 1, 2009, pp. 41 – 58.

模式进行了分析后指出，一方面，社会按年龄、家庭地位、性别、种族、出身、语言和地域（城乡）划分为一定的层级结构，这些层级结构造成了各种形式的社会鸿沟；另一方面，对ICT的物理获取、使用和参与能力的不平等也可归因于经济（如金钱、财产）、政治（如权势、社会关系）、文化（如技能）资本的非对称配置，由此也造成了经济鸿沟、政治鸿沟和文化鸿沟……现代社会的结构就是由不同资本的积累和不对称配置而造成的。

Hargittai[①]认为数字不平等是一种社会复制。他指出，人们对网络的使用能力和实际使用状况的不平衡导致社会不平等更趋恶化而非缓和。对数字媒介使用的分化使那些已经在社会中占据优势地位的人群获得更多潜在的利益，从而进一步巩固和提升了他们的地位，而弱势群体却被拒之于优质资源获取的大门之外。由于人们对数字媒体的使用情况与其生活的社会环境之间密不可分的关系，因此，数字不平等是现有社会经济地位不平等在信息时代复制的结果。然而，Hargittai也注意到，由于本领域研究尚处于"婴儿期"，缺乏纵向数据，对于ICT的使用对人们的"生活输出"（life outcomes）是否具有独立影响尚无法得知，因此，Hargittai本人对于数字不平等是由社会不平等复制的论述也心存疑虑。事实上，信息时代的社会不平等究竟是对现有社会结构的复制，抑或ICT独立地"制造"了信息时代的社会结构？对于这个问题的回答反映了理论视角的根本分歧，而就本领域研究的现状来看，对这个问题做出令人满意的回答还为时尚早。

在信息社会问题的研究社区中，不同学科背景的研究者对信息贫富分化与中国社会的结构之间的关系问题也予以了关注。陈鹏[②]从社会结构的视角探讨了中国农村数字鸿沟问题。作者通过个案比较方法探讨了传统村庄（Y村）和工业化村庄（H村）的村民在占有和使用ICTs产品的实践过程中所形成的数字鸿沟问题，并针对数字鸿沟在不同社会结构条件下所表现出的实践形态及其社会文化意义进行了解析。基于上述研究，作者提

---

① Hargittai, E., "The Digital Reproduction of Inequality", Grusky D. B., *Social Stratification: Class, Race, and Gender in Sociological Perspective*, Philadelphia: Westview Press, 2008, pp. 936–944.
② 陈鹏：《ICTs产品的应用与中国农村的数字鸿沟——基于Y村和H村的个案比较研究》，《中国农业大学学报》（社会科学版）2010年第4期。

出 Y 村和 H 村所呈现出的中国农村数字鸿沟问题实质上反映了当代中国社会结构的一个基本特征，即社会结构的断裂。

Cartier、Castells 等[①]对中国城市化进程中的"跨域社会网络（translocal social network）所导致的信息不平等和社会分层进行了研究。在此基础上，邱林川[②]提出，中下阶层是中国社会的主体，这一阶层包括普通百姓及各种弱势、被边缘化，或遭系统打压的群体。这一人群的社会经济地位较差，文化教育水平也较低，且常在政治权力关系中处于从属状态。但是，随着互联网和手机的普及，这一阶层的成员已加入中国的信息社会之中，从而成为"信息中下阶层"（information-have less），并认为信息中下阶层的大规模存在已经成为十年来中国信息城市建设中最为亮丽的一道新景观。作者提出，西方的理论与中国的现实虽然可以互为注解、相辅相成，但是，这仅仅是研究的步骤之一，而不是终点。重要的是要在考察中国实践的基础上，对理念所阐释的概念和假设进行比较、提炼和整合，只有这样才有望构建起相对完整的、能够适用于中国信息社会现状的理论体系。

虽然信息贫富分化领域的研究业已取得了大量成果，但也存在着许多不足：在理论立场的选择上，信息社会问题领域的研究者常常自觉不自觉地站在结构主义的一边，技术决定主义的倾向在本领域的研究中仍居于主导地位；从研究方法上看，本领域的相当一部分研究还处于陈述自我观点的阶段，对于信息社会问题的实证研究明显不足；从研究者社区的学科特征看，一方面，本领域吸引了来自社会学、经济学、传播学、教育学、图书馆与情报学等诸多学科研究者的参与，另一方面，不同学科之间在研究这一问题上缺乏整合和交流，学科区隔现象比较明显。社会信息化程度的提高无疑为深化本领域研究提出了紧迫的要求，在此背景下，无论是出于理论发展还是实践行动的目的，都迫切呼唤新的、解释力更强的信息贫富分化理论的出现。

---

① Cartier, C., Castells, M., et al., "The Information Have-Less: Inequality, Mobility, Translocal Networks in Chinese Cities", *Studies in Comparative International Development*, Vol. 40, No. 2, 2005, pp. 9–34.

② Qiu, L. C., *Working-class network society: Communication technology, the information have-less in urban China*, Cambridge: MIT Press, 2009, p. 78.

第三章

理论基础与研究假设

第一节 信息贫富分化相关研究的概念界定及其贡献

前文在对现有研究的文献回顾中,已经对现有信息贫富分化研究领域的诸多研究成果进行了述评。基于文献调查可以看出,关注信息贫富分化问题的研究者常常以数字鸿沟、数字不平等和"知识沟"等名义展开研究。[①] 本节旨在对数字鸿沟、数字不平等及"知识沟"的概念进行解析,并对其之于信息贫富分化研究的贡献进行简述。

一 数字鸿沟的界定及其贡献

关于数据鸿沟的研究迄今已产生了丰富的成果。迄今为止,大量学者和组织对数字鸿沟进行了定义,除去前文所述的由美国商务部作出的关于数字鸿沟的定义外,如下学者或组织也从不同角度界定了数字鸿沟。

经济合作与发展组织(OECD)对数字鸿沟的定义指出,数字鸿沟是指"不同社会经济水平下,个体间、家庭间、机构间和地理区域间在获取信息通信技术(ICT)和使用 Internet 开展各种活动的机会方面

[①] 由于本研究的目的仅仅在于通过考察人们对信息这种战略资源占有状况而分析信息贫富分化现象,而无意探讨信息的本质,因此,本研究中并未严格区分信息、数字、知识等概念,而是将其视为具有相似含义的同类概念。正如前文所提及的,尽管学界关于"信息"这一概念的界定本身尚存在着诸多分歧,但信息资源已经成为当代社会最重要的战略资源之一却已基本形成共识。本研究对信息贫富分化的解析也正是基于这一共识而展开的。

的差距"。[1]

　　Norris 认为，数字鸿沟是指在线社区中的任何差距（any and every disparity within the online community）。[2] 并认为数字鸿沟包含着三个方面典型特征[3]：首先，数字鸿沟是一种"全球鸿沟"，是指发达国家和发展中国家之间在网络接入方面的差距；其次，数字鸿沟是一种"社会鸿沟"，是指每个国家中信息富裕者与贫困者之间的差距；再次，数字鸿沟是一种"民主鸿沟"，指使用数字资源从事或参与公共生活的人群与不使用数字资源人群之间的差距。

　　国际电信联盟（ITU）[4] 认为，数字鸿沟是由于贫穷、缺乏现代化教育技术手段，以及由于居民文化水平低下而形成的一种贫穷国家与富裕发达国家之间、城乡之间以及青年一代与年长一代之间在获取信息和通信新技术方面的不平等现象。

　　此外，Castells[5] 认为，数字鸿沟是对 Internet 获取（access）的一种不平等状态，而这种获取不平等是围绕 Internet 而组织起来的社会必须克服的一种不平等。Jan van Dijk[6] 认为，数字鸿沟是指任何计算机和 Internet 获取之间的鸿沟。Sciadas[7] 在对美国商务部的系列报告进行分析后指出，数字鸿沟指 ICT 拥有者和非拥有者之间的鸿沟。

　　薛伟贤等[8]对数字鸿沟的定义进行汇总后发现，现有研究者对于数字鸿沟的界定通常体现于技术、经济、社会和知识四个层面。据此，作者认为，应该从多个领域制定政策和措施来缩小数字鸿沟，而不是仅仅从技术

---

[1] OECD, "How to measure the digital divide? KADO invites you to explore the IT World of Your Dreams", (2011 – 06 – 16), http：//www.itu.int/osg/spu/ni/digitalbridges/presentations/02-Cho-Background.pdf.

[2] Norris, P. D., *igital Divide. Civic Engagement, Information Poverty, and the Internet Worldwide*, New York：Cambridge University Press, 2001, p. 67.

[3] Norris, P., *Digital Divide：Civic Engagement, Information Poverty, and the Internet World Wide*, Cambridge：Cambridge University Press, 2001, pp. 320 – 321.

[4] ITU, *Measuring the Information Society：The ICT Development Index*, (2011 – 06 – 16), http：//www.itu.int/ITU-D/ICT/publications/idi/2010/index.html.

[5] Castells, M., *The Internet Galaxy*. Oxford：Oxford University Press, 2002, p. 43.

[6] van Dijk, J., *The Network Society. Social Aspects of New Media*, second ed. SAGE, London, 2006, p. 112.

[7] Sciadas, G., "Unveiling the Digital Divide. Connectedness Series", (2011 – 08 – 09), http：//www.statcan.gc.ca/pub/56f0004m/56f0004m2002007 – eng.pdf.

[8] 薛伟贤、刘骏：《数字鸿沟的本质解析》，《情报理论与实践》2010 年第 12 期。

普及方面入手。

综上所述，迄今为止以数字鸿沟的名义展开的研究不仅丰富了人们对信息的贫富分化现象的认识，而且在很大程度上"代表了从社会整体的角度对信息贫富分化特征进行的描画"。[1] 虽然现有关于数字鸿沟的研究存在着前文所述的种种局限（如技术决定主义倾向等），但这些研究仍为后续更深入的信息贫富分化研究积累了证据。

二 数字不平等的界定及其贡献

闫慧[2]在对数字不平等领域的研究成果进行文献调查后发现，理解数字不平等的思路可归结为如下四种：（1）阶层关系的"数字化"，认为数字不平等是传统社会层级之间的控制与反控制关系在 ICT 利用和接入中的表现。（2）ICT 主体的分层化，如 DiMaggio 把数字不平等定义为信息通信技术接入和使用方面的不平等。（3）技术不平等掩盖下的各种不平等，即认为数字不平等不仅包括 ICT 接入的不平等，还包括动机、利用能力和效果等方面的不平等及其反映的经济、社会、文化和信息资本方面的不平等。（4）社会不平等的文化复制，认为 ICT 仅仅是复制旧的社会分层和社会不平等的工具。

基于上述分析，闫慧[3]指出，数字不平等对数字鸿沟的两分法进行了修正和细化，并对数字鸿沟的简单分析方法进行了扬弃。同时，数字不平等研究更加强化数字化差异背后的社会、政治、经济等不平等及 ICT 主体的多样化和社会化等维度。

由此可见，以数字不平等名义展开的研究在数字鸿沟研究的基础上，延续并发展了对信息贫富分化的认识，从而使研究者获得了对信息贫富分化现象更加深入的认识。

三 "知识沟"假说及实证检验

自 Tichenor 等提出"知识沟"假设后，研究者不断对这一假设进行

---

[1] 周文杰：《定格分化中的信息世界：国外数字鸿沟测度模型述评》，《中国信息界》2011年第12期。

[2] 闫慧：《数字鸿沟研究的未来：国外数字不平等研究进展》，《中国图书馆学报》2011年第4期。

[3] 闫慧：《数字鸿沟研究的未来：国外数字不平等研究进展》，《中国图书馆学报》2011年第4期。

实证检验。在后续跟进的研究中,部分研究者验证了"知识沟"假说,另一些研究者则对这一假设予以了修正。

原始"知识沟"假说认为,社会各阶层之间的信息贫富差异(知识沟)会随着媒介传播信息量的增长而加宽,即使接受均等的媒介信息,有较高教育水平的人信息会更加富裕,从而拉大与低教育水平者的贫富差距。在对原始"知识沟"进行验证的研究中,较典型的有,Gazino 等验证了知识沟与社会经济地位之间的关联,并对其他变量对社会经济地位的调节作用进行了考察。[1]

此外,还有一些研究者对原始"知识沟"假说进行了修正。较典型的如 Ettema 等发现,知识沟的产生主要不是由个人的社会经济地位决定的,而是由个人动机和兴趣决定的。[2]

总之,以知识沟名义进行的研究采取了有别于数字鸿沟、数字不平等研究者的视角,从信息传播以及人们的经济社会及主观因素的角度,对信息贫富分化现象进行了考察。知识沟假设及相关的实证研究不仅从一定程度上克服了数字鸿沟因通过技术的有和无判断信息贫富状况的二元对立而产生的局限,而且把更加丰富的因素纳入信息贫富分化的研究之中。这些研究,为后续研究者深入探讨与信息贫富分化相关联的主客观因素提供了启示和证据。

四 "信息贫富分化"对相关概念的整合

迄今为止,关注信息贫富分化问题的研究者以数字鸿沟、数字不平等及"知识沟"等多种名义展开了研究。这些研究虽然采用了不同的名称,但都致力于考察信息社会中人们的信息贫富差距,并对信息社会中人们的信息贫富分层现象进行解析。考虑到以数字鸿沟、数字不平等及"知识沟"等名义展开的研究具有共性,本研究把这些研究所揭示的现象都归结于"信息贫富分化"的名义之下。因此,本研究所述的"信息贫富分化"整合了现有各种旨在揭示信息贫富差距的各种概念。可见,本研究所述的"信息贫富分化"既是对现有相关研究中合理成分的继承,也试图在克服现有研究局限性的基础上,寻求对信息贫富分化现象做出更符合社会现实的解释。

---

[1] Gaziano, C. and O'Leary, J., "Childbirth and Infant Development Knowledge Gaps in Interpersonal Settings", *Journal of Health Communication*, Vol. 3, No. 1, 1998, pp. 29 – 51.

[2] Ettema, J. and Kline, F., "Deficits, Differences and Ceilings: Contingent Conditions for Understanding the Knowledge Gap", *Communication Research*, Vol. 4, No. 2, 1977, pp. 179 – 202.

第二节 个人信息世界的理论构念及其应用于信息贫富分化研究的必要性

如前所述,以数字鸿沟、数字不平等和"知识沟"等名义展开的研究,在很大程度上丰富了人们对信息贫富分化的认识。本研究旨在以信息主体的个人信息世界贫富程度作为信息贫富分化的操作性定义,从多维视角考察信息贫富分化现象,以期获得对这一现象更加全面、更接近于真实的认识。本节将对个人信息世界的理论构念[①]进行阐释,并对基于个人信息世界考察信息贫富分化的必要性进行论证。

一 个人信息世界的理论构念

由前文对现有以数字鸿沟、信息不平等、信息贫困等名义进行的信息贫富分化研究成果的梳理与分析可以看出,现有研究思路和结论都不断受到质疑和挑战,信息贫富分化领域呼唤整体性研究思路。正是在这样的背景下,于良芝通过对中国城乡居民的考察,发现了个人信息世界的存在。个人信息世界的概念是作为整体性研究的基础概念被提出的,提出这一概念的目的是对信息贫困进行基于信息主体(而不是经济主体或社会主体)的分析。本节在对于良芝[②]对个人信息世界的相关经验研究成果进行概述

[①] 所谓构念(constructs),就是对某一学科研究领域内的模糊(抽象)要素进行概括或概念化的途径(参见 Mueller, D. J., *Measuring Social Attitudes: Ahandbookfor Researchers Andpractitioners*, New York: Teachers College Press, 1986)。一般认为,构念具有两个基本属性:①构念本质上是对某些规律性进行的抽象概括;②构念与具体可观察的实体或事件存在相关(参见汪顺玉《语言测试构念效度研究》,博士学位论文,上海外国语大学,2006)。

[②] Yu, Liangzhi, "How Poor Informationally are the Information Poor? Evidence from an Empirical Study of Daily and Regular Information Practices of Individuals", *Journal of Documentation*, Vol. 66, No. 6, 2010, pp. 906 – 933; Yu, Liangzhi, "Information Worlds of Chinese Farmers and their Implications for Agricultural Information Services: A Fresh Look at Ways to Deliver Effective Services, 2010". Paper Presented at the World Library and Information Congress: 76th IFLA General Conference And Assembly, 10 – 15 August, Gothenburg, Sweden, 2012 – 09 – 20, http://www.ifla.org/files/hq/papers/ifla76/85-yu-en.pdf; Yu, Liangzhi, "Towards a Reconceptualization of the "Information Worlds of Individuals", *Journal of Librarianship and Information Science*, Vol. 32, No. 10, 2011, pp. 1 – 16; 于良芝:《"个人信息世界"——一个信息不平等概念的发现及阐释》,《中国图书馆学报》2013年第1期。

的基础上，对个人信息世界概念提出的必要性与个人信息世界的定义予以介绍。

(一) 个人信息世界概念提出的必要性

现有信息贫富分化研究常常把个体的经济社会地位作为判断其属于信息富有者或贫困者的标准，因此常回答的问题是"社会经济地位方面如何贫穷才算信息贫困"，而不是"信息贫困者到底在信息方面有多穷"[1]。换言之，这些研究所揭示的贫困人群并非信息方面的贫困，而是经济社会地位方面的贫困。例如，现有针对信息贫富分化问题（如数字鸿沟）的研究者常常把信息贫困归因于技术的接入（如，第一道数字鸿沟），也有部分研究者在对信息贫富分化进行解释时引入了技能、使用状况等更加复杂的因素（如，第二道数字鸿沟）。此类研究的一个重要特征是，在对信息时代的社会分层进行分析前，已经预设了经济社会地位的差异导致了信息贫富程度的差异。因此，这类研究事实上只是把现有的按照经济社会地位进行划分的社会结构进行了简化，提取其中与"信息社会"相关的因素（如 Internet 的接入），并按照这些指标对信息时代的社会结构进行了描述，将其称为"信息贫富分化"。如，数字鸿沟的研究者一般以 ICT 的"有"（haves）和"无"（have nots）作为判断个体位于鸿沟有利的一侧还是不利的一侧的标准，而 ICT 的"有"和"无"显然是一个反映经济社会地位的指标。另外，也有一些研究者试图通过对 ICT 拥有状况进行更加复杂的层级划分，以期更"精确"地揭示信息贫富分化。如，Cartier、Castells 等在 ICT 的"有"和"无"之间加入"信息中下阶层"[2]，以描述信息化背景下的中国社会分层。然而，即使对现有各社会阶层的 ICT 接入状况揭示得足够全面、完整，其划分的结果所得出的往往是社会经济的分化而不是信息贫富分化。

于良芝认为，现有信息贫富分化研究中，对信息贫困的描述存在着诸

---

[1] Yu, Liangzhi, "How Poor Informationally are the Information Poor? Evidence from an Empirical Study of Daily and Regular Information Practices of Individuals", *Journal of Documentation*, Vol. 66, No. 6, 2010, pp. 906 – 933.

[2] Cartier C., Castells M. et al., "The Information Have-Less: Inequality, Mobility, Translocal Networks in Chinese Cities", *Studies in Comparative International Development*, Vol. 40, No. 2, 2005, pp. 9 – 34.

多不足。① 如，对复杂的信息贫困现象进行了简化处理，假定正因为人们经济社会地位贫困，所以信息贫困。出现这种状况的一个很重要的原因是，本领域缺乏专门针对信息贫困定义的经验研究，从而也无法提出一个具有足够包容力和解释力的概念。这一状况导致本领域的研究者常常有针对性地选取边缘人群作为"信息贫困"的研究对象，从而使其研究结论出现偏差。

显然，正确揭示信息贫富分化需要从信息主体的角度，而不是经济社会地位或社会心理的角度解析信息贫富分化和信息不平等。这要求本领域的研究者跨越结构与能动性二元对立的视角，从整体性角度理解信息贫富分化的根源。正是在这一背景下，于良芝通过对中国城乡居民的信息实践活动进行多年的经验研究，发现了个人信息世界的存在。个人信息世界概念的提出旨在从整体性立场揭示信息贫富分化，以回答"信息贫困者在信息方面（而不是经济或社会地位方面）有多穷"这一信息贫富分化研究的关键问题。

总之，现有信息贫富分化研究思路的局限性一再表明，信息贫富分化研究者应该积极响应社会科学领域整体性的研究趋势。整体性的研究思路需要研究者使用新的概念，以便更加完整地描述信息不平等现象，从而在跨越二元对立的层次上，探究信息不平等和信息贫困现象发生的根源。"个人信息世界"的概念正是在这样的背景下，作为整体性研究的基础概念而提出的。

（二）个人信息世界的定义

自2003年开始，在三个相互关联课题的支撑下，于良芝针对中国北方地区居民的信息实践及信息贫困状况进行了一系列经验研究，调研对象包括56位城市居民、20位东北地区木材加工厂的务工者和270位中国北方农村农民。在对上述田野调查所获取的证据进行归纳和演绎的基础上，构建了个人信息世界的理论框架，并应用这一框架对信息贫困现象进行了分析。

于良芝在对经验数据进行归纳式编码并对其进行归类和关联分析后，

---

① Yu, Liangzhi, "How Poor Informationally are the Information Poor? Evidence from an Empirical Study of Daily and Regular Information Practices of Individuals", *Journal of Documentation*, Vol. 66, No. 6, 2010, pp. 906–933.

发现了三组彼此存在关联，且共同揭示信息不平等现象的概念要素：信息实践的类别（分为目的性实践、知觉性实践、无意识的实践三类）、信息实践的边界（包括空间、时间、智识三个方面）、信息和信息源（分为物理上可及的、物理及智识上可获取的、惯用的或基础性的、资产化的四个层次）。个人信息世界理论认为，上述要素相对完整地界定了个人作为信息主体的活动领域，其综合差距与其他单维差距相比较，可以更准确地揭示信息不平等。通过对哲学领域"生活世界"概念的参考，于良芝把这一领域称为"个人信息世界"。在此基础上，把信息实践界定为个人信息世界的动力，把信息实践的边界界定为个人信息世界的边界，把信息实践的客体对象（信息和信息源）界定为个人信息世界的内容。

　　个人信息世界的内容要素指的是信息主体活动的对象，其中包括各类信息源、信息和信息资产。按照个人信息世界理论，个人信息世界中存在的、可以作为信息实践对象的内容可被分为不同层次。首先是信息主体在物理上可及的信息源（available information sources）。其次是存在于信息主体从事信息活动的空间之内、他（她）有时间获取和利用的、能够被其认知所处理的信息源，即可获取信息源（accessible information sources）。再次是可获取信息源中被信息主体常规性利用的那些种类，这些信息源不仅对于信息主体而言在物理、时间及智识上是可及的，而且也是他（她）的利用习惯可及的，个人信息世界理论把这部分资源称为基础信息源。最后是那些确实被信息主体利用过的信息产品及其产生的认知结果，由于这些资源经过了信息主体的利用，与信息主体发生了认知上的亲密接触，从而至少在一定程度上对信息主体记忆而言具有了可及性，这部分资源及其产生的结果被称为信息资产或资产化的信息（information assets）。

　　基于对经验数据的分析，于良芝发现，由空间、时间和智识（intellectual sophistication）三个维度所构成的边界划定了个人信息世界的范围，决定其大小。空间指有意识的信息活动（也就是下文所说的知觉性和目的性信息实践活动）所发生的场所。不同个体间个人信息世界空间边界的差异很可能表现在量和质两个方面：所谓量的方面的差异，是指信息主体开展信息活动场所的多样性；而所谓质的方面的差异，则是指信息主体开展信息活动的场所与社会性信息活动的关联度。时间边界指的是个人在日常生活和工作中有意识地分配给信息活动的时间。智识水平则指个人信息活动可以达到的智力和知识水平。通常情况下，智识不同则人们实际上可以获取的信息源也会有所不同，由此限定了信息主体的信息体验或经历，并导致其出现不同。总之，空间、时间、智识三者作为信息主体个人信息世界的边界，同时限定了个人获取信息、提取信息价值、积累信息资产的可能性，并由此限定了个人信息世界的内容及信息主体的经历和体验。

个人信息世界理论认为，个人在日常生活和工作中所开展的信息实践有目的性信息实践、知觉性信息实践和无意识信息实践三种类型，个人信息世界的形成、维护和发展正是通过信息主体的实践而实现的，而知觉性和目的性信息实践则构成了个人信息世界发展变化的基本动力。所谓无意识的信息实践，指的是个人开展的不以信息生产、获取或利用为目的，但却有可能偶发地引起信息获取行为的实践活动。在这类信息实践中，信息或信息源是潜在的客体存在，但个人的实践活动却有另外的目标，因此，这类信息实践中缺乏信息主体的自觉。知觉性信息实践通常指个人为了实现一般的信息目标（例如，为了增长见识或为了在某一方面保持知晓度）而开展的信息实践活动，或者应他人的要求或邀请而参与的信息实践活动。在这类信息实践中，信息主体意识到自己正在从事特定的信息活动，但并没有把这一活动与特定问题、行动、决策等具体目标关联起来。目的性信息实践通常指信息主体为了解决具体问题、支持某种决策或行为，填补具体的认识空白而主动开展的信息实践活动。

综上所述，基于田野调查所获得的证据，于良芝把个人信息世界定义为：由空间、时间、智识三个边界限定的信息主体活动领域，在这里，信息主体通过其信息实践从物理世界、客观知识世界、主观精神世界的信息源中获取信息，汲取信息效用，积累信息资产。

总之，整体性研究思路需要研究者使用新的概念更完整地描述信息不平等现象，以支持此方面的研究在跨越二元对立的层次上，探究信息不平等和信息贫困现象发生的根源。"个人信息世界"的概念正是在这样的背景下，作为对信息贫富分化现象进行整体性研究的基础概念被提出的。

二 基于个人信息世界考察信息贫富分化的必要性

尽管信息贫富分化问题已引起了大量研究者的重视，本领域的研究也已取得了数量惊人的研究成果。然而，由于理论视角存在着局限性，现有信息贫富分化研究结论常常互相矛盾，所提出的政策建议也往往相互矛盾。这一现状不仅对信息贫富分化理论体系的深化与完善不利,而且也在很大程度上局限了理论发现对本领域现实问题的指导作用。

如前文所述,在信息贫富分化研究领域,存在着同质分层和异质分层两种视角。这两种视角之间具有明显的差异:(1)同质分层视角认为信息社会与工业社会的社会分层相互对应,通过对经济社会地位同质性人群进行比较就可获得对信息贫富分化的认识;而异质分层视角则认为,由于建构能力、环境因素等诸多因素的影响,即使在经济社会地位上同质的人群其信息的贫富程度也常常是异质的。(2)同质分层视角认为信息是一种私人商品,人们经济社会地位的优劣决定其得到这种商品的多寡;异质分层视角则认为,信息是一种具有主观性和高度环境依赖性的无形产品,这种产品不因使用而出现损耗。(3)同质分层视角强调社会标准对人们信息行为的规制和文化的复制在信息时代的社会分层中的作用;异质分层视角则更强调个体的建构能力在信息时代社会分层中的关键作用。(4)同质分层视角认为,市场将最终治愈信息贫富分化;而异质分层视角则认为个体具有信息"消化"的背景和保证重要信息内容对每个人免费自由地开放是解决信息贫富分化问题的关键。

虽然同质分层和异质分层两种视角呈现出了诸多差异甚至对立,但二者之间绝不是非此即彼、不可调和的关系。更多情况下,二者相互补充。例如,在信息基础设施尚不完善的情况下,人们信息获取的可能性和方便性显然与社会经济发展及市场状况有着密不可分的联系。然而,在经济状况改善、基础设施完备的前提下,信息的贫富差距将受到个体对信息的建构、吸收和消化能力更明显的影响。从这个意义上说,在信息社会的低级阶段,同质分层表现得比较明显,而随着社会信息化程度的加深,异质分层将逐步得以显现。然而,无论社会信息化程度有多高,只要存在对信息资源"物理获取"的差异,同质分层的视角就仍然有一定的解释能力。基于这种状况,着眼于克服信息贫富分化领域现有研究的局限,Lievrouw 和 Farb[1],于良芝等[2]都呼吁不同社区、理论派别之间加强对话,以促进上述两种视角的嫁接和整合。

---

[1] Lievrouw L. A., Farb S. E., "Information and Equity", *Annual Review of Information Science and Technology*, Vol. 37, 2003, pp. 499 - 540.

[2] 于良芝、刘亚:《结构与主体能动性:信息不平等研究的理论分野及整体性研究的必要》,《中国图书馆学报》2010 年第 1 期。

第三章 理论基础与研究假设

着眼于信息不平等研究的实际，于良芝等指出，"信息不平等研究是图书馆与情报学、传播学、社会学等的交叉领域，可以从这些学科吸收最新理论，但截至目前，信息不平等研究对上述领域（特别是社会学）的整体性研究趋势还显得无动于衷。因此，结构性因素与能动性因素如何相互影响并共同决定信息不平等和信息贫困现象，依然是该领域的空白。如果该领域的理论构建要更贴近现实，如果它希望对政策的制定和问题的解决产生更强的指导意义，那么，填补这个空白将是一个非常值得尝试的理论转向"。[①]

出于从整体性理论视角考察信息贫富分化的目的，于良芝[②]在对中国城乡居民进行调查的基础上，提出了"个人信息世界"（Information World of Individuals）的概念并将其应用于信息不平等的研究。个人信息世界是"作为信息不平等研究（特别是其整体性研究）的基础性概念而提出的"，是指"信息主体（information agent）的活动领域，在这里个人作为信息主体的经历和体验得以展开、充实、积累"。[③] 个人信息世界理论作为本研究得以展开的理论基础，将在下一章进行详细介绍，在此不赘。

综上所述，作为一个信息贫富分化研究的基础性概念，"个人信息世界"的提出旨在从整体性、多维度的视角解读信息贫富分化，从而克服现有研究的不足。具体而言，基于个人信息世界考察信息贫富分化的必要性体现在如下两个方面。

首先，着眼于克服现有研究由于理论视角的二元对立而导致解释力不强的局限，有必要基于个人信息世界对信息贫富分化现象进行整体性

[①] 于良芝、刘亚：《结构与主体能动性：信息不平等研究的理论分野及整体性研究的必要》，《中国图书馆学报》2010年第1期。

[②] Yu, Liangzhi, "How poor informationally are the information poor? Evidence from an empirical study of daily and regular information practices of individuals", *Journal of Documentation*, Vol. 66, No. 6, 2010, pp. 906 – 933; Yu, Liangzhi, "Information Worlds of Chinese Farmers and their Implications for Agricultural Information Services: A Fresh Look at ways to Deliver Effective Services", 2010. Paper presented at the World Library and Information Congress: 76th IFLA General Conference And Assembly, 10 – 15 August, Gothenburg, Sweden. (2012 – 09 – 20), http://www.ifla.org/files/hq/papers/ifla76/85-yu-en.pdf; Yu, Liangzhi, "Towards a Reconceptualization of the 'Information Worlds of Individuals'", *Journal of Librarianship and Information Science*, Vol. 32, No. 10, 2011, pp. 1 – 16; 于良芝：《"个人信息世界"——一个信息不平等概念的发现及阐释》，《中国图书馆学报》2013年第1期。

[③] 于良芝：《"个人信息世界"——一个信息不平等概念的发现及阐释》，《中国图书馆学报》2013年第1期。

考察。

　　于良芝[①]在针对有关信息不平等研究的话语特点、理论解释、政策建议进行分析后指出，在信息不平等问题上，学术界存在两个相互交叉的研究社区：信息贫困与信息贫富分化研究社区和数字鸿沟研究社区。前者主要关注在信息生产、传播、获取、利用过程中的不平等，后者则更关注在信息技术扩散过程中的不平等。她也注意到，信息不平等、数字鸿沟、"知识沟"等在概念上已开始失去明晰界限，对任何形态信息贫富分化的考察都需要考虑多维不平等性。但目前对多维不平等的经验研究还处在起步阶段，制约其发展的主要瓶颈是缺乏把多维不平等内涵转化为操作化定义的有效办法，这导致很多学者即使在理论上认同多维信息贫富分化或数字鸿沟内涵，但在经验研究过程中，依然会退而选择相对简单的操作化定义（如以互联网的接入水平作为"数字鸿沟"的操作化定义）[②]。

　　出于对信息社会问题研究领域结构和主体能动性二元对立的关注，于良芝[③]对信息不平等研究的理论基础进行跨学科、跨社区的归纳总结。她指出，信息政治经济学、信息贫困的小世界理论、知识沟理论、意义建构理论、社会网络分析、社会排斥理论、创新扩散理论和社群信息学都对信息不平等研究产生了影响。如表 3.1 所示，不同的理论视角在对信息不平等的形式、分析的焦点、分析的单元、分析所使用的材料和数据和主要决定因素的理解方面存在着明显的分歧。

　　基于上述分析，于良芝[④]指出，信息不平等研究领域仍然存在一条尚未跨越的理论鸿沟：现有信息不平等研究要么只是解释结构的决定作用，要么只是解释主体的建构作用，要么是在假定各类因素相对独立或平行的

[①] 于良芝：《理解信息资源的贫富分化：国外"信息贫富分化"与"数字鸿沟"研究综述》，《图书馆杂志》2005 年第 12 期。

[②] 于良芝：《信息不平等的发生机理及政策启示研究——基于个人信息世界的整体性考察》，2012 年度国家自然科学基金申请书。

[③] 于良芝、刘亚：《结构与主体能动性：信息不平等研究的理论分野及整体性研究的必要》，《中国图书馆学报》2010 年第 1 期；Yu, Liangzhi, "The Divided Views of the Information and Digital Divides: A Call for Integrative Theories of Information Inequality", *Journal of Information Science*, Vol. 37, No. 6, 2011, pp. 660–679.

[④] 于良芝、刘亚：《结构与主体能动性：信息不平等研究的理论分野及整体性研究的必要》，《中国图书馆学报》2010 年第 1 期；于良芝：《整体性社会理论及其对信息不平等研究的适用性——以布迪厄的社会理论为例》，《上海高校图书情报工作研究》2011 年第 1 期。

表 3.1 信息不平等研究主要理论视角的差异

理论视角	信息不平等形态	分析焦点	分析单元	分析材料、数据	归因
信息政治经济学	信息贫富分化数字鸿沟	现有社会秩序（特别是阶级关系）与信息不平等的关联	社会整体	反映社会不平等及信息不平等的数据、信息政策	资本在国家或全球信息市场上对利润的追逐
信息贫困的小世界理论	信息贫困	小世界情境下的意义建构及行为如何引发信息贫困	个人	小世界情境下的意义建构、生存方式和信息行为	小世界的社会规范、个人对小世界及外部世界的意义建构
原始"知识沟"假说	"知识沟"	社会分层与"知识沟"关系	个人及其集合	客观测度的教育水平等阶层指标，对传媒信息的知晓程度	个人在社会分层中的位置
修正"知识沟"假说	"知识沟"	个人动机兴趣等因素与"知识沟"的关系	个人	客观测度的个人因素及对媒介信息的知晓程度	个人的动机、兴趣、经历等
意义建构理论	信息贫富分化	信息搜寻与使用和意义建构的关系	个人	意义建构活动和可感知输出	意义建构活动和信息系统/服务的设计
社会网络分析	信息贫富分化	社会网络的特征及信息交换	人际关系	客观测度的社会网络特征及信息交换活动	网络规模、节点、连带的强弱等
创新扩散理论	数字鸿沟	ICT 的非均衡扩散过程及影响因素	个人及其集合	客观测度的人口及经济社会指标，ICT 的采用水平	收入、教育水平、种族、生活地区、年龄、家庭结构、身体状况等
社会排斥理论	信息贫富分化和数字鸿沟	社会排斥对信息贫富分化和数字鸿沟的影响	个人及其集合	有些研究采用客观测度的社会排斥及数字鸿沟指标；有些采用研究对象的生活经历和意义建构	针对个人的特定属性而存在的社会排斥
社群信息学	数字鸿沟	特定社区及特定 ICT 项目情境下的 ICT 接入和使用差距	个人或社区	社区成员的生活经历和意义建构	社区历史、当前经济社会条件、情境因素，社区成员的各类资本

资料来源：Yu, Liangzhi, "The Divided Views of the Information and Digital Divides: A Call for Integrated Theories for Information Inequality", *Journal of Information Science*, Vol. 37, No. 6, 2011, pp. 660–679.

前提下，对它们的作用力分别予以解释。这一理论鸿沟的存在不仅限制了两边的视野，而且也削弱了双方的解释力。在近二三十年来，整个社会科学领域理论创新的突出趋势之一就是对社会过程做出整体性的解释，法国Bourdieu、英国Giddens等学者的社会学理论都可以看成这种努力的代表。其中，在Bourdieu的理论中，通过惯习、场域等概念，实现了二元对立的嫁接，解释了客观的社会结构如何主观化为社会成员的心智和性情结构（即惯习）、惯习如何发动和规制了社会实践、社会实践如何再生产了现有的社会结构，对许多社会问题具有较强的解释力。因此，信息贫富分化领域的研究亟待响应这一趋势，走向整体性研究。从这个意义上说，"个人信息世界"作为一个基于整体性理论视角而提出的概念，将其应用于信息贫富分化的研究无疑具有极大的必要性。

其次，着眼于克服现有数字鸿沟及相关研究中的技术决定主义倾向，有必要基于个人信息世界对信息贫富分化现象进行多维度考察。

以技术"有"（haves）和"无"（have not）式的二元对立对信息贫富分化作出判断，是数字鸿沟研究领域受到最多批判的地方。事实上，随着社会信息化程度的持续加深，基于技术决定主义倾向的数字鸿沟研究在对现实问题的解释能力方面也越来越受到挑战。本研究通过文献调查发现，数字鸿沟领域研究者的观点分歧是如此之大，以至于几乎每一位研究者都需要把自己的研究建立在对前人研究成果进行批判的基础之上。这一研究现状所导致的一个直接后果是由于在对数字鸿沟的操作性定义等基本问题上存在分歧，尽管关于数字鸿沟的研究名目繁多，但常常面临着对同一类问题得出相互矛盾结论的窘境（如，在前文中所列举的关于教育因素与数字鸿沟的关系）。最终，本领域的研究不仅无法走向理论上的沉淀与整合，而且在对重大的现实问题作出解释时也常常表现得苍白无力。正如Pruulmann-Vengerfeldt所总结的，在数字鸿沟的研究中，"我们测量了计算机数量、电缆长度以及网络的接入率，但却忽视了整个社会"。[1] 这一现状表明，新的、具有更高整合能力的研究视角亟待产生。

"个人信息世界"作为信息贫富分化整体性研究的基础概念，因其相对丰富的内涵和多维的视角，为信息贫富分化的综合测度和整体性考察提

---

[1] Pruulmann-Vengerfeldt, P., "Exploring Social Theory as a Framework for Social", *The Information Society*, Vol. 22, No. 1, 2006, pp. 303-310.

供了更宽泛的逻辑起点。着眼于克服现有研究的不足,基于个人信息世界对信息贫富分化进行研究无疑十分必要。

第三节 整体性理论视角与信息贫富分化研究

如前文所述,个人信息世界理论构念的产生,旨在从整体性理论视角解析信息贫富分化现象,以便克服现有信息贫富分化研究中的诸多不足。事实上,整体性理论作为当代社会科学领域备受关注的一种研究视角,已经在诸多领域得到了应用。

一 当代社会科学研究中的整体性理论视角

客观与主观、宏观与微观、社会结构与主体能动性之间的对立根深蒂固地存在于现代社会科学研究之中。在对社会问题的研究中,这种对立常常局限了理论的解释力[①]:关注社会整体及其结构的研究由于把个人行动归因于社会结构的决定作为,因此无法对背景社会结构逻辑等现象进行有效解释;而关注个人及其能动性的研究因忽略社会结构对个人的制约,则常常陷入对自身理论的解释力危机。

鉴于社会科学研究领域主客观二元对立的理论视角阻碍了人们对社会现象的全面认识,因此,"超越主观主义和客观主义的对立是当代思想、当代社会理论以及当代社会学的一个核心命题","超越主客观二元对立并实现其统一已成为当代思想界以及当代社会科学界的一个重要战略性课题"。[②] 20 世纪七八十年代以来,一些学者不断做出尝试,试图弥合二元对立的理论鸿沟。法国学者布迪厄和英国学者吉登斯的理论,就是在这种尝试中形成的整体性社会理论。[③]

整体性社会理论一经产生,其倡导者就开始以不同于传统二元对立的视角解析社会现象。例如,布迪厄对教育不平等的机制进行了揭示。他指

[①] 于良芝:《整体性社会理论及其对信息不平等研究的适用性——以布迪厄的社会理论为例》,《上海高校图书情报工作研究》2011 年第 1 期。

[②] 朱伟珏:《超越主客观二元对立——布迪厄的社会学认识论与他的"惯习"概念》,《浙江学刊》2005 年第 3 期。

[③] Ritzer, George, *Contemporary Sociological Theory and its Classical Roots: the Basics*, Beijing: PekingUniversity Press, 2004, pp. 1 – 9.

出,"我们在文化惯习上看到的教育,是在意识形态上把学校教育看作一股自由的动力以及增加社会流动的工具。这种看法是可能的。但是它实际上则是最有效地使既存的社会模式永久化的手段"。[①] 从这个意义上说,布迪厄认为,学校教育并非一种铲除社会不平等的社会制度,相反,它是一种以"遗传"方式生产和再生产社会不平等并使这些不平等正当化和永久化的重要手段。出于整体性的理论立场,布迪厄认为教育不平等是各种因素共同作用的结果,其中,文化因素起到了至关重要的作用。具体来说,布迪厄从整体性角度对教育不平等现象的解读,既不同于以往以社会活动理论为依据、强调行动者主观能动性的教育理论,也与以阶级和阶层理论为基础的客观主义教育思想之间存在着明显的不同,而是一种超越主客观二元论倾向并在充分认识到现实世界复杂性与多样性的基础上建立起来的揭示学校教育不平等的理论。[②]

与学校教育等其他形式的社会实践相比,信息实践活动更明显地受到社会结构和个体因素的双重塑造。信息实践的这一特征表明,信息贫富分化问题将无法从单一视角获得全面解释。[③] 然而,在现有信息贫富分化的研究中,常常存在一条理论鸿沟,"现有信息贫富分化研究要么只解释结构的决定作用,要么在假定各类因素相对独立或平行的前提下分别解释它们的作用力。理论鸿沟的存在限制了两边的视野,也削弱了双方的解释力"[④]。鉴于此,信息贫富分化研究非常有必要基于整体性理论视角而展开——本章上一节所述的个人信息世界理论构念及其对信息贫富分化的解读正是据此而展开的。

二 信息贫富分化的主客观根源及整体性理论的适用性

如前文所述,"个人信息世界"是作为信息不平等研究的基础概念而提出的,这一概念本身秉持了整体性理论视角。基于田野调查所获得的大

[①] 朱伟珏:《一个揭示教育不平等的社会学分析框架——布迪厄的文化再生产理论》,《社会科学》2006年第5期。
[②] 朱伟珏:《一个揭示教育不平等的社会学分析框架——布迪厄的文化再生产理论》,《社会科学》2006年第5期。
[③] 于良芝:《整体性社会理论及其对信息不平等研究的适用性——以布迪厄的社会理论为例》,《上海高校图书情报工作研究》2011年第1期。
[④] 于良芝、刘亚:《结构与主体能动性:信息不平等研究的理论分野及整体性研究的必要》,《中国图书馆学报》2010年第1期。

量证据，于良芝[①]基于个人信息世界的构念，从如下三个维度对信息贫困的主客观根源进行了解析。

(一) 从可获信息源维度看信息贫困

如前所述，可获信息源（accessible information resource）是个人信息世界的一个重要维度。从这个维度看，信息贫困之所以发生，是因为个体缺乏对社会信息资源加以有效使用的自由和机会。在具体的信息实践活动中，人们常常表现出如下特征：首先，即使大量信息资源处于人们有效获取的范围之内，其中的许多资源也未被使用。其次，人们通常倾向于使用他们以前用过的信息资源，不愿意尝试新的。再次，物理上的可及性并不自动把信息资源加入基础信息源中，除非向人们展示了这些信息资源的相关性和有用性，这些资源才有可能被转化进入个人信息世界。最后，人与人之间的基础信息源及其对每种资源的使用情况都存在差异，正是这些差异，造成了人们信息贫富程度的分化。总之，从可获信息源的维度来看，信息贫困者缺乏把海量的、正在快速增长的信息资源吸纳到自己基础信息源的自由和（或）机会。也就是说，信息贫困者常常无法把出现在他们生活世界中的很多可及的（available）信息资源变成可获取的（accessible）信息资源，进而局限了自己基础信息资源的范围，从而最终导致了信息贫困。

(二) 从信息实践维度看信息贫困

个体的信息实践（information practice）活动发生于社会生活、娱乐、日常工作等各种场合。田野调查表明，不同个体的日常信息实践不仅在类型和信息源选择顺序和偏好上存在着差别，其信息实践特征也存在着明显差别，表现在：首先，空间特征不同。即，从个体信息实践发生的位置和环境来看，有些个体倾向于在信息密集的环境中进行信息实践，而另外一些个体的信息实践则更多发生于信息缺乏的环境中。其次，时间特征不同。即，从个体投入信息实践的时间比例来看，有些个体在非信息活动中

[①] Yu, Liangzhi, "How Poor Informationally are the Information Poor? Evidence from an Empirical Study of Daily and Regular Information Practices of Individuals", *Journal of Documentation*, Vol. 66, No. 6, 2010, pp. 906–933; Yu, Liangzhi, "Information Worlds of Chinese Farmers and their Implications for Agricultural Information Services: A Fresh Look at ways to Deliver Effective Services", 2010. Paper Presented at the World Library and Information Congress: 76th IFLA General Conference And Assembly, 10–15 August, Gothenburg, Sweden. (2012–09–20), http://www.ifla.org/files/hq/papers/ifla76/85-yu-en.pdf.

"零星"地进行信息实践,有些个体的信息实践则持续不断地发生于工作与非工作环境之下。再次,认知特征不同。即,从个体在信息实践中所表现出的智识水平来看,不同个体因文化素养、数字运算能力、信息分析技能,尤其是批判性思维和话语分析的能力不同,其信息实践也存在很大差异。总之,时间、空间、智识形成了个人信息世界的边界,直接决定了个人信息世界的大小,从而限定了信息资源之于个体的可获取性(accessibility),进而影响信息主体的信息贫富状况。

(三)从信息资产维度看信息贫困

正如个人信息世界理论框架所阐释的,个人信息资产(information asset)是个体通过对其基础信息源内外资源的使用而积累的"信息成果"(informational outcomes)。个人信息资产的积累不仅包括人们的知识和技能的改变,也包括个体信息实践过程中所处理的信息资源的规模。在信息社会的背景下,信息资产使个人的生活获得了"赋权"(empowerment)。所谓"赋权",指个体在面对现实问题时,能够有所作为的一种状况。"赋权"之于个人生活的重要性,通常在个体面对困境时的所作所为中体现得更为明显。田野研究发现,很多个体既无法回忆起过去所遇到的困难,也无法对未来可能遭遇困难予以预见。对他们而言,生活在循规蹈矩地自动进行,因而基本不需要信息对其进行干预。即使部分意识到生活中所存在的困难或改变的个体,也仍然无法意识到信息在此局面中的角色,也没有意识到可以应用信息去改变不利的生活状况。据此可以看出,信息贫困者至少在一定程度上是因为信息资产的贫乏而陷入无力改变现状的状态之中。信息贫困者对生活只有较低的预期而且被动而无助。据此可推想:过往的生活经验使信息贫困者很少能够理解在其生活情境中信息的价值,关于信息源有限的了解使其难以确认信息源的有益性,信息搜索和获取技能的匮乏使其信息获取常常依赖于他人的帮助。简言之,由于缺乏信息资产,个体无法应对信息方面的问题并采取相应行动,从而导致了信息贫困的发生。

综上所述,从信息贫困的主客观根源来看,信息贫困现象是一种具有高度复杂性的社会现象。正是由于信息贫富分化现象具有的这种复杂性,将整体性研究视角应用于信息贫富分化研究才显得如此必要而紧迫。着眼于从整体性理论视角展开对信息贫富分化的研究,于良芝提出了个人信息世界的理论框架,并将其作为信息贫富分化的基础性概念。从这个意义上说，个人信息世界理论构念的形成，为基于整体性研究思路的展开对信息贫富分化现象的研究做了铺垫。

三 整体性思路

如前所述，本研究是一项基于对城市人群个人信息世界的测度与聚类分析，对这一人群中的信息贫富分化状况进行考察的研究。由于个人信息世界的理论构念本身是基于整体性理论视角而提出的，因此，本研究具备了透过整体性理论视角审视信息贫富分化问题的前提条件。从这个意义上说，本研究通过对城市人群中信息贫富状况不同层级人群及其关联因素的分析而获得的研究发现，本身是整体性理论视角下考察信息贫富分化的产物。当然，由于本研究的目的仅仅在于通过对信息主体个人信息世界贫富状况的测度而考察城市人群中信息贫富分化现状及关联因素，因此，对于主客观因素之间的互动机制及其如何影响了信息贫富分化以及信息贫富分化如何得以发生等问题的深入探析将在本研究后续的其他研究中展开。

第四节 研究假设

个人信息世界理论构念的形成，为从整体性视角解析信息贫富分化现象提供了契机。本研究的实施，正是试图以个人信息世界的贫富差序作为信息贫富分化的操作性定义，从多维角度对信息贫富分化现象予以解读。具体而言，本研究将基于如下假设展开。

一 关于城市成年人群中的信息贫富分化结构的假设

关注信息社会问题的研究者已经对信息贫富分化现象进行了多种角度的解读。正如前文在对相关研究的文献述评中所提到的，大量以数字鸿沟、数字不平等及"知识沟"等名义展开的研究依据不同的标准，划分了信息（数字）富裕者与信息贫困者。另外一些研究者则着眼于克服现有研究的不足，试图对信息社会的信息贫富分化现象作出更深入的解读。例如，van Dijk 提出了由信息精英、参与者和被排斥者三个人群组成的网络社会的三层阶级结构，并认为由于"马太效应"，"逐渐地，越来越多的人将从特定的社会领域被完全排斥出去，结果是形成一等、二等、三等阶级"。① Fuchs 等②认为，高收入、良好教育背景和高技能者更有可能获取、使用 ICT 并从中获益，这些人在参与政治活动的过程中比天生就缺乏经济、政治和文化资本者获得了更多 ICT 的支撑。因此，在信息资本主义条件下，人们在计算机等 ICT 资源的获取、使用和获益能力方面的不平等，通过社会分层的过程造就了信息社会胜利者与失败者之间的阶级差别。

在本领域，已有研究者对信息社会背景下中国社会的信息贫富分化现象进行了解读。如，Cartier、Castells 等③对中国城市化进程中的"跨域社会网络"（translocal social network）所导致的信息不平等和社会分层进行了研究。在此基础上，邱林川④提出，中国社会的主体是中下阶层，包括普通百姓及各种弱势、被边缘化，或遭系统打压的群体。他们的社会经济地位较差，文化教育水平较低，常在政治权力关系中处于从属状态。然而，随着互联网和手机的普及，这些中下阶层成员已加入中国的信息社会，从而形成了"信息中下阶层"（information-have less）。

综上所述，信息社会问题领域的研究者已经从不同角度考察了人们信息贫富状况，并对信息社会的结构进行了多种解读。由于研究视角的不同，关于信息贫富分化的结论也迥异，但现有研究至少证明了信息社会中信息贫富状况不同的人群存在着一种有别于工业社会的分层化现象。如前文所述，个人信息世界理论提出的重要目的之一是基于整体性理论视角观察信息不平等现象，以期获得对信息贫富分化现象更有解释力的理论成果。因此，本研究将通过对城市成年人群个人信息世界贫富状况的测量，并进行聚类分析，从多维角度对城市成年人群的信息贫富状况进行解读，以期以基于个人信息世界的新认识创新现有对信息贫富分化现象的认识。

具体而言，本研究将依照个人信息世界理论，从信息主体的个人信息世界所包含的三要素（个人信息世界的内容、边界信息主体、个人信息

---

① van Dijk, J., *The Network Society*, London: SAGE. Second Edition, 2006, p. 9.
② Fuchs, C. and Horak, E., "Informational Capitalism and the Digital Divide in Africa", *Masaryk University of Law and Technology*, Vol. 1, No. 2, 2007, pp. 11 – 32.
③ Cartier, C., Castells, M., et al., "The Information Have-Less: Inequality, Mobility, Translocal Networks in Chinese Cities", *Studies in Comparative International Development*, Vol. 40, No. 2, 2005, pp. 9 – 34.
④ Qiu, L. C., *Working-class Network Society: Communication Technology, The Information Have-less in Urban China*, Cambridge: MIT Press, 2009, p. 7.

世界变化发展的动力特征）入手，解析信息贫富状况不同的人群之间在个人信息世界贫富状况方面的差异及其特征。

现有研究已证实了人们在信息实践中的动力特征与信息贫富分化之间的关联。如，刘亚在一项针对中学生的研究中发现，"青少年在日常学习生活中大部分时间用于开展知觉性信息实践，缺乏开展目的性信息实践的机会，他们的信息实践表现为类型单一、时空受限和智识程度较低的特征。依据个人信息世界理论，这些青少年的信息实践决定了他们个人信息世界中的可获取信息资源和信息资产都十分有限。对于大多数接受调研的青少年来说，其教育经历塑造的信息实践建构了相对贫困化的信息世界"[1]。信息行为及相关领域的研究也为解释信息实践的动力特征与信息贫富状况之间的关联提供了证据。例如，Savolainen[2] 发现：当个体的信息行为由自发动机驱动时，其信息行为充满着兴趣并自发地获得了愉悦的体验。当个体的信息行为由受控动机驱动时，其信息行为常常迫于内部或外部的要求而体验到压力。在无动机的情况下，个体则以被动、不热心的方式参与信息活动。Taylor[3] 把未知项目的信息需求分为四个层次：第一层次，无意识信息需求；第二层次，有模糊意识却无法明示的信息需求；第三层次，可以明示的信息需求；第四层次，使用适当的语言或词语表述的信息需求。由第一层次到第四层次，随着信息需求的明晰化，信息需求对信息行为的作用将越来越明显。Fourie 和 Kruger[4] 发现，青少年的信息需求符合 Taylor 的分类，青少年正是在内部和外部动机的激励下，搜寻信息以满足这些需求。Wilson[5] 也发现，信息交流渠道的选择受到情感需求和认知需求的引导。总之，现有研究中已证实了信息实践的动力特征与人们信息行为之间的密切关系。基于此，有理由相信，在信息贫富分化中处于不同地位的信息主体

---

[1] 刘亚：《教育对青少年信息贫困的影响研究》，博士学位论文，南开大学，2012 年。

[2] Savolainen, R., "Autonomous, Controlled and Half-hearted. Unemployed People's Motivations to Seek Information About Jobs", *Information Research*, Vol. 13, No. 4, 2008, p. 5.

[3] Taylor, R. S., "Question-negotiation and Information Seeking in Libraries", *College & Research Libraries*, Vol. 29, No. 3, 1968, pp. 178–194.

[4] 转引自 Agosto, D. E. and Hughes-Hassell, S., "Toward a Model of the Everyday Life Information Needs of Urban Teenagers, Part 1: Theoretical Model", *Journal of the American Society for Information Science and Technology*, Vol. 57, No. 10, 2006, pp. 1394–1403.

[5] Wilson, T. D., "On User Studies and Information Needs", *Journal of Documentation*, Vol. 37, No. 1, 1981, pp. 3–15.

在参与信息实践的动力方面也将具有各自不同的特征。

个人信息世界的内容要素与信息贫富分化之间的联系也已经得到了相关研究的证实。于良芝[1]指出，信息贫困者常常缺乏把海量的、正在快速增长的信息资源吸纳到自己基础信息源的自由和（或）机会，信息贫困者至少在一定程度上是因为信息资产的贫乏而陷入无力改变现状的状态之中。此外，Shenton 和 Dixon[2] 关于"信息宇宙"（information universe），Chatman[3] 关于退休妇女的"信息世界"（information world），Taylor[4] 的"信息使用环境"（information use environment）等的研究从不同角度证实了信息源的可获性与信息贫困之间的联系。Savolainen 等[5]发现，人们的信息源偏好对信息源的选择产生明显影响，日常生活中人们倾向于选择最熟悉、最容易获取的信息源。在选择标准方面，信息内容是信息源偏好最重要的标准，信息的可及性和可获性次之，信息的可用性对于信息源的选择偏好而言并不重要。基于上述研究发现，本研究假定在信息贫富分化中居于不同地位的个体，在其个人信息世界的内容要素上将具有各自不同的特征。

根据个人信息世界理论，由空间、时间、智识三个维度所构成的边界限定了个人信息世界的范围，决定其大小。空间维度与人们信息活动之间的关联已得到了大量研究的支持，如 Choo[6] 关于"信息生态"（information ecology），Reneker 等[7]关于"信息环境"（information environment），

---

[1] 于良芝：《"个人信息世界"——一个信息不平等概念的发现及阐释》，《中国图书馆学报》2013 年第 1 期。

[2] Shenton, A. K., Dixon, P., "A Comparison of Youngsters' Use of CD-ROM and the Internet as Information Resources", *Journal of the American Society for Information Science and Technology*, Vol. 54, No. 3, 2003, pp. 1029–1049.

[3] Chatman, E., *The Information World of Retired Women*, Westport, CT: Greenwood Press, 1992, p. 46.

[4] Taylor, R. S., "Information Use Environments", In B. Dervin (Ed.), *Progress in Communication Sciences*, Norwood, N. J.: Ablex, 1991, pp. 217–255.

[5] Savolainen, R. and Kari, J., "Placing the Internet in Information Source Horizons, A Study of Information Seeking by Internet Users in the Context of Self-development", *Library & Information Science Research*, Vol. 26, No. 4, 2004, pp. 415–433.

[6] Choo, C. W., *Information Management for the Intelligent Organization: the Art of Scanning the Environment*. 3rd ed. Medford, N. J.: Information Today, Inc, 2002, p. 98.

[7] Reneker, M., Jacobson, A., Spink, A., "Information Seeking Environment of a Military University", *The New Review of Information Behaviour Research*, Vol. 12, No. 2, 2001, pp. 179–193.

Johnson[①] 关于"信息场"(information fields),Pettigrew[②] 关于"信息场域"(information grounds),Sonnenwald[③] 关于"信息视野"(information horizon)等的研究,都从不同侧面证实了空间因素之于人们信息实践的影响。Savolainen[④] 在对 100 篇/本信息搜寻研究中的对空间因素进行界定的论文和专著进行分析后发现,信息行为研究领域的研究者已就空间因素对于个体信息活动的影响达成了共识,即,研究者都认为,空间因素之于人们的信息活动同时具备两种功能:束缚(constrain)其信息行为能力,或使其具备能够(enable)从事某种信息行为的能力。于良芝[⑤] 认为,空间之于个人信息世界的影响既表现在量上,也表现在质上,信息主体个人信息世界的状态在很大程度上是由其经常性利用的场所及其性质界定的。总之,现有研究表明,信息的富裕程度从一定程度上可以通过信息主体从事信息实践空间维度表现出来。此外,现有大量研究(如 Leckie 等[⑥]、Meho 和 Tibbo[⑦]、Wilson[⑧]、

---

① Johnson, J. D. , *Information Seeking: an Organizational Dilemma*, Westport, CN: Quorum Books, 1996, pp. 45 – 80.

② Pettigrew, K. E. , "Waiting for Chiropody: Contextual Results from an Ethnographic Study of the Information Behaviour Among Attendees at Community Clinics", *Information Processing & Management*, Vol. 35, No. 6, 1999, pp. 801 – 817.

③ Sonnenwald, D. H. , "Evolving Perspectives of Human Information Behaviour: Contexts, Situations, Social Networks and Information Horizons", In T. D. Wilson & D. Allen (Eds.), *Exploring the Contexts of Information Behaviour*, Proceedings of the 2nd International Conference on Research in Information Needs, Seeking and Use in Different Contexts, 13 – 15 August 1998, Sheffield, UK London: Taylor Graham, 1999, pp. 176 – 190.

④ Savolainen, R. , "Spatial Factors as Contextual Qualifiers of Information Seeking", *Information Research*, Vol. 11, No. 4, 2006, p. 3.

⑤ 于良芝:《"个人信息世界"——一个信息不平等概念的发现及阐释》,《中国图书馆学报》2013 年第 1 期。

⑥ Leckie, G. J. , Pettigrew, K. E. , Sylvain, C. , "Modelling the Information Seeking of Professionals: A General Model Derived from Research on Engineers, Health Care Professionals and Lawyers", *Library Quarterly*, Vol. 66, No. 2, 1996, pp. 161 – 193.

⑦ Meho, L. I. , Tibbo, H. R. , "Modelling the Information-seeking Behavior of Social Scientists: Ellis's Study Revisited", *Journal of the American Society for Information Science and Technology*, Vol. 54, No. 6, 2003, pp. 570 – 597.

⑧ Wilson, T. D. , "Information Behaviour: An Interdisciplinary Perspective", In P. Vakkari, R. Savolainen, B. Dervin (Eds.), *Information Seeking in Context: Proceedings of an International Conference on Research in Information Needs, Seeking and Use in Different Contexts*, 14 – 16 August 1996, Tampere, Finland, London: Taylor Graham, 1997, pp. 39 – 49.

Kuhlthau[1]、Johnson 等[2]、Hektor[3]等）从不同侧面证明，如果人们用于信息活动的时间长度不同、时段（工作内或工作外）不同，则其可获取的信息源也将有所不同，他们作为信息主体的经历和体验也必然会有所不同，正因为如此，个人信息世界的存在状态在很大程度上也取决于时间因素，这一因素由此成为限定个人信息世界的边界大小的因素之一。因此，有理由相信信息贫富状况不同的个体在其个人信息世界的时间边界方面有所差异。此外，早在 20 世纪 60—70 年代，就有研究者（如 Martyn[4]、Allen[5]、Menzel[6]）对制约人们信息行为的认知特征进行了研究，而许多秉持认知建构主义立场的研究者（如 Cole[7]、Savolainen[8]、Kuhlthau 等[9]）都考察了认知属性与信息行为之间的关联。基于这些研究成果及现实生活中的经验可以确定，人们智识水平的高低在很大程度上决定着人们实际上可以获取的信息源的多少。简言之，智识特征不同的个体，其信息体验或经历也将不同，从而在信息贫富分化中处于不同地位。

总之，来自信息行为及相关领域的研究业已表明，信息主体的信息贫

---

[1] Kuhlthau, C. C., "A Principle of Uncertainty for Information Seeking", *Journal of Documentation*, Vol. 49, No. 4, 1993, pp. 339 – 355.

[2] Johnson, J. D., Case, D. O., Andrews, J., Allard, S. A., Johnson, N. E., "Field and Pathways: Contrasting or Complementary Views of Information Seeking", *Information Processing & Management*, Vol. 42, No. 2, 2006, pp. 569 – 582.

[3] Hektor, A., *What's the use? Internet and Information Behavior in Everyday Life*, Linköping: Sweden7Linköping University, 2001, p. 89.

[4] Martyn, J., "Information Needs and Uses", *Annual Review of Information Science and Technology*, Vol. 9, 1974, pp. 3 – 23.

[5] Allen, T. J., "Information Needs and Uses in Science and Technology", *Annual Review of Information Science and Technology*. Vol. 4, 1969, pp. 3 – 29.

[6] Menzel, H., "Information Needs and Uses in Science and Technology", *Annual Review of Information Science and Technology*, Vol. 1, 1966, pp. 41 – 69.

[7] Cole, C., "Information as Process: the Difference Between Corroborating Evidence and "Information" in Humanistic Research Domains", *Information Processing & Management*, Vol. 33, No. 1, 1997, pp. 55 – 67.

[8] Savolainen, R., "Epistemic work and Knowing in Practice as Conceptualizations of Information use", *Information Research*, Vol. 14, No. 1, 2009, p. 7.

[9] kuhlthau, C. C. and Tama, S. L., "Information Search Process of Lawyers: A Call for 'Just for me' Information Services", *Journal of Documentation*, Vol. 57, No. 1, 2001, pp. 25 – 43; Kuhlthau, C. C., Heinstrom, J., et al., "The 'Information Search Process' Revisited: is the Model Still Useful?", *Information Research*, Vol. 13, No. 4, 2008, p. 45.

富程度不同,则他们在信息实践中的动力、所使用的信息和信息源及其开展信息活动的时间、空间和智识水平都将各具特色。基于此,本研究提出如下假设:作为信息贫富分化的基本表现形式,城市成年人群中存在着若干个人信息世界贫富程度不同、差异明显的聚类。

二 关于城市人群信息贫富分化影响因素的假设

在现有社会分层研究领域,研究者通常以经济或社会地位差异作为认识社会分层的基础。如,李强[1]提出,社会不平等是一种深藏在社会结构内部的社会群体之间的关系,经济分层是它的重要表现形式之一。经济分层指因财产、收入等方面的差异而造成的社会经济地位高低不同的现象,它与社会学三元社会分层说的是同一回事。在关于经济分层的研究中,研究者通常把个人的收入水平作为最关键的变量。也有研究者认为,与经济地位差异相比,社会地位的等级差异具有更强的稳定性和更持久的影响力,因此,社会声望分层是社会整体分层的一个重要维度。[2] 例如,Weber[3] 对经济分层(阶级)与社会声望分层(身份)加以区分并进行比较。Giddens[4] 认为,只有当经济差异导致了社会差异,或者说经济分层与社会声望分层相吻合时,社会分化才得以结构化。

在对社会分层的测量中,学者们发展出了两类测量指标:职业声望测量和社会经济地位指数。大量研究者(如许欣欣[5],蒋来文等[6],蔡禾和赵钊卿[7],叶南客[8],李强和宋时歌[9])等都基于职业分类而测量了社会

---

[1] 李强:《政治分层与经济分层》,《社会学研究》1997 年第 4 期。
[2] 李春玲:《当代中国社会的声望分层——职业声望与社会经济地位指数测量》,《社会学研究》2005 年第 2 期。
[3] Weber M. Class, *Status and Party. in Class*, *Status and Power*: *Social Stratification in Comparative Perspective* (eds.), by Beinhard Bendix & Seymour Lipset, New York: The Free Press, 1966, pp. 34 – 78.
[4] Giddens, A., *The Class Structure of the Advanced Societies*, London: Hutchins, 1973, p. 54.
[5] 许欣欣:《从职业评价与择业取向看中国社会结构变迁》,《社会学研究》2000 年第 3 期。
[6] 蒋来文等:《北京、广州两市职业声望研究》,《社会学与社会调查》1991 年第 4 期。
[7] 蔡禾、赵钊卿:《社会分层研究:职业声望评价与职业价值》,《管理世界》1995 年第 4 期。
[8] 叶南客:《南京市民对职业声望的评价》,《社会》1997 年第 1 期。
[9] 李强、宋时歌:《中国人民大学职业声望调查表明科学家高居榜首》,《职业教育研究》1998 年第 1 期。

分层，其中，林南等[1]所设计的分组职业声望测量方法具有较高的认可度。关于社会分层更普遍的测量是以社会经济地位指数的名义进行的。例如，Duncan[2]、Blau[3]用教育和收入作为社会经济地位指数的基本指标，并据此衡量人们的社会地位。

总之，现有研究中无论是从哪种视角测量社会分层，研究者通常都把收入、受教育程度和职业类型等变量作为重要的指标。为此，本研究将参照现有的研究成果，把职业类型、收入水平和教育程度作为自变量，以期了解经济社会地位差异对信息贫富分化解释的程度。另外，对数字鸿沟、数字不平等领域的大量研究发现，性别、年龄和民族等人口学特征也与人们在信息社会中的地位有着直接或间接的联系。据此，本研究将上述三个方面的人口学特征作为可能用以解释信息贫富分化的因素加以考察。

在数字鸿沟与数字不平等研究领域，在大多数研究者把社会结构因素（如收入、职业等）作为解释信息贫富分化的基本因素的同时，也有部分研究者尝试引入信息主体的某些主观因素，以解释信息贫富分化的发生。如，Wilson[4]，韦路等[5]，Nahl[6]，Eastin 和 LaRose[7]，Ren[8] 等人研究发现，"自我效能感"是一个可用于对信息贫富分化进行有效解释的因素。据此，本研究将自我效能感作为一种代表信息主体主观能动性因素的变

---

[1] Lin, N., Wen, X., "Occupational Prestige in Urban China", *American Journal of Sociology*, Vol. 22, No. 9, 1988, pp. 3 – 28.

[2] Duncan, O. A., "Socioeconomic Index for All Occupations", In A. J. Reiss (ed.), *Occupations and Social Status*, New York: Wiley, 1961, pp. 45 – 67.

[3] Blau, P. & Otis, D., *The American Occupational Structure*1, New York: Wiley, 1967, p. 90.

[4] Wilson, T. D., "Information Behaviour: An Interdisciplinary Perspective", in Vakkari, P., Savolainen, R., Dervin, B. (Eds.), *Information Seeking in Context*. Proceedings of an International Conference on Research in Information Needs, Seeking and Use in Different Contexts, 14 – 16 August, 1996, Tampere, Finland, Taylor Graham, London, 1997, pp. 39 – 50.

[5] 韦路、张明新：《网络知识对网络使用意向的影响：以大学生为例》，《新闻与传播研究》2008 年第 1 期。

[6] Nahl, D., "Affective Monitoring of Internet learners: Perceived Self-efficacy and Success", in Hardin, S. (Eds.), *Proceedings of the 59th Annual Meeting of the American Society for Information Science*, Baltimore, Maryland, October 21 – 24, 1996, Information Today, Inc., Medford, N. J., 1996, pp. 100 – 109.

[7] Eastin, M. S., LaRose, R., "Internet Self-efficacy and the Psychology of the Digital Divide", *Journal of Computer-Mediated Communication*, Vol. 32, No. 6, 2000, pp. 1 – 6.

[8] Ren, W. H., "Library Instruction and College Student Self-efficacy in Electronic Information Searching", *Journal of Academic Librarianship*, Vol. 26, No. 5, 2000, pp. 311 – 322.

量,也纳入了分析,以揭示主观能动性对于信息贫富分化的影响。

总之,由于现有研究已从不同角度证实了收入水平、教育程度、职业地位、年龄及主观特征对于人们在社会分化中地位的影响,因此,本研究参照本领域已有研究的成果,挑选有关的社会经济地位、人口学特征及主观能动性指标作为解释变量,以考察各种主客观因素与信息贫富分化的关联程度。基于此,本研究提出如下假设:城市成年人在信息贫富分化中的地位与其社会经济地位、人口学特征及其自我效能感之间存在关联。

三 关于现有信息贫富分化治理举措有效性的假设

作为社会设计的信息空间,公共图书馆通常被定位为促进信息公平的一种社会制度安排。关于公共图书馆在消弭数字鸿沟中的作用,已得到了大量研究(如,Gates Foundation[1]、Agosto[2]、Jaeger 等[3]、Kinney[4] 等)的支持。近年来,图书馆与情报学及相关领域的研究者从多个角度阐释了公共图书馆参与信息贫富分化治理,促进信息社会发展的作用和方式。如,De Maagd 等[5]从公共政策的角度确认了公共图书馆之于信息化背景下的社区发展所具有的价值。Jaeger 等[6]则呼吁公共图书馆领域的研究者与实践者更积极地参与相关社会政策的制定过程,以便使社会各界了解并支持图书馆机构、用户和社区的主张。另外,也有研究者针对现有的失范的公共图书馆政策所导致的不良社会后果进行了考察。如,Ceiano 等[7]发现,美国部分城市关闭公共图书馆的行为不仅无助于本地经济的发展,相

---

[1] Gates Foundation, "Toward Equality of Access: The Role of Public Libraries in Addressing the Digital Divide", (2013 – 03 – 02), http://www.imls.gov/pubs/pdf/Equality.pdf.

[2] Agosto, D. E., "The Digital Divide and Public Libraries: a first-hand view", *Progressive Librarian*, Vol. 25, No. 2, 2005, pp. 23 – 27.

[3] Jaeger, P. T., Bertot, J. C., Thompson K. M., Katz S. M., De Coster, E. J., "The Intersection of Public Policy and Public Access: Digital Divides, Digital Literacy, Digital Inclusion, and Public Libraries", *Public Library Quarterly*, Vol. 31, No. 1, 2012, pp. 1 – 20.

[4] Kinney, B., "The Internet, Public Libraries, and the Digital Divide", *Public Library Quarterly*, Vol. 29, No. 2, 2010, pp. 104 – 161.

[5] De Maagd, K., Chew, H. E., Huang, G., Khan, M. L., Sreenivasan, A., LaRose, R., "The Use of Public Computing Facilities by Library Patrons: Demography, Motivations, and Barriers", *Government Information Quarterly*, Vol. 30, No. 1, 2013, pp. 110 – 118.

[6] Jaeger, P. T., Bertot, J. C., Gorham, U., "Wake Up the Nation: Public Libraries, Policy Making, and Political Discourse", *Library Quarterly*, Vol. 83, No. 1, 2013, pp. 61 – 72.

[7] Ceiano, D. C., Neuman, S. B., "How to Close The Digital Divide? Fund Public Libraries", *Education Week*, Vol. 29, No. 28, 2010, pp. 33 – 36.

反进一步加宽了当地的数字鸿沟。

中国研究者针对信息社会背景下公共图书馆的作用也进行了大量探讨。吴慰慈[1]通过对公共图书馆的发展历史进行回顾后指出，公共图书馆从一产生起就致力于把自己融入社会和人民群众之中，发挥其在社会中保障公民基本利益的作用。作者指出，在当今社会的各类型组织中，几乎找不到一个能像公共图书馆这样，能够贴近百姓，而且体系完备的信息服务机构。作者进而指出，公共图书馆的存在，不仅能起到缓解社会矛盾、缩小社会差距的作用，而且在维护信息公平、保障公民权利及弥平数字鸿沟、推动和谐发展方面也具有独特而重要的作用。李超平等[2]通过对城市文化发展中公共图书馆地位的考察，提出公共图书馆在城市文化发展战略中具有资源保障、提高城市文化力和缩小数字鸿沟的作用。彭冬莲等[3]则在分析国外图书馆在缩小数字鸿沟的作用中发现，图书馆为公众开启了一扇通往全球信息之门，将全世界的信息带到每个社区，使所有社区成员能获取电子资源并发展技能，使之可以参与全球经济活动，这是公共图书馆对社区乃至国家的主要贡献。[4]

总之，公共图书馆作为社会设计的信息空间，以提供信息服务、促进信息公平为职业使命。基于此，本研究认为，公共图书馆对于丰富其用户的个人信息世界，从而有效干预和治理信息贫富分化具有重要的价值。此外，由于社会阅读活动与公共图书馆的职业行为之间的密切联系，本研究进而认为，社会阅读活动的开展对于信息贫富分化的治理同样有着潜在的影响。据此，本研究提出如下假设：信息服务机构及社会阅读等相关活动通过作用于个人信息世界对于信息贫富分化的干预和治理具有有效性。

---

[1] 吴慰慈：《公共图书馆在构建和谐社会中的作用》，《图书馆》2006年第1期。

[2] 李超平、刘兹恒：《论公共图书馆事业与城市文化战略的互动关系》，《中国图书馆学报》2004年第1期。

[3] 彭冬莲、彭备芳：《缩小数字鸿沟——图书馆的作用与举措》，《图书馆》2005年第3期。

[4] Tammi, M., "Bridging the Digital Divide in Colorado Libraries: Survey Results from the Colorado Public Libraries, the Digital Divide 2002 Study", *Public Libraries*, Vol. 43, No. 4, 2004, pp. 9 – 16.

第四章

研究设计

第一节 测量工具

前文通过文献调研,确认了本研究在信息贫富分化研究领域的前沿性,提出了研究问题。本研究是一项以城市成年人群[①]为目标人群的研究。在国家自然科学基金项目的资助下,研究者参照分层抽样的相关标准选择了在区域位置、经济发展水平、人口规模等方面具有代表性的六座城市为研究实施地,并针对这些城市中的6048位城市居民进行了测量。

本研究是一项以问卷调研为数据收集工具,以聚类分析、方差分析、回归分析等为数据分析方法的定量研究。就测量工具而言,本研究选用于良芝教授编制的个人信息世界量表(Information World of Individuals Scale,IWoIS)作为对受访者个人信息世界贫富程度进行测量的工具;选用由Ralf Schwarzer编制[②]、张建新和Schwarzer翻译[③]、王才康等进行了信效度检验[④]的一般自我效能感量表(General Self-Efficacy Scale,GSES)(中文版)作为对受访者自我效能感进行测量的工具;此外,本研究还根据现有研究成果和本研究的目的添加了对性别、年龄、民族、收入、职业和教

[①] 本研究中的"城市成年人群"指具有城市户籍、在本研究实施时居住于城市的年龄在18岁及以上的人群。

[②] Schwarzer, R., & Aristi, B., "Optimistic Self-beliefs: Assessment of General Perceived Self-efficacy in Thirteen Cultures", *Word Psychology*, Vol. 2, No. 1-2, 1997, pp. 177-190.

[③] Zhang, J. X., & Schwarzer, R., "Measuring Optimistic Self-beliefs: A Chinese Adaptation of the General Self-efficacy Scale", *Psychologia*, Vol. 38, No. 3, 1995, pp. 174-181.

[④] 王才康、刘勇:《一般自我效能感与特质焦虑、状态焦虑和考试焦虑的相关研究》,《中国临床心理学杂志》2000年第4期。

育水平等变量进行测度的问项。现将本研究所使用测量工具的具体情况介绍如下。

一 个人信息世界量表

（一）个人信息世界量表的结构

如前所述，个人信息世界理论是作为考察信息不平等的基础性概念而提出的。自2003年以来，于良芝教授基于三项相互关联的课题，先后访谈了大量城乡居民。田野研究所获得的证据不仅为个人信息世界概念的提出与完善提供了条件，也为测度个人信息世界的贫富程度提供了依据。个人信息世界量表的编制正是基于上述研究成果而实现的。具体而言，根据于良芝（2010a[①]，2010b[②]，2011[③]）的相关研究，个人信息世界由内容、边界和动力三个要素构成，因此，个人信息世界量表包括了对这三方面各维度的测度。

首先，本量表对于个人信息世界内容的测量包括信息主体的可获（available）信息源、可及（accessible）信息源、基础信息源和信息资产四个层次。具体而言，在对可获信息源和可及信息源的测量方面，本量表提名了一些有代表性的物质和人际的信息源供受访者选择。在对基础信息源和信息资产的测量方面，本量表则不仅提名了信息源，而且依据知识信息的类别对每种信息源进行了进一步区分，并请受访者报告了其对每种信息源使用的频率。

其次，本量表对于个人信息世界边界的测量是通过时间、空间和智识三个维度进行的。在时间维度的测度方面，本量表要求受访者报告自己每天花在信息搜索、阅读/浏览、参观、学习等信息获取活动的时间，并据此衡量其个人信息世界时间边界的大小。在空间维度的测度方面，本量表

[①] Yu, L. Z., "How Poor Informationally are the Information Poor? Evidence from an Empirical Study of Daily and Regular Information Practices of Individuals", *Journal of Documentation*, Vol. 66, No. 6, 2010, pp. 906–933.

[②] Y, L. Z., "Information Worlds of Chinese Farmers and their Implications for Agricultural Information Services: A Fresh Look at ways to Deliver Effective Services", 2010. Paper Presented at the World Library and Information Congress: 76th IFLA General Conference And Assembly, 10–15 August, Gothenburg, Sweden. （2012–09–20）, http://www.ifla.org/files/hq/papers/ifla76/85-yu-en.pdf.

[③] Yu, L. Z., "Towards a Reconceptualization of the 'Information Worlds of Individuals'", *Journal of Librarianship and Information Science*, Vol. 22, No. 10, 2011, pp. 1–16.

首先提名了一系列信息活动场所,请受访者选择自己在过去一年中开展过信息搜索、阅读/浏览、参观、学习等信息获取活动的场所,据此判断其个人信息世界空间边界的范围。对于智识维度,本量表设计了三类问项,分别考察了受访者的语言水平、信息搜索技能和批判思维能力。

依据个人信息世界理论,目的性信息实践、知觉性信息实践和无意识信息实践体现了个人信息世界发展变化的动力。因此,本量表对于受访者的个人信息世界动力的强弱程度,是通过考察其在上述三种信息实践中对阅读、上网、看电视和与人交流四种信息获取途径的使用频繁程度测量的。

(二) 个人信息世界量表的问项设计

在本量表中,动力、信息资产、时间和智识维度均采用类似李克特量表式设计,由受访者直接在不同层级的项目上进行选择。可及信息源、可获信息源、基础信息源和空间维度采用"有/无"式设计,由受访者根据实际情况作出选择。

(三) 个人信息世界量表赋分规则

本量表通过专家调查的方式,对量表所涉及的信息源及信息实践之于个人信息获取的重要性进行了加权。2012 年 6 月,课题组向熟悉信息问题研究的 10 位专家发放问卷,收回有效问卷 9 份。经过计算,制定了本量表的赋分规则表,并据此对量表中的原始问项进行了赋分。赋分完成后,把每个维度上的得分进行了无量纲化处理,使其转换成一个满分为 100 分的分值。

(四) 个人信息世界量表的信度

1. 检验方法及样本

本量表首先采用了重测法进行信度检验,以南开大学商学院 2011 级本科生为测试对象,于 2012 年 6 月 12 日进行了第一次预测试,2012 年 6 月 28 日进行了第二次预测试,两次测试共得到可以匹配的样本 27 个。为进一步确认本研究的信度,本研究还分别计算了全体问项和 8 个维度的 Cronbach's Alpha 系数。

2. 各维度重测得分的差异性与相关性

通过重测,研究者获得了 27 个样本在个人信息世界量表各维度的得分。为考察前后测试之间的差异程度,研究者对前后测试得分进行了配对样本的 t 检验。检验结果表明,所有变量在前后两次测度中的得分均不存在显著差异①。本研究进而分析了各变量前后测试得分的相关性。分析发现，个人信息世界量表中各维度在两次测试中的得分均在0.01水平（双侧）上显著相关，相关系数如下：可获信息源维度为0.737，可及信息源维度为0.589，基础信息源维度为0.664，信息资产维度为0.831，时间维度为0.773，空间维度为0.784，智识维度为0.900，动力维度为0.554。

总之，无论是通过差异性还是相关性来衡量，本量表都具有较满意的重测信度。

3. Cronbach's Alpha 检验结果

在对个人信息世界量表的全部问项进行了一致性检验后发现，其Cronbach's Alpha系数为0.909。对照现有统计标准②，可以确认本量表具有较高的内部一致性。

（五）个人信息世界量表的效度

1. 检验方法及样本

根据 Elfreda Chatman 的研究，由于社会和文化标准规制人的信息行为，在特定人群中会形成"小世界"，从而造成了信息贫困（Chatman③，Chatman & Pendleton④）。本研究参照 Chatman 的标准，选择天津市西青区一个建筑工地的农民工为调查对象。在该工地共发放问卷60份，收回有效问卷59份。在问卷发放过程中，研究者注意到问卷发放地是一个非常典型的"小世界"：由于研究者为受访者提供了一份小礼品，在第一个工地发放过程中受访者积极性很高。研究者在第一个工地发放40余份问卷，历时2小时（由于需要不断向受访者解释问卷的内容，因此耗时较长）。

---

① 本部分关于前后测试得分差异显著性的t检验使用了于良芝教授2012年11月在南开大学商学院信息资源管理系组织的"信息资源管理论坛"上的相关数据分析结果。

② Cronbach's Alpha 的可信程度的参考范围：信度≤0.30：不可信；0.30＜信度≤0.40：初步的研究，勉强可信；0.40＜信度≤0.50：稍微可信；0.50＜信度≤0.70：可信〔最常见的信度范围〕；0.70＜信度≤0.90：很可信〔次常见的信度范围〕；0.90＜信度：十分可信。

③ Chatman, E. A., "Information, Mass Media Use and the Working Poor", *Library & Information Science Research*, Vol. 32, No. 7, 1985, pp. 97–113; Chatman, E. A., "The Information World of Low-skilled Workers", *Library & Information Science Research*, Vol. 21, No. 9, 1987, pp. 265–283; Chatman, E. A., *The Information World of Retired Women*, Westport, CT Greenwood Press, 1992, pp. 44–56; Chatman, E. A., "Framing Social Life in Theory and Research", *New Review of Information Behaviour Research*, Vol. 34, No. 1, 2000, pp. 3–17.

④ Chatman, E. A., Pendleton V. E. M., "Knowledge Gaps, Information-seeking and the Poor", *Reference Librarian*, Vol. 49/50, No. 1, 1995, pp. 135–145.

第四章 研究设计

之后,来到200米外的另一个工地发放问卷,发现这里的农民工完全没有听到关于隔壁工地填写问卷领取礼品的消息。进一步交谈发现,第一个工地的务工者全部来自同一村落,他们与邻近工地的农民工基本上没有交流。据此认为,将这个群体与南开大学的学生群体进行比较,可有效揭示本量表的效度。

2. 检验结果

通过对南开大学学生和西青区农民工测试得分进行独立样本的 t 检验发现,南开大学的学生在各维度上的得分均显著高于西青区农民工。作为一所全国重点大学,南开大学的学生需要具备很强的学习能力。从整体上说,南开大学的学生代表着一个信息相对富裕的人群;而根据前文所述 Chatman 关于信息贫困的"小世界"的描述,建筑工地上的农民工从整体上更符合信息贫困人群的特征。如表4.1所示,南开大学学生在各个维度上的得分的均值均高于西青区建筑工地的农民工,进一步观察表4.2发现,上述两个群体之间在各维度上的得分的差异均极其显著($p<0.001$),因此,本量表很好地契合了信息贫困研究领域现有研究的理论发现,能够有效地区分不同人群的个人信息世界的丰富程度,有着良好的效度。

表4.1　　　　南开大学学生与西青区农民工各维度均值比较

个人信息世界量表的维度	受访人群	N	均值	标准差
可及信息源(accessible information sources)	大学生	59	12.46	3.303
	农民工	59	5.27	3.814
可获信息源(available information sources)	大学生	59	11.46	3.186
	农民工	59	3.73	3.745
基础信息源(basic information sources)	大学生	59	69.12	16.859
	农民工	59	34.63	21.746
信息资产(information assets)	大学生	59	131.20	41.714
	农民工	59	53.78	36.546
空间(space)	大学生	59	11.36	5.848
	农民工	59	4.46	4.485

续表

个人信息世界量表的维度	受访人群	N	均值	标准差
时间（time）	大学生	59	2.20	.610
	农民工	59	1.12	.745
智识（intellectual sophistication）	大学生	59	39.49	6.358
	农民工	59	14.22	8.092
动力（dynamics）	大学生	59	81.08	11.542
	农民工	59	39.68	28.452

资料来源：本研究整理。

表4.2　　南开大学学生与西青区农民工各维度的 t 检验

维度	均值方程的 t 检验		
	t	df	Sig.（双侧）
动力	10.359	76.586	.000
可及信息源	10.941	116	.000
可获信息源	12.073	116	.000
基础信息源	9.629	116	.000
信息资产	10.723	116	.000
空间	7.190	108.691	.000
时间	8.657	116	.000
智识	18.862	116	.000

资料来源：本研究整理。

二　一般自我效能感量表

（一）自我效能感的含义

自我效能感是 Bandura 社会认知理论中的核心概念[1]。所谓自我效

---

[1] Bandura, A., "Self-efficacy: Toward a Unifying Theory of Behavioral Change", *Psychological Review*, Vol. 84, 1977, pp. 191 – 215; Bandura A., *Self-efficacy: The Exercise of Control*, New York: Freeman, 1997, p. 34.

第四章 研究设计

能感是指人们对自己行动的控制或主导。通常情况下，一个人如果相信自己能处理好各种事情，则这个人在生活中会更积极主动。这种"能做"的认知体验反映了一种人们对环境的控制感，由此可见，自我效能感反映的是一种信念，在这种信念的支配下，个体能采取适当的行动面对环境的挑战。研究发现，自我效能感高的人通常具有以自信的观点分析和看待个体处理生活中各种压力的能力。按照 Bandura 的理论，人们的自我效能感不同，则其感觉、思维和行动都会有所不同。从感觉层面来说，自我效能感常常和抑郁、焦虑及无助有着紧密的联系。在思维层面，自我效能感更能促进人们在各种场合的认知过程和成绩，其中包括决策质量和学业成就等。此外，自我效能感还能够加强或削弱个体的动机水平。通常情况下，自我效能感高的人倾向于选择更有挑战性的任务，这些个体一般会为自己确立较高的目标并且坚持到底。一旦开始行动，自我效能感高的人通常会付出较多的努力，坚持更长的时间，遇到挫折时他们又能很快恢复过来[1]。

（二）一般自我效能感量表（GSES）的编制及中文译本

一般自我效能感量表 GSES 最早出现的版本是德文版，这一版本是由德国柏林自由大学的著名临床和健康心理学家 Ralf Schwarzer 教授和他的同事于 1981 年编制完成的，开始时德文版共有 20 个项目，但后来简化为 10 个项目。目前，该量表已经被翻译成至少 25 种语言，并在国际上得到了广泛使用。最早中文版的 GSES 由张建新和 Schwarzer 于 1995 年在香港的一年级大学生中使用。目前中文版 GSES 已经被证明具有良好的信度与效度。

（三）一般自我效能感量表（GSES）的评分规则和信、效度

1. GSES 的项目及评定标准

GSES 一共设 10 个项目，这些项目涉及了对个体遇到挫折或困难时的自信心等诸方面的测度。GSES 采用李克特 4 点量表的形式，各项目都为 1—4 分。对全部 10 个项目，被试者需根据自己的实际情况回答"完全不

---

[1] Schwarzer, R., Aristi, B., "Optimistic Self-beliefs: Assessment of General Perceived Self-efficacy in Thirteen Cultures", *Word Psychology*, Vol. 3, No. 1 – 2, 1997, pp. 177 – 190; Schwarzer R., Mueller J., Greenglass, E., "Assessment of General Perceived Self-efficacy on the Internet: Data Collection in Cyberspace", *Anxiety, Stress, and Copying*, Vol. 3, No. 12, 1999, pp. 145 – 161.

正确"、"有点正确"、"多数正确"或"完全正确"。在评分中,"完全不正确"记1分,"有点正确"记2分,"多数正确"记3分,"完全正确"记4分。

2. GSES 的信度和效度

王才康等[①]检验发现,中文版的 GSES 具有令人满意的信度和效度。这一量表的内部一致性系数为 0.87,一星期间隔的重测信度达到 0.83。在效度方面,GSES 的 10 个项目和总量表得分的相关系数在 0.60—0.77。通过因素分析抽取一个因素,共解释了方差的 47.09%,这表明 GSES 具有很好的结构效度。

三 经济社会地位、人口学特征及社会阅读相关指标

本研究基于文献调查,选择了反映人们经济社会地位的相关指标(职业、收入、教育水平)及相关人口统计学指标(性别、年龄、民族)并将其纳入了调查问卷。为考察社会阅读活动之于信息贫富分化治理的影响,本研究在针对东莞地区受访者的调查中,选择使用了《东莞地区图书馆与社会阅读调查问卷》中的部分指标。"东莞地区图书馆与社会阅读调查"是一项由中国图书馆学会与社会阅读分委员会和东莞图书馆联合实施的调查项目,该项目由东莞图书馆冯玲副馆长任负责人,以黄文镝、王素芳、廖晓梅和周文杰为成员,其中周文杰承担数据分析、报告撰写等工作。

第二节 样本、数据与变量

本研究的目的是基于个人信息世界理论,对城市成年人群中的信息贫富分化状况及关联因素进行全面考察。为达成这一研究目的,本研究参照分层抽样的标准选择了 6 座城市作为施测地点,在这些城市发放并回收了 6048 份问卷。进而,研究者对调查所获数据进行了整理和清洗,并根据研究目的进行了统计分析,具体如下。

---

① 王才康、胡中锋、刘勇:《一般自我效能感量表的信度和效度研究》,《应用心理学》2001 年第 1 期。

一 样本

本研究对于研究地点的选择参照了分层抽样的相关标准,选取了位于我国华南、华北、西北和东北等不同区域的东莞、天津、太原、阳泉、兰州和大连为问卷发放城市。这些城市中既有工业高度发达的沿海城市,也有经济欠发达的内地城市;既有人口超过千万的特大型城市,也有人口规模相对较小的中小型城市;既有直辖市、省会城市等区域中心城市,也有普通城市。

考虑到本研究得以实施的便利性和可能性,本研究在问卷发放地(除东莞市外)采用了方便取样,即由研究者根据可能的条件和研究的便利性在各城市选取了问卷发放地点与人群。为提高样本的代表性,研究者尽量选择多样化的地点发放问卷,以尽可能提高受访人群的代表性与异质性。

由于本研究不仅关注城市成年人群个人信息世界分化的现状,而且也关注信息贫富分化的干预和治理,因此本研究选择了一个信息化程度较高,公共文化事业相对发达的沿海城市——广东省东莞市作为案例,考察了公共图书馆及社会阅读活动之于信息贫富分化治理的实际作用。为达成研究目的,本研究在东莞市采取了严格的分层抽样,在图书馆外发放问卷1500份,回收问卷1278份;在东莞地区图书馆的各总分馆中以方便取样的方式向到馆读者发放并收回问卷1500份。东莞市图书馆外受访者的分层抽样按照如下步骤进行:首先,根据《2011年东莞市国民经济和社会发展统计公报》所公布的东莞市人口总量与分布,依照全市34个街区和科技园区在全市人口中的比重对样本人群进行了分配,计算得出了各街区应发放的问卷数量。其次,按照全市人口结构中的性别、职业和年龄比例,进一步计算了各街区中不同性别、年龄和文化受访者的数量。再次,考虑到东莞本地的产业分布情况,对各街区受访者所在的部门进行了进一步分层抽样控制,计算了各街区来自机关、企业、社区等不同社会部门的受访者数量。最后,根据上述各步计算的样本数量与比例,在东莞全市发放了问卷。东莞地区分层抽样方案详见附录B。

按照上述方案，本研究最终在六座城市收回了 6048 份问卷。样本发放地及回收详情见表 4.3。

表 4.3　　　　　　　问卷发放地点与回收问卷的数量

发放地点	回收问卷数（份）	发放地点	回收问卷数（份）
大连政府部门及下属机构	95	天津某家饰市场	50
大连理工大学	67	天津某私营企业	52
大连机车厂	149	中国大戏院（天津）	70
大连私营企业	65	天津某证券公司	40
大连星海旺座（写字楼）	91	兰州铁路新村街道	397
大连某小学（发放给学生家长）	318	兰州某中学（发放给学生家长）	440
天津中豪大厦（商住楼）	99	阳泉新华东街某社区	66
天津中医学院	91	阳煤集团某机械厂	209
南开大学商学院物业管理人员	20	阳泉某技工学校	36
天津越秀路街道某三个社区	272	太原市某妇幼保健院	50
天津某餐馆	78	太原市某医院	90
天津某教堂	25	太原市某政府下属部门	60
天津师范大学教学楼	33	太原市某中学（发放给学生家长）	73
南开大学二主楼	54	东莞图书馆及其各分馆内	1500
天津市某研究院	39	东莞各街区[a]	1278
农业部某科研所（天津）	141	合计	6048

注：a. 东莞共有 32 个街区，本研究按照严格的分层抽样方案，对这些街区不同类型单位（政府机构、工厂、公司、社区）中的不同人群（按年龄、性别、教育水平等分类）进行了调查，抽样的步骤见前文，详细抽样方案见附录 B。这部分数据的分析详见本书第 8 章。

资料来源：本研究整理。

二 数据整理与清洗

如上所述，本研究在六座城市发放并收回问卷共计 6048 份。根据研究设计，东莞图书馆内发放的 1500 份问卷将仅仅用于分析公共图书馆在信息贫富分化治理中的作用。因此，在对城市成年人群信息贫富分化状况的分析中，本研究实际使用了 4548 份问卷。针对这部分问卷，本研究采用如下步骤进行了数据整理与清洗。

首先，剔除缺项过多的问卷 243 份。

其次，由于本研究的目标人群是成年人群，因此剔除年龄小于 18 岁或年龄为缺项的问卷 130 份。

再次，由于本研究的目标人群是城市人群，因此剔除来自农民工的问卷 107 份。

最后，为保证问卷质量，本研究在问卷中设置了一组"测谎"题目，具体为：剔除在第 4 题"您在日常工作或生活中是否有机会从以下渠道获取信息"中未选择"互联网"，但在第 15 题（①至④代表信息搜索过程的复杂程度，您在搜索日常生活和工作/学习所需信息时，最高曾达到哪种程度）中选择了"利用百度或谷歌的简单搜索页面"，"利用百度或谷歌的高级搜索页面"和"利用百度/谷歌以及专业数据库的高级搜索功能"中任何一项的问卷 700 份。这一组"测谎"题目之所以成立，是因为在日常工作或生活中没有机会从互联网获取信息者，不会存在使用网络搜索引擎的可能性。

通过上述数据整理与清洗，最终用于数据分析的有效问卷数为 3368 份。本研究针对图书馆外人群问卷的有效率为 74%。

针对在东莞图书馆及其各分馆发放的问卷，本研究采用了以下数据整理方法：首先，剔除了年龄为缺项或受访者年龄小于 18 岁的问卷。其次，剔除在问卷第 4 题"您在日常工作或生活中是否有机会从以下渠道获取信息"和第 13 题"过去一年您在以下哪些场所开展过信息搜索、阅读/浏览、参观、学习等信息获取活动"中未选择"实体或虚拟的图书馆"一项的受访者。这一组"测谎"题目之所以成立，是因为本组问卷已经是针对在馆读者发放的，因此，不存在受访者日常工作或生活中无法从图书馆获取信息的情况。经上述"测谎"项目控制及剔除后，共得到完全符合本研究需要的问卷393份。

三 变量

（一）个人信息世界与各种主客观因素的关联分析中所选择的变量

如前所述，本研究通过文献调查发现，在现有研究中无论是从哪种视角测量社会分层，研究者通常都把测量的重点放在收入、受教育程度和职业类型方面。据此，本研究把职业类型、收入水平和教育程度作为自变量纳入回归模型，以期了解经济社会地位差异对信息贫富分化解释的程度。另外，数字鸿沟、数字不平等领域大量研究发现，性别、年龄和民族等人口学特征也与人们在信息社会中的地位有着直接或间接的联系。因此，本研究将上述三个方面的人口学特征作为可能用以解释信息贫富分化的因素加入考察。

在数字鸿沟与数字不平等研究领域，在大多数研究者把社会结构因素（如收入、职业等）作为解释信息贫富分化的基本因素的同时，也有部分研究者尝试引入信息主体的某些主观因素，以解释信息贫富分化的发生。如前文所述，本领域大量研究发现，"自我效能感"是一个可用于对信息贫富分化进行有效解释的因素。据此，本研究将自我效能感作为一种代表着信息主体主观能动性因素的变量，也纳入了分析，以揭示主观能动性对于信息贫富分化的影响。

总之，基于对现有研究成果的分析，本研究最终选定了表4.4所示的变量，用以考察主客观因素与信息贫富状况之间的关联。

表4.4　　　　　个人信息世界与主客观因素的关联分析的变量

变量类型	变量含义	变量名	变量类型与水平
因变量	个人信息世界测度的总得分	Total	连续变量
自变量	性别	Gender	分类变量，1—女，2—男
	年龄	Age	连续变量[a]
	民族	Ethnic	分类变量，1—汉族，2—其他民族

续表

变量类型	变量含义	变量名	变量类型与水平
自变量	职业	Occupation	分类变量，1—服务业人员，2—销售人员，3—制造业、交通业及类似工人，4—办事人员，5—管理人员，6—专业人员[b]
	收入	Income	连续变量[c]
	教育水平	Educatelevel	分类变量，大体依学制排列
	受教育年限	Educateyear	连续变量[d]
	自我效能感	Selfefficiency	连续变量，依据一般自我效能感量表测定[e]

注：a. 由于本研究的研究对象是城市成年人群，因此剔除了17岁及以下人群。b. 这个职业分类方式与排序源自林南和谢文的研究（Lin, Nan & Xie, Wen, "Occupational Prestige in Urban China." *American Journal of Sociology*, 1988, 93）。c. 本研究的测度对象中有部分在校学生，这个人群基本属于无收入群体，但其信息贫富状况显然与他们的收入之间并不存在明显的关联，出于考察收入对信息贫富分化解释程度的目的，在这部分研究中剔除了这个人群。d. 根据受教育水平进行了换算，换算方法参照了谢宇等人的研究成果（Xie, Yu & Hannum, Emily, Regional Variation in Earnings Inequality in Reform-Era Urban China. *American Journal of Sociology*, 1996, 101: 950-992）。e. 参见王才康、刘勇《一般自我效能感与特质焦虑、状态焦虑和考试焦虑的相关研究》（《中国临床心理学杂志》2000年第4期）。

资料来源：本研究整理。

（二）社会阅读活动对信息贫富分化治理的影响分析中所使用的变量

1. 因变量

本研究以东莞居民在信息贫富分化中的位置为因变量。这一变量是基于对东莞居民个人信息世界差序的聚类分析而形成的，分为信息富裕组、信息贫富居中组和信息贫困组三个人群。由于这三个人群在个人信息世界各维度上都存在着清晰的边界，并可以依据其得分排出高下次序，因此这一因变量是一个定序的分类变量。

2. 自变量

由于本部分研究的目的是对东莞地区城市居民参与社会阅读的状况与信息贫富分化之间的关联进行考察，因此，这部分研究选取了由中国图书馆学会与社会阅读分委员会和东莞图书馆联合编制的《2012年东莞地区图书馆与社会阅读抽样调查问卷》中的部分指标，见表4.5。

表 4.5 社会阅读活动与信息贫富分化的治理关联分析的自变量

内容	调查目的	测度问项	变量水平	变量类型
馆外阅读推广活动	读书节知晓度	您是否知道东莞市每年都开展读书节活动	1—不知道，2—知道	分类
	读书节满意度	您对东莞读书节的活动是否满意	类李克特量表，从满意到不满意排列	连续
阅读现状与习惯	阅读量	您平均每个月看几本书（不含杂志与报纸）	类李克特量表设计，按阅读量从小到大排列	连续
	阅读频率	您平均多久看一次书	类李克特量表设计，从阅读频繁到不频繁排列	连续
	读书和知识信息获取意识	您认为在当今社会，读书和知识对个人生存和发展来说是否重要	类李克特量表设计，从重要到不重要排列	连续
	阅读意愿	您个人希望有更多的时间来从事阅读活动吗	1—是，2—否	分类
	数字阅读时间的增减	就数字媒介阅读和传统书本阅读相比，您近一年来在前者上花费的时间是多少	类李克特量表，从更多到更少	连续
	阅读环境满意度	整体来说，您对目前东莞市阅读环境的满意度如何	类李克特量表，从满意到不满意排列	连续
图书馆使用情况	是否图书馆用户	您是否去过图书馆	1—去过，2—没去过	分类
		您是否有图书馆证	1—有，2—没有	分类
	离图书馆的距离	您步行到离您居住地最近的一家图书馆需多长时间	类李克特量表，从近到远排列	连续
	访问图书馆的频率	您多久会到图书馆借书一次	类李克特量表，从频繁到不频繁排列	连续
	年借书量	您一年会到图书馆借书多少本	类李克特量表，从少到多排列	连续
	图书馆推广参与度	您是否参与过图书馆日常举办的读书（或阅读推广）活动	类李克特量表，从不频繁到频繁排列	连续
购书情况	到书店频率	您大约多久逛书店一次	类李克特量表，从频繁到不频繁排列	连续
	购书费用	您每月大约花多少钱买书	直接填入相应数值	连续
	购书意愿	您希望个人投入更多的钱购书吗	1—是，2—否	分类

资料来源：本研究整理。

第三节 数据分析

本研究是一项基于对城市成年人群的个人信息世界及其关联因素进行测度的实证研究。在对于所获得的测量数据的分析中，本研究使用了如下数据统计分析的方法与工具。

一 数理统计方法

1. 聚类分析

本研究应用聚类分析的方法探查城市成年人群中，因个人信息世界的贫富差异而形成的层级，据此作为对这一人群信息贫富分化状况的判断。由于样本量较大，为方便对于研究结果的解释，本研究采用了快速聚类法（K-Means Cluster Analysis）。快速聚类法的基本数学原理是：计算所有样本数据点到 k 个类中心点的欧氏距离，然后按照距 k 个类中心点距离最短的原则，把所有样本分派到各中心所在的类中，形成一个新的 k 类，完成一次迭代过程。其中欧氏距离（Euclidean Distance）的计算公式[①]为：

$$EULID = \sqrt{\sum_{i=1}^{k}(x_i - y_i)^2}$$

公式中，EULID 表示欧氏距离；k 表示每个样本有 k 个变量；x_i 表示第一样本在第 i 个变量上的取值；y_i 表示 2 个样本在第 i 个变量上的取值。进而计算每个类中各个变量的变量值均值，并以均值点作为新的类中心点。重复上述计算过程，直到达到指定的迭代次数或终止迭代的判断要求为止。

2. 方差分析

方差分析在本研究中应用于两方面的分析：首先，为考察在信息贫富分化中居于不同地位的城市成年人个人信息世界贫富程度的差异，本研究对受访者在各维度上的得分进行了方差分析。其次，为考察公共图书馆在信息贫富分化治理中的作用，本研究对东莞图书馆内受访者在个人信息世界各维度上的得分与这一地区的整体人群的信息贫富状况进行了方差分析。

[①] 余建英、何旭宏：《数据统计分析与 SPSS 应用》，人民邮电出版社 2003 年版，第 269—270 页。

3. 回归分析

回归分析的方法在本研究中被用于处理如下方面的数据：首先，如前文所述，本研究基于文献调查，析出了本领域研究者用以解释信息贫富分化若干变量。本研究应用回归分析的方法，以考察这些变量对于信息贫富分化的影响。由于个人信息世界各维度的得分被转换为一个百分制的分值，因此，这部分回归分析应用了普通线性回归模型。其次，由于本研究通过聚类分析而得到了反映城市人群信息贫富分化层级的变量，因此，本研究以这个定序分类变量为因变量，对不同收入和教育水平的人群进行了基于 Logit 模型的概率预测分析。再次，着眼于考察社会阅读活动之于信息贫富分化治理的作用，本研究以受访者信息贫富层级为因变量，应用 Logit 模型考察了相关指标与信息贫富分化之间的关系。

具体而言，本研究所使用的数据分析方法可概括如图 4.1。

图 4.1 本研究的数据分析方法

资料来源：本研究整理。

二 数据分析工具

本研究应用了 Stata/SE 11.2 作为数据统计分析工具，并应用 SPSS 19.0 和 Microsoft Excel 2007 进行了数据的探查与整理。

第五章

城市成年人群中的信息贫富层级

第一节 基于个人信息世界差异的信息贫富分化结构

前文基于文献调查发现,到目前为止信息贫富分化研究存在着诸多局限。个人信息世界概念的提出,正是着眼于跨越结构与主体能动性之间理论鸿沟的区隔,从整体上认识和解释信息贫富分化,从而克服现有研究的局限性。具体而言,基于对个人信息世界的测度与聚类而形成的对信息贫富分化的认识,有望克服现有信息贫富分化研究中的不足,从而对信息贫富分化做出整体性、具有更高效力的解释。

根据研究设计,本研究参照分层抽样的相关标准,选取了分布于我国各类地区的六座城市为研究实施的地点,以个人信息世界量表为测度工具,对这六座城市成年人群的个人信息世界进行了测度。由于样本分布的广泛性,研究者认为,本研究所涉及的样本群体总体上代表了我国城市人群,而基于本研究的测量而获得的数据将有效揭示我国城市成年人群信息贫富分化的现状。

本节的目的是,通过对来自位于我国不同地区六座城市成年人群个人信息世界分化的聚类分析,深入探查城市人群信息贫富分化的差序结构,并对城市人群信息贫富分化概况进行全面描述,为后续分析提供基础。

一 样本概况

前文已对本研究的抽样方法及所获数据进行了介绍。如前所述,本研究所获得的用于分析城市人群信息贫富分化状况的问卷4548份。经过数据整理与清洗后,最终用于本研究数据分析的有效问卷数为3368份。本研究进而对经过整理与清洗的 3368 份问卷受访者的人口统计学特征进行了初步分析，分析结果如图 5.1 所示。

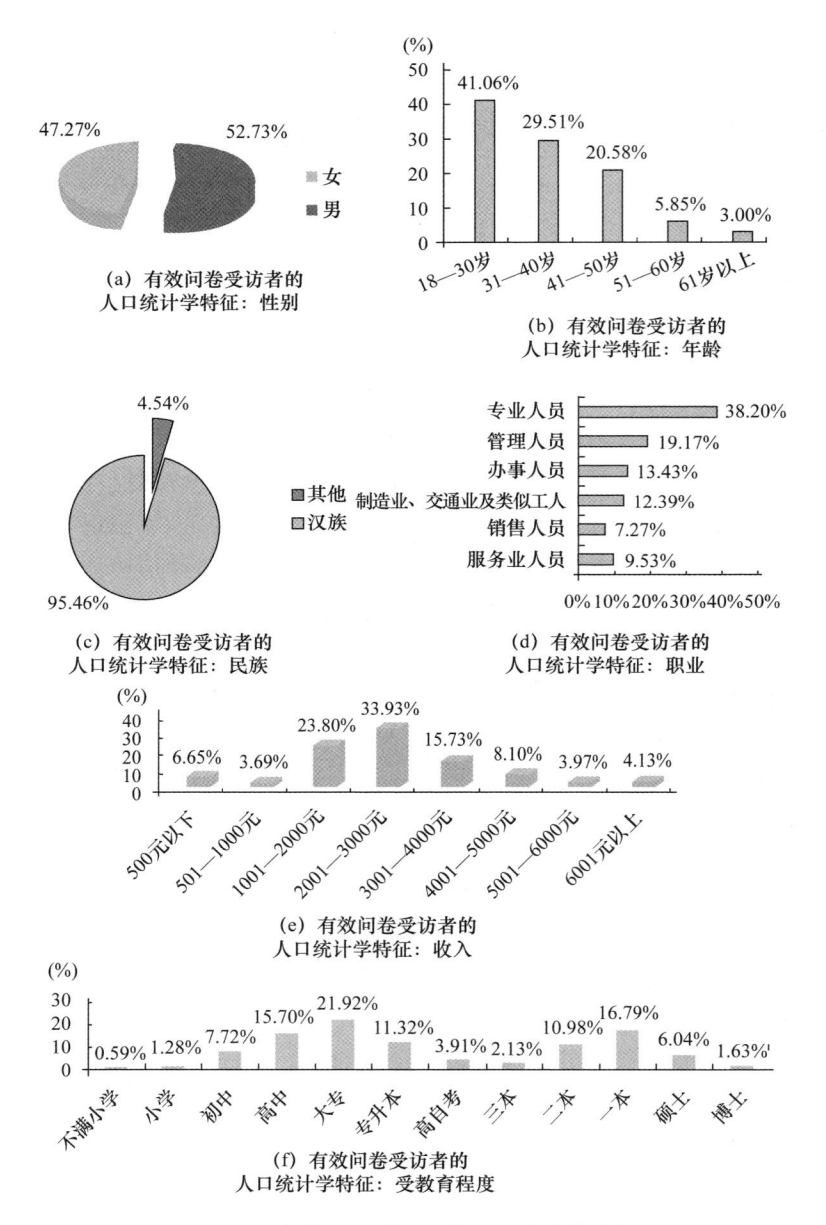

(a) 有效问卷受访者的人口统计学特征：性别
女 52.73%　男 47.27%

(b) 有效问卷受访者的人口统计学特征：年龄
18—30岁 41.06%；31—40岁 29.51%；41—50岁 20.58%；51—60岁 5.85%；61岁以上 3.00%

(c) 有效问卷受访者的人口统计学特征：民族
汉族 95.46%；其他 4.54%

(d) 有效问卷受访者的人口统计学特征：职业
专业人员 38.20%；管理人员 19.17%；办事人员 13.43%；制造业、交通业及类似工人 12.39%；销售人员 7.27%；服务业人员 9.53%

(e) 有效问卷受访者的人口统计学特征：收入
500元以下 6.65%；501—1000元 3.69%；1001—2000元 23.80%；2001—3000元 33.93%；3001—4000元 15.73%；4001—5000元 8.10%；5001—6000元 3.97%；6001元以上 4.13%

(f) 有效问卷受访者的人口统计学特征：受教育程度
不满小学 0.59%；小学 1.28%；初中 7.72%；高中 15.70%；大专 21.92%；专升本 11.32%；高自考 3.91%；三本 2.13%；二本 10.98%；一本 16.79%；硕士 6.04%；博士 1.63%

图 5.1　有效问卷受访者的人口统计学特征

资料来源：本研究整理。

由图5.1可见，本研究中受访者性别比例基本平衡，不同民族、年龄、收入和受教育程度的人群都有所涉及，这从整体上说明本研究获取的样本具有良好的代表性，预示着本研究的结论将具备较理想的外部效度。但本研究也发现，不同年龄、职业和受教育程度的受访者对于问卷填写的认真程度不同，导致不同年龄、职业和受教育程度受访者的问卷在数据整理与清洗过程中被剔除掉的比例不同，从而使本研究所获得的有效问卷受访者的人口统计学特征与能观察到的现实情况有一定出入。尽管如此，本研究认为，由于受访者是否被剔除本身具有不确定性，这种不确定性虽然有可能从一定程度上削弱了本研究样本的代表性，但不会从根本上对研究效度产生影响。

二 城市成年人群个人信息世界分化的聚类分析

根据研究设计，本研究将通过快速聚类的方法，对城市成年人群的信息贫富分化现象进行分析。由于本研究进行聚类分析的目的是发现信息贫富状况不同的人群，因此本研究所实施的聚类分析追求对样本人群的"细分"。即，本研究更倾向于接受能够把样本群体个人信息世界的贫富情况划分得更细，但同时又能反映不同组别之间个人信息世界各要素差异的聚类结果。根据此目的，本研究设定不同组数，分别进行了快速聚类。

本研究首先尝试把样本聚合为三类。如表5.1所示，三个聚类在受访者个人信息世界各维度上的得分区别比较明显，各维度得分均值的排序也非常一致。但进一步分析发现，在所聚合的三类中，个人信息世界各维度得分均值最低组的样本数为930人，而得分均值最高组样本数为889人，两者共计1819人，占有效样本的54%。如前文所述，出于对样本人群进行"细分"的需要，本研究需要尽量精确地确定信息贫困与信息富裕的人群。但由于"信息贫困"和"信息富裕"两组人数占样本数量比重过高，也就是说，受访人群中的多数是信息贫困者或信息富裕者，显然，这一聚类结果没有达到对信息贫富状况不同的人群进行细分的效果。因此，聚合为三类并非本研究所期望的理想结果。

进而，本研究尝试把样本聚合为四类后发现，各组间得分区别较明显且各维度得分均值排序一致（见表5.2）。而且聚合为四类时，信息贫困组（各维度得分均值最低）有样本627人，信息富裕组（各维度得分均值最高）有样本530人，信息贫困组与信息富裕组的受访者占样本数量的34.4%，而处于居中位置的两组人数达2204人，占全部样本的65.44%。由此可见，聚合为四类时，城市成年人群的信息贫富状况明显呈"中间大，两头小"的分布，这更符合现实生活中对信息贫富分化的观察：贫困者和富裕者都仅占总体人群的少数，而大量人群集中于贫富分化的居中位置。因此，与聚合为三类相比，聚合为四类更能实现细分人群的目标，且样本分布更加合理。

表5.1　　　　　　　　聚合为三类时的最终聚类中心

	聚类		
	1	2	3
动力	65.95	43.39	74.12
可及信息源	7.79	4.77	10.56
可获信息源	6.33	3.82	9.06
基础信息源	67.13	30.58	81.74
信息资产	106.85	47.88	174.82
空间	5.18	2.83	8.02
智识	20.97	12.46	26.82
时间	2.96	2.18	3.48

资料来源：本研究整理。

表5.2　　　　　　　　聚合为四类时的最终聚类中心

	聚类			
	1	2	3	4
动力	76.18	68.89	61.79	37.11
可及信息源	11.17	8.93	6.62	4.27
可获信息源	9.86	7.27	5.36	3.44
基础信息源	83.96	75.05	55.86	24.06
信息资产	191.07	131.10	84.58	38.11
空间	8.55	6.19	4.37	2.40
智识	28.01	23.36	18.59	10.38
时间	3.57	3.16	2.76	1.99

资料来源：本研究整理。

遵循上述分析逻辑，本研究进而尝试把样本聚合为五类。如表5.3所示，当样本聚合为五类时，不同维度平均得分的排序并不一致。例如，第2组在动力维度上高于第5组，但在可获信息源维度上却低于第5组。由此可见，把样本聚合为五类难以有效区分受访者的信息贫富状况。

表5.3　　　　　　　　聚合为五类时的最终聚类中心

	聚类				
	1	2	3	4	5
动力	35.70	77.44	31.98	72.21	75.25
可及信息源	4.35	9.20	7.12	6.64	11.13
可获信息源	3.43	7.42	6.18	5.30	9.80
基础信息源	24.22	75.04	68.08	53.88	84.04
信息资产	38.65	132.06	110.22	81.12	191.58
空间	2.40	6.35	5.06	4.34	8.50
智识	10.45	23.87	19.93	18.46	28.02
时间	1.99	3.22	2.86	2.74	3.58

资料来源：本研究整理。

总之，基于研究目的，本研究最终把有效样本聚合为四类。后文对信息贫富分化的分析都将基于这四个类别而展开。

三　信息贫富状况不同的四类人群的人口统计学特征

为了对上述四个信息贫富程度不同人群有一个概括的了解，本研究分别考察了不同性别、民族、年龄、职业、收入和教育经历的受访者在这四组人群中的分布，具体如图5.2所示。

由图5.2可见，在信息贫困组，不同性别的两组人群人数比例非常接近。在信息富裕组，不同性别人群的比例差异也非常小（男性信息富裕者仅比女性高0.95%）。而在处于信息贫富状况居中的两组中，不同性别人群虽略有差异，但差异值都较小。可以看出，不同性别人群在个人信息世界分化差序格局中的差别并不大。

图5.3显示了在信息贫富状况不同的四类人群中"汉族"和"其他民族"的人数比例。由图5.3可以看出，相对而言处于信息贫困的两组两个

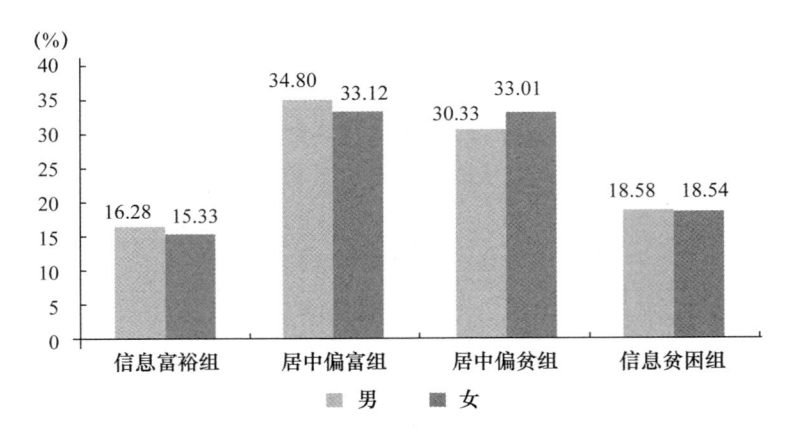

图 5.2　四类人群的性别比例

资料来源：本研究整理。

人群——居中偏贫组和信息贫困组中，汉族与其他民族的人数比例非常接近。在信息富裕程度相对较高的人群——信息富裕组和居中偏富组之中，汉族与其他民族之间的人数比例有一定差异且表现出一种相反的趋向：信息富裕组中的其他民族比例更高，居中偏富组中的汉族比例却更高。

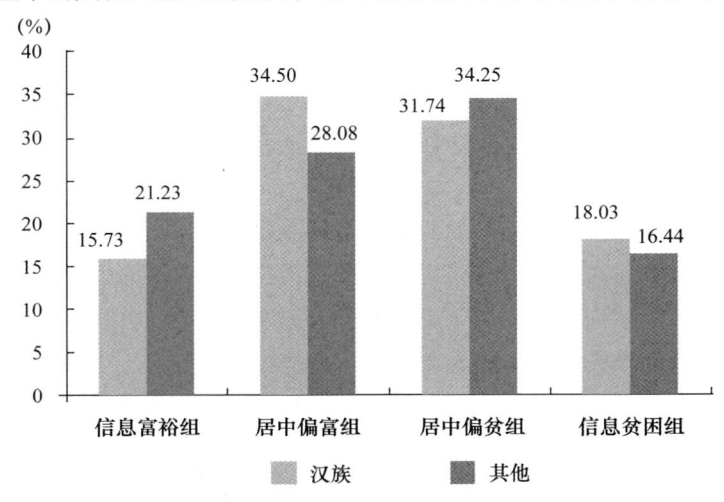

图 5.3　四类人群的民族比例

资料来源：本研究整理。

为进一步确认信息贫富状况不同的各组人群在性别、民族两个方面的特征。本研究进而对这两个因素在信息贫富分化中的人数分布比例进行了卡方检验①。观察表 5.4 发现，就性别和民族两个变量而言，不同性别和年龄的受访者在信息贫富各组的人数比例分布也比较接近。这种不同性别和民族的受访者在分布比例上比较接近的情况还出现在信息贫富分化的其他各组中。通过卡方检验也发现，不同性别和民族的受访者在信息贫富状况不同的各组中的分布无显著差异。这从一个侧面表明，受访者不同的性别和民族属性对于人们在信息贫富分化中的位置并无明显的解释能力。但需要注意的是，根据研究目的，本研究在选择样本时，并没有考虑我国"其他民族"人群的实际分布特征，即，本研究所涉及的"其他民族"是指居住于非少数民族聚居区城市成年人中的非汉族人口。因此，在本研究中，"民族"这个变量不是要对我国的各民族人群中的信息贫富分化状况进行考察，而是为了控制城市中信息贫富状况不同的成年人群在民族这个变量上的差异。关于"民族"这个变量的更多讨论，详见本书第七章第一节与第九章第二节相关部分。

表 5.4　　　　不同性别和民族人群在信息贫富分化
各组中人数分布的卡方检验结果　　　　　单位：人

		富裕组	偏富组	偏贫组	贫困组	合计
不同性别受访者在信息贫富分化各组的人数分布（Chi-square = 4.518，P = 0.211）							
性别	女	217	451	378	217	1263
	男	226	458	466	235	1385
不同民族受访者在信息贫富分化各组的人数分布（Chi-square = 2.902，P = 0.407）							
民族	汉族	412	857	781	417	2467
	其他民族	31	52	63	35	181

资料来源：本研究整理。

由图 5.4 可见，在信息贫困组，不同年龄段的人群分布呈明显的阶梯状：61 岁以上的人群中，有 46.53% 的受访者处于信息贫困的状态；而在 18—30 岁的人群中，信息贫困者仅占 12.30%。进而观察信息富裕组发现，61 岁以上人群中信息富裕者所占比重较小，而 60 岁以下的各年龄段

---

① 在本研究的后续部分，研究者将对城市成年人群信息贫富状况与各种主客观因素之间关系进行多元回归分析，本部分卡方检验的结果还将被用于进行多元回归分析中自变量的筛选（详见第七章第一节），根据这部分研究的需要，在进行卡方检验时研究者进一步剔除了自变量缺项较多的 720 份问卷。因此，本部分用于卡方检验的样本数为 2648 个。

人群中，信息富裕者分布相对均匀。总之，基于对图5.4的分析可看出，年龄越大的城市成年人沦于信息贫困者的比例越高。

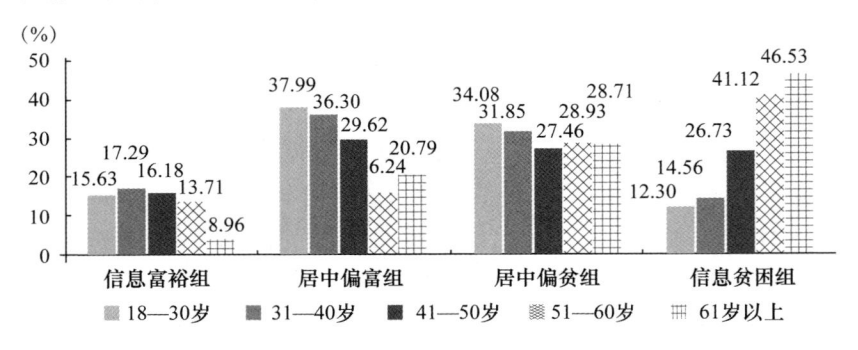

图5.4 四类人群的年龄分布

图5.5显示了不同职业的从业者在信息贫富分化各组中的分布。从处于信息贫困组的各职业人群来看，制造业、交通业及类似工人所占比重最高，而专业人员所占比重最低。可见，相对而言，工人更容易沦于信息贫困者，而专业人员则较少处于信息贫困的境地。进而观察信息富裕人群的职业分布发现，管理人员与专业人员中的信息富裕者比例比较接近，且这两类人群中的信息富裕者比例都高于其他各种职业的人群，而服务业人员的信息富裕者所占比例较低。据此可以看出，制造业、交通业及类似工人中信息贫困者所占比较大，而专业人员和管理人员则更有可能处于信息富裕状态。

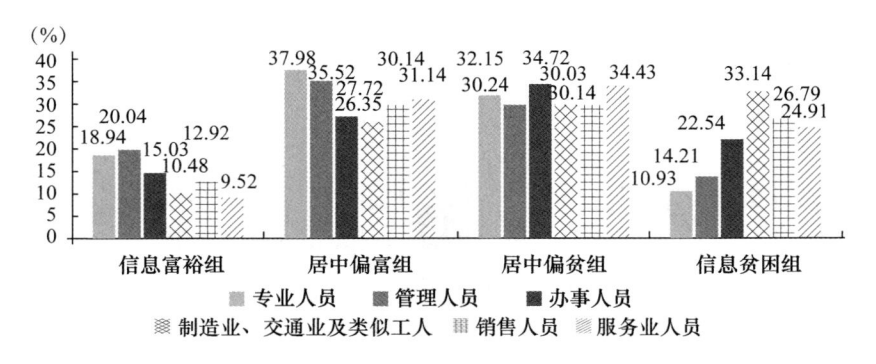

图5.5 四类人群的职业分布

现有研究表明，收入是影响信息贫富分化的重要变量。观察图5.6发现，剔除无收入群体后，信息富裕程度随着收入水平的提高而提高；反之，信息贫困的程度也随着收入的下降而下降。即，高收入群体中信息富裕者所占比重更高，而低收入群体中信息贫困者所占比重更高。唯一例外的是，无收入人群中的信息贫困者所占比重较小，而在信息富裕者中所占比重较大，这是因为本研究样本中，无收入群体主要由大学生构成。显然，大学生群体虽然没有收入，但因其在知识信息获取中的相对优势，更有可能在信息贫富分化中处于有利的位置。

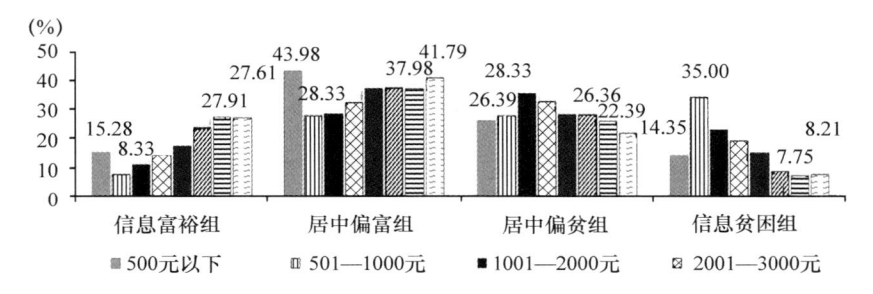

图 5.6　四类人群的收入分布

教育经历潜在地影响着人们知识信息获取的能力。观察图 5.7 发现，不满小学的人群中信息贫困者高达 68%，而博士水平的受访者中仅有 2% 信息贫困。反之，高达 48% 的博士水平受访者属信息富裕，而不满小学、初中和高中水平的受访者中的信息富裕者比重都相对较低。总之，从整体上看，随着教育水平的提升，信息贫困者的比重逐步下降，而信息富裕者的比重呈上升态势。

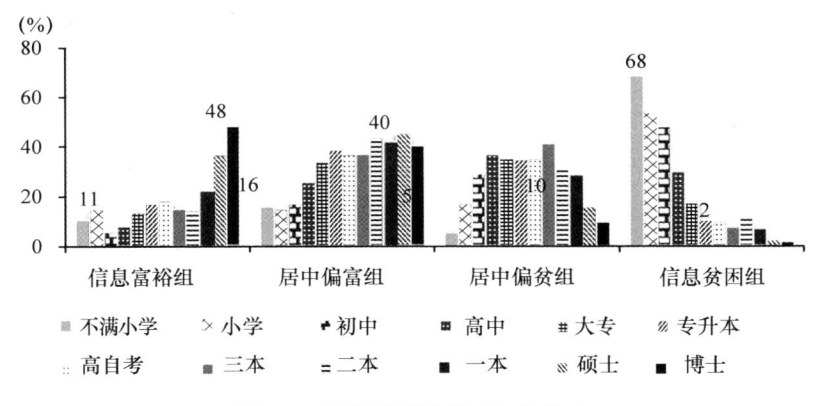

图 5.7　四类人群的教育经历分布

表 5.5 显示了在年龄、职业、收入和受教育水平方面具有不同特征的人群在信息贫富各组中分布的卡方检验结果。分析发现，不同年龄、职业、收入水平和受教育程度的人群在信息贫富各组中的分布存在着显著差异。由此可见，这些变量对人们在信息贫富分化中的地位有着比较明显的影响。

表 5.5　不同年龄、职业、收入和教育经历人群在信息贫富分化各组中人数分布的卡方检验结果　　单位：人

		富裕组	偏富组	偏贫组	贫困组	合计
不同年龄受访者在信息贫富分化各组的人数分布（Chi-square = 164.077，P = 0.000）						
年龄	18—30 岁	168	378	356	120	1022
	31—40 岁	151	319	266	105	841
	41—50 岁	98	176	163	136	573
	51—60 岁	22	23	41	60	146
	61 岁以上	4	13	18	31	66
不同职业受访者在信息贫富分化各组的人数分布（Chi-square = 128.863，P = 0.000）						
职业	专业人员	202	405	333	110	1050
	管理人员	102	180	149	65	496
	办事人员	54	104	117	71	346
	制造业、交通业及类似工人	36	82	99	103	320
	销售人员	26	61	59	44	190
	服务业人员	23	77	87	59	246
不同收入受访者在信息贫富分化各组的人数分布（Chi-square = 137.68，P = 0.000）						
收入	500 元以下	1	3	4	12	20
	501—1000 元	8	22	26	26	82
	1001—2000 元	75	194	235	140	644
	2001—3000 元	148	327	318	171	964
	3001—4000 元	86	177	131	68	462
	4001—5000 元	55	88	71	21	235
	5001—6000 元	35	46	30	8	119
	6001 元以上	35	52	29	6	122

续表

		富裕组	偏富组	偏贫组	贫困组	合计
不同受教育水平受访者在信息贫富分化各组的人数分布（Chi-square = 431.891，P = 0.000）					
受教育水平	不满小学	2	2	1	7	12
	小学	6	4	7	13	30
	初中	12	36	56	91	195
	高中	32	101	154	117	404
	大专	87	211	220	111	629
	专升本	55	126	116	33	330
	高自考	21	43	41	9	114
	三本	8	21	24	5	58
	二本	43	125	84	28	280
	一本	96	157	112	34	399
	硕士	57	65	26	3	151
	博士	24	18	3	1	46

资料来源：本研究整理。

另外，本研究还进一步考察了受教育年限与受访者信息贫富状况之间的关联（表5.6），分析发现：就均值而言，信息富裕程度高者受教育年限也较长；就极值而言，接受了很高或很低程度教育的受访者既可能出现在信息富裕程度高的人群中，也可能出现在信息相对贫困的人群中。教育年限与信息贫富分化之间这种有序的关联表明，这个变量对于人们在信息贫富分化中所处地位的解释有一定的价值。

表5.6　　　　　　　　**受访者受教育年限的描述性统计**

	N	极小值	极大值	均值	标准差
富裕组	443	3	23	16.53	3.124
偏富组	909	3	23	15.92	2.720
偏贫组	844	3	23	15.04	2.769
贫困组	452	3	23	13.10	3.441
总数	2648	3	23	15.26	3.139

资料来源：本研究整理。

四 小结

通过上述对受访者个人信息世界分化差序与其人口统计学特征的关联分析，本研究发现，信息贫富分化程度不同的群体从总体上具备如下典型特征。

（1）信息富裕者的典型人口学特征：年龄在 31—50 岁，职业为管理人员和专业人员，收入在 5000 元以上且有博士或硕士水平的教育经历。

（2）信息贫困者的典型人口学特征：年龄在 61 岁以上，职业为制造业、交通业或类似工人，收入在 501—1000 元，仅有不满小学的文化程度。

不难看出，基于个人信息世界的差序格局而对城市成年人群信息贫富分化状况做出的判断，与前人研究有着较高的一致性。例如，由 Kagan（1999）起草的"国际图联社会责任讨论组"报告中，把"信息穷人"定义为[①]：（1）发展中国家的经济弱势人群；（2）地处通信和交通闭塞地区的农村人群；（3）文化和社会贫困人口，特别是文盲、老人、妇女和儿童；（4）受到种族、教义和宗教歧视的少数民族；（5）身体残疾者。本研究的发现与现有研究的结论之间的这种契合，从一个侧面证明了基于个人信息世界的测度而分析信息贫富分化所具有的理论效度。

但是，也必须注意到，尽管经济社会地位与信息贫富分化之间存在着关联，但这并不意味着信息贫富分化是基于经济社会地位划分的社会层级的一种"克隆"，更不意味着可以把按照现有的经济社会地位界定的穷人与富人直接对应其在信息贫富分化层级中的地位。正如前文对现有研究的评析中所提到的，从理论视角来看，对于信息贫富分化的完整解释需要跨越结构与主观能动性的理论鸿沟，从整体性、多维度的视角展开；从对社会信息贫富分化实际状况的把握来看，需要通过人们在信息（而不是经济）方面的贫富程度来衡量其信息贫富状况，进而判断其在信息贫富分化中的位置。从这个意义上说，在以往的研究中，经济社会地位与信息贫富分化之间的关联一方面为研究者提供了把握和解析信息贫富分化的契

---

① Kagan, A., "The Growing Gap Between the Information Rich and the Information Poor, Both within Countries and Between Countries", Acomposite Policy Paper of the Social Responsibilities Discussion Group, International Federation of Library Associations and Institutions, (2012 - 03 - 03), http://www.ifla.orgMYdglsrdg/srdg7.htm.

机，但另一方面，也从很大程度上"误导"了人们对信息贫富分化的理解。

此外，上述关于经济社会地位与人口学特征之间关联的陈述仅仅是基于描述性统计而做出的，并不能据此完全确认受访者性别、年龄、职业、收入、教育经历等因素与信息贫富分化之间的实际关系。关于诸多社会结构因素和个体能动性特征与个人信息世界的贫富状况之间的深入分析，将在本研究后续部分进一步展开。

第二节 不同人群个人信息世界内容要素的差异

前文通过文献调查发现，信息行为及相关领域的研究者已从不同角度对信息实践的动力特性、信息和信息源以及时间、空间、智识等因素与人们信息活动之间的联系进行了研究。本研究的目的之一，是考察信息贫富程度不同的人群是否在其个人信息世界各维度上都有着明显的差异。为实现这一研究目的，本章将基于对信息贫富分化中的四类人群——信息富裕组、信息贫富居中偏富组（以下简称居中偏富组）、信息贫富居中偏贫组（以下简称居中偏贫组）和信息贫困组在个人信息世界各维度上得分的统计分析，考察信息贫富分化格局中处于不同位置的人群在个人信息世界的动力、内容和边界三个要素上的差异。

个人信息世界的内容要素指信息主体活动的对象，包括各类信息源、信息和信息资产。于良芝[1]在经验研究中发现，由于诸多因素的限制，尽管信息社会存在着丰富的信息资源，但其中的相当部分对特定信息主体来说并不具有可及性。而同样因为各种主观或客观的原因，即使在物理上具有可及性的信息资源，对信息主体来说，也并非都具有可获取性。在具有可获性的各类资源中，有些资源因用户经常或常规性

---

[1] Yu, Liangzhi, "How Poor Informationally are the Information Poor? Evidence from an Empirical Study of Daily and Regular Information Practices of Individuals", *Journal of Documentation*, Vol. 66, No. 6, 2010, pp. 906 – 933; Yu, Liangzhi, "Information worlds of Chinese Farmers and their Implications for Agricultural Information Services: A Fresh Look at Ways to Deliver Effective Services, 2010", Paper Presented at the World Library and Information Congress: 76th IFLA General Conference And Assembly, 10 – 15 August, Gothenburg, Sweden, (2012 – 09 – 20), http://www.ifla.org/files/hq/papers/ifla76/85-yu-en.pdf; Yu, Liangzhi, "Towards a Reconceptualization of the "Information Worlds of Individuals", *Journal of Librarianship and Information Science*, Vol. 24, No. 10, 2011, pp. 1 – 16.

地作为信息源而加以利用,构成了信息主体的基础信息源。这些基础信息源中的部分或全部的信息源真正被信息主体利用并产生信息效用时,就有可能被转化为信息资产。这种转化发生的前提,是信息主体在参与具体信息实践的过程中对其进行了认知加工。个人信息世界理论认为,可获信息源、可及信息源、基础信息源和信息资产共同构成了个人信息世界的内容要素。本节旨在对信息贫富分化格局中地位不同人群在可及信息源、可获信息源、基础信息源和信息资产四个方面的各种特征进行比较分析,以便深入考察不同人群个人信息世界内容要素的内在特性。

一 在信息源的可及性方面的差异

个人信息世界量表通过考察人们对九种较典型的信息源的可及性,测量了人们可及信息源范围的大小。这九种信息源既包括物质信息源,又包括人际信息源。其中物质信息源中包括传统的知识富集型信息源(如图书馆)、面向社会公众的公共信息源(如政府信息公开点)和新型的技术依赖型信息源(如互联网和数据库)。人际信息源中包括公共管理与服务人员(如政府工作人员)、知识富集型人际信息源(如专职大学老师等专业研究人员及医生等实践领域专家)及公共信息提供者(如记者)。这些信息源虽不足以涵盖信息主体可能拥有的全部信息资源,但却对现实生活中信息主体潜在可及的各类信息源具有很好的代表性。

由表5.7可见,在信息贫富分化格局中处于不同地位的四组人群在可及信息源维度上的得分均值呈现由高到低的有序排列。这表明,信息主体可及信息源范围的大小与其在信息贫富分化中的地位紧密相关:信息富裕者个人信息世界内容相对丰富,因此其可及信息源的范围大,从而在信息贫富分化中处于有利的一端;而信息贫困者则因其可及信息源的范围相对较小,导致其个人信息世界贫困化,因此在信息贫富分化格局中处于相对不利的位置。进一步由F检验结果可以看出,信息贫富状况不同的四组人群在可及信息源方面存在着非常显著的差异($F = 335.409$,$P < 0.001$)。

表 5.7　　　　信息贫富分化格局中不同人群可及信息源
　　　　　　　　　维度得分的描述统计与方差分析

组别	N	均值	标准差	F	显著性
信息富裕组	530	58.7334	23.38673		
居中偏富组	1142	46.9946	22.57560		
居中偏贫组	1062	34.8289	20.32373	335.409	0.000
信息贫困组	627	22.4829	19.26671		
总数	3361	40.4289	24.41895		

资料来源：本研究整理。

二　在信息源的可获性方面的差异

如前所述，根据个人信息世界理论，即使对信息主体而言具有可及性的信息源，也只有一部分是可获的，因此，对不同人群可获信息源的分析是对其个人信息世界丰富程度的进一步探查。

如表 5.8 所示，信息贫富程度不同的四组人群在可获信息源维度上的得分呈现由高到低的有序排列。这说明，信息主体的信息贫富状况与其对于各类信息源的可及性密切相关。进而通过 F 检验发现，在信息贫富分化中处于不同地位的人群在可及信息源维度上的得分存在着非常显著的差异。由此可见，信息贫富程度不同的人群间可获信息源的范围大小差别明显。

表 5.8　　　　信息贫富分化格局中不同人群可获信息源
　　　　　　　　　维度得分的描述统计与方差分析

	N	均值	标准差	F	显著性
信息富裕组	530	51.8755	23.06421		
居中偏富组	1142	38.2248	18.89124		
居中偏贫组	1062	28.1821	15.72788	400.747	.000
信息贫困组	627	18.0786	13.84702		
总数	3361	33.4458	20.80721		

资料来源：本研究整理。

三 在基础信息源方面的差异

在诸多的可及信息源中，有些资源因用户经常或常规性地加以利用，从而形成了信息主体的基础信息源。为考察信息主体的基础信息与其在信息贫富分化格局中地位之间的关联，个人信息世界量表选择图书、杂志文章、报纸栏目、电视节目、网站和人际信息源作为测度项目，对信息主体基础信息源的实际状况进行了测量。在测度项目的设置上，根据知识信息富集程度的不同，对每种信息源进行了进一步区分。如，在"图书类"信息源内部又区分了"故事类"、"知识或专业类"、"实用类"和"政策法规类"四种，其他五类信息源也进行了与"图书类"信息源类似的细分。

分析表5.9可以看出，越是信息世界富裕的人群，越倾向于使用多样化的信息源，因此其基础信息源越丰富。总体而言，基础信息源的丰富程度与各人群个人信息世界的丰富程度保持着一致性。具体来说，信息贫富状况不同的人群在各类信息源上得分的均值都呈现从富裕组向贫困组有序的排列，F检验表明，信息贫富程度不同的各组在基础信息源方面的得分存在着显著的差异。

表5.9　　　　信息贫富分化格局中不同人群基础信息源
维度得分的描述统计与方差分析

信息源	组别	N	均值	标准差	F	显著性
图书	信息富裕组	530	14.8660	2.08037	1082.465	0.000
	居中偏富组	1142	12.7172	3.34748		
	居中偏贫组	1062	9.6704	4.12169		
	信息贫困组	627	4.2089	3.90699		
	总数	3361	10.5061	4.99756		
杂志文章	信息富裕组	530	15.5075	1.53625	1410.135	0.000
	居中偏富组	1142	14.4492	2.82758		
	居中偏贫组	1062	10.4322	4.83806		
	信息贫困组	627	3.9091	3.79672		
	总数	3361	11.3805	5.45453		

续表

信息源	组别	N	均值	标准差	F	显著性
报纸栏目	信息富裕组	530	15.4415	1.92618	927.092	0.000
	居中偏富组	1142	14.0210	3.68138		
	居中偏贫组	1062	10.3107	5.30213		
	信息贫困组	627	4.4035	4.22432		
	总数	3361	11.2785	5.63866		
电视节目	信息富裕组	530	14.4057	2.84767	469.930	0.000
	居中偏富组	1142	13.3862	3.88718		
	居中偏贫组	1062	10.8588	4.83964		
	信息贫困组	627	6.2632	5.03686		
	总数	3361	11.4195	5.12959		
网站	信息富裕组	530	17.7887	2.04779	1312.784	0.000
	居中偏富组	1142	16.3389	3.54980		
	居中偏贫组	1062	12.2768	5.51706		
	信息贫困组	627	4.2057	4.75039		
	总数	3361	13.0205	6.38422		
人际信息源	信息富裕组	530	5.9472	2.56872	456.114	0.000
	居中偏富组	1142	4.1226	2.82484		
	居中偏贫组	1062	2.3060	2.52444		
	信息贫困组	627	1.0654	1.74048		
	总数	3361	3.2660	2.98390		

资料来源：本研究整理。

四 在信息资产方面的差异

如前所述，信息资产的形成，需要信息主体付出认知努力，对基础信息进行认知加工，并最终将其纳入自己的知识结构。信息资产的丰富程度既反映了信息主体知识结构的复杂完善程度，又体现了其对知识信息获取所需要的技能的掌握程度。因此，形成后的信息资产，既是一种"陈述性知识"（信息主体面对特定的知识信息问题知道"是什么"），又是一种"程序性知识"（信息主体面对特定知识信息问题知道"怎么办"）。

个人信息世界量表对信息资产的测度并不试图反映信息主体所积累的

全部信息资产,而是考察他们在最近一段时间内的信息资产积累速度或效率,即通过测量信息主体近期对知识信息富集程度不同的各类信息源的使用情况,考察信息主体积累信息资产的速度,从而推知其信息资产的丰富程度。与对基础信息源的测度略有不同的是,对于信息资产的测度增加了对信息主体近期使用各类信息源频率的考察。此外,由于信息资产具有程序性知识的特征,因此,在对信息资产的测度中还考察了信息主体对"技能门槛"较高的"网络搜索引擎"、"计算机检索的图书馆藏书目录"和"专业/行业数据库"等信息源的使用状况。

表5.10从整体上反映了信息贫富分化格局中不同人群信息资产与其个人信息世界丰富程度之间的关联:从均值来看,不同人群信息资产的丰富程度与其在信息贫富分化中的地位保持了一致;从F检验的结果来看,信息贫富状况不同的各组人群信息资产的丰富程度之间存在着显著的差异。

表5.10　　信息贫富分化格局中不同人群信息资产维度得分的描述统计与方差分析

信息源	组别	N	均值	标准差	F	显著性
图书	信息富裕组	530	27.2906	10.23553	1092.089	0.000
	居中偏富组	1142	17.0123	7.05033		
	居中偏贫组	1062	11.5386	5.90451		
	信息贫困组	627	4.9553	4.90985		
	总数	3361	14.6543	9.82717		
杂志文章	信息富裕组	530	36.5472	9.38137	1668.356	0.000
	居中偏富组	1142	24.3879	9.67895		
	居中偏贫组	1062	13.4972	7.54724		
	信息贫困组	627	5.1005	5.71734		
	总数	3361	19.2660	13.18077		
报纸栏目	信息富裕组	530	14.1075	5.29701	219.020	0.000
	居中偏富组	1142	12.9658	5.07332		
	居中偏贫组	1062	11.6638	5.18308		
	信息贫困组	627	7.1324	5.52687		
	总数	3361	11.6462	5.71679		

续表

信息源	组别	N	均值	标准差	F	显著性
电视节目	信息富裕组	530	14.4057	2.84767	469.930	0.000
	居中偏富组	1142	13.3862	3.88718		
	居中偏贫组	1062	10.8588	4.83964		
	信息贫困组	627	6.2632	5.03686		
	总数	3361	11.4195	5.12959		
网站	信息富裕组	530	46.1491	11.27984	1313.508	0.000
	居中偏富组	1142	32.5473	12.64596		
	居中偏贫组	1062	20.1959	11.91832		
	信息贫困组	627	6.9330	8.86491		
	总数	3361	26.0110	17.05672		
人际信息源	信息富裕组	530	11.9113	7.11993	556.191	0.000
	居中偏富组	1142	6.1322	5.14275		
	居中偏贫组	1062	3.1121	3.92504		
	信息贫困组	627	1.4131	2.55608		

资料来源：本研究整理。

五 小结

通过前文的分析可以看出，在信息贫富分化中处于不同地位的人群在个人信息世界的内容要素方面存在着诸多不同。这些差异本身，恰恰是对信息贫富分化中地位不同的人群个人信息世界内在特性的反映。总之，从内容要素的角度看，信息贫富状况不同的人群在其个人信息世界的可及信息源、可获信息源、基础信息源和信息资产诸维度均有显著差异。

第三节 不同人群个人信息世界边界要素的差异

个人信息世界理论认为，边界划定了个人信息世界范围的大小。个人信息世界的边界包含时间、空间和智识三个维度，三者同时限定了个人获取信息、提取信息价值、积累信息资产的可能性，进而限定了个人信息世界的内容和信息主体的经历和体验。一个边界狭小的个人信息世界意味该信息主体的个人信息世界内容贫乏,在信息贫富分化中处于不利的位置。

一 时间边界的差异

个人信息世界的时间边界是指日常情况下信息主体用于信息活动的时间。由于人们用于信息活动的时间长度不同,实际可获取的信息量也会有所不同,作为信息主体,他们的经历和体验也会有所不同,因此,时间也在很大程度上决定个人信息世界的存在状态,并成为个人信息世界的边界之一。

表 5.11 展示了在信息贫富分化格局中的四组人群在时间维度上得分的差异。个人信息世界量表对时间维度的测量是通过两个步骤实现的:首先,由受访者判断自己在日常情况下每天花费在信息搜索、阅读/浏览、参观、学习等信息获取及利用活动方面的时间。为减小受访者做出判断的难度,测度项目以时间段形式呈现;其次,依据受访者选定的每天用于信息获取的时间段,从低到高按 1—6 分赋分,进而根据整个测量工具的统一标准把时间维度的得分转化为百分制。由此可见,本研究测量得到的不是一个信息主体每天花费在信息获取上实际时间的具体值,而是一个反映其用于信息获取时间多少的概数。这个概数虽不能精确地反映每个信息主体每天用于信息获取的具体时间,但可以有效地区分不同主体个人信息世界在时间边界上的大小。由表 5.11 中关于均值的比较可以看出,在信息贫富分化格局中,越是趋向于信息贫困的人群,在时间维度上的得分越低。进而通过 F 检验发现,信息贫富程度不同的各组人群在个人信息世界的时间边界上存在显著差异。

表 5.11 信息贫富分化格局中不同人群时间维度得分的描述统计与方差分析

组别	N	均值	标准差	F	显著性
信息富裕组	530	59.5402	20.57381		
居中偏富组	1142	52.6959	17.94596		
居中偏贫组	1062	45.9916	19.66363	204.637	0.000
信息贫困组	627	33.1805	21.83428		
总数	3361	48.0161	21.39352		

资料来源:本研究整理。

二 空间边界的差异

个人信息世界理论认为,信息主体日常信息行为发生的场所构成了个人信息世界的空间边界。这些场所对个人信息世界状态的限定作用包括质和量两个方面:在量的方面,特定信息主体得以开展信息实践活动的场所越多样,则其个人信息世界就越可能具有相对宽泛的空间边界;从质的方面看,个人信息世界的状态在很大程度上也是由信息主体经常性利用的场所是否具有较高的知识信息含量所界定的。

本研究通过让受访者选择在过去一年中在知识信息含量不同的八种场所开展信息实践的情况,测量了受访者个人信息世界的空间边界。在受访者对自己在过去一年中进行过信息活动的场所做出选择后,本研究根据专家对不同信息源质量的判断,对每种信息场所赋予了权重,并将每位受访者在空间维度上的得分转化为百分制。由表 5.12 所列的均值与 F 检验结果可以看出,信息贫富分化格局中不同的人群在空间维度的得分与其个人信息世界的贫富程度非常一致,即信息贫富状况不同的各组在空间维度方面存在着显著差异。

表 5.12　信息贫富分化格局中不同人群空间维度得分的描述统计与方差分析

组别	N	均值	标准差	F	显著性
信息富裕组	530	45.0436	24.41215		
居中偏富组	1142	32.6445	20.29452		
居中偏贫组	1062	23.0302	18.42108	311.9	0.000
信息贫困组	627	12.6245	13.90473		
总数	3361	27.827	21.95243		

资料来源:本研究整理。

三 智识边界的差异

个人信息世界理论所述的智识,指个人信息活动可以达到的智力和知识水平。概括而言,智识包括了信息主体在认字与计算、语言、分析、信息检索等方面的能力。个人信息世界理论认为,智识作为个人信息世界的边界之一,同样能够限定信息主体的可获取信息源及其信息经历与体验。

个人信息世界量表对受访者个人信息世界智识边界的测度是通过对其

语言水平、日常情况下信息搜索的复杂程度和批判思维能力的测量而实现的。如表5.13所示，在上述三个测度项目中，信息贫富分化格局中由富到贫的各组人群的得分也遵循了由高到低的排列，且各组之间都存在显著差异。

表5.13　信息贫富分化各组智识维度得分的描述统计与方差分析

项目	组别	N	均值	标准差	F	Sig.（双侧）
语言水平	信息富裕组	530	5.5698	1.70062	208.361	0.000
	居中偏富组	1142	5.0622	1.72688		
	居中偏贫组	1062	4.4369	1.85255		
	信息贫困组	627	3.1850	1.91952		
	总数	3361	4.5945	1.95988		
信息搜索复杂程度	信息富裕组	530	5.2283	1.85555	313.488	0.000
	居中偏富组	1142	4.5464	1.78145		
	居中偏贫组	1062	3.7646	2.01903		
	信息贫困组	627	2.1180	1.96424		
	总数	3361	3.9539	2.15444		
批判思维能力	信息富裕组	530	17.2132	6.47416	430.881	0.000
	居中偏富组	1142	13.7478	6.31883		
	居中偏贫组	1062	10.3842	6.42592		
	信息贫困组	627	5.0781	5.48643		
	总数	3361	11.6141	7.33125		

资料来源：本研究整理。

四　小结

本节从时间、空间和智识三个维度，对信息贫富分化中不同人群个人信息世界的边界要素进行分析后发现，信息贫富状况不同的人群在其个人信息世界的边界各维度上均存在显著差异。

第四节　不同人群个人信息世界动力要素的差异

信息主体参与信息实践的动力作为其个人信息世界的要素之一，也会对信息贫富分化产生影响。根据于良芝对个人信息世界的理论分析，个人在日常生活和工作中开展的信息实践具有三种不同类型：目的性信息实践、知觉性信息实践和无意识信息实践。个人信息世界的形成、维护和发展正是通过信息主体的实践而实现的；知觉性和目的性信息实践共同构成了个人信息世界发展变化的基本动力。[1] 本研究所使用的测度工具从三个层次（为解决生活工作中的特定问题、为增长见识和为休息休闲）对受访者信息获取动机、渠道与频率进行了测度。具体来说，个人信息世界量表通过对人们在日常生活中为解决生活工作中的特定问题而获取信息的渠道及频率的测量，考察其目的性信息实践的状况；通过对人们为了增长见识/了解动态而获取信息的渠道和频率测量知觉性信息实践的状况；通过对人们为了休息休闲而获取信息的渠道和频率测量无意识信息实践的状况。本节旨在对信息贫富分化中地位不同的人群在动力维度上的差异进行分析，以考察不同人群个人信息世界在动力要素方面的内在差异。

一　动力维度的总体差异

个人信息世界理论认为，个人信息世界的形成、维护和发展是通过信息实践而实现的；信息实践成为个人信息世界发展变化的动力。在具体的信息实践中，信息主体参与不同的信息实践活动，体现了其个人信息世界强弱不同的动力。据此，个人信息世界理论的假设之一是，当一个人绝大部分的信息实践都是无意识的信息实践时，其个人信息世界将表现为严重的动力不足。

个人信息世界量表通过对三种信息实践背景下（为解决生活工作中的特定问题、为增长见识/了解动态和为了休息休闲），信息主体从

---

[1] Yu, Liangzhi, "How Poor Informationally are the Information Poor? Evidence from an Empirical Study of Daily and Regular Information Practices of Individuals", *Journal of Documentation*, Vol. 66, No. 6, 2010, pp. 906 – 933; Yu, Liangzhi, "Information worlds of Chinese Farmers and their Implications for Agricultural Information Services: A Fresh Look at Ways to Deliver Effective Services, 2010", Paper Presented at the World Library and Information Congress: 76th IFLA General Conference And Assembly, 10 – 15 August, Gothenburg, Sweden, (2012 – 09 – 20), http://www.ifla.org/files/hq/papers/ifla76/85-yu-en.pdf; Yu, Liangzhi, "Towards a Reconceptualization of the 'Information Worlds of Individuals'", *Journal of Librarianship and Information Science*, Vol. 34, No. 10, 2011, pp. 1 – 16; 于良芝：《"个人信息世界"——一个信息不平等概念的发现及阐释》，《中国图书馆学报》2013年第1期。

四种信息获取途径（阅读、上网、看电视和与人交流）获取信息的频率（从不、偶尔和经常）进行测度，从而获得信息主体在个人信息世界动力维度上的得分。在本研究测度工具的研制阶段，研究者邀请了10名图书情报学领域的专家（共回收有效专家反馈意见9份），对不同类型信息实践和不同信息获取途径之于个人信息世界丰富化的重要性进行了判断。基于专家的判断，对信息主体在每项信息实践活动中对于每个信息获取渠道的使用赋予了权重不同的分值。为便于进行项目间的比较，在对上述项目进行测度并加权后，本研究把信息主体在动力维度上的得分转换为百分制分数。因为赋予了不同的权重，研究者可以通过比较各类人群在动力维度上得分的差异，有效地分析其信息实践动力的强弱程度。

如表 5.14 所示，为了了解信息贫富分化中处于不同地位的各组人群在个人信息世界动力维度上的实际不同，本研究对信息贫富状况不同的四组人群进行了描述性统计分析和方差分析。分析表 5.14 中不同人群动力维度得分的均值发现，本研究所聚合的四类人群在动力强弱程度上呈由高到低的阶梯状分布。据此可以看出，信息主体个人信息世界的丰富程度与其参与信息实践的类型有着明显的关联：信息实践的动力特征越强，则其个人信息世界越丰富，反之亦然。进而分析表 5.14 中关于不同人群动力维度总得分的 F 检验结果发现，对个人信息世界丰富程度不同的信息主体而言，其信息实践动力的强弱程度存在着非常显著的差异（$F = 354.370$，$p < 0.001$）。

表 5.14　　　　　　　各组动力维度总得分的方差分析

	N	均值	标准差	F	显著性
信息富裕组	530	70.0901	21.12000		
居中偏富组	1142	63.3745	20.28020		
居中偏贫组	1062	56.8485	21.06118	354.370	0.000
信息贫困组	627	34.1412	21.59650		
总体	3361	56.9179	23.98342		

资料来源：本研究整理。

表 5.15 进一步展示了在目的性信息实践、知觉性信息实践和无意识

信息实践中,信息贫富状况不同的人群之间的差异。由表 5.15 中均值一列可以看出,在三类信息实践中,信息主体在动力维度的得分呈现由高到低的排列。也就是说,越是信息富裕的人群,无论是在目的性、知觉性还是无意识的信息实践中,都呈现出了更强的动力特性。而且,通过分析表 5.15 中的 F 检验结果可以看出,信息贫富程度不同的各组人群在动力的强弱程度方面存在着显著差异($p<0.001$)。

表 5.15　　不同信息实践中各组在动力维度上得分的方差分析

信息实践类型	组别	N	均值	标准差	F	显著性
目的性信息实践（为解决生活或工作中的特定问题）	信息富裕组	530	27.9923	9.01817	285.592	0.000
	居中偏富组	1142	25.6311	8.70370		
	居中偏贫组	1062	22.8198	8.88951		
	信息贫困组	627	14.3532	9.22263		
	总数	3361	23.0112	9.97878		
知觉性信息实践（为增长见识/了解动态）	信息富裕组	530	29.1189	9.77952	306.898	0.000
	居中偏富组	1142	25.8148	9.70966		
	居中偏贫组	1062	23.2980	10.04029		
	信息贫困组	627	13.2263	9.66690		
	总数	3361	23.1922	11.07840		
无意识信息实践（为了休息休闲）	信息富裕组	530	12.9789	4.87325	219.020	0.000
	居中偏富组	1142	11.9286	4.66745		
	居中偏贫组	1062	10.7307	4.76843		
	信息贫困组	627	6.5618	5.08472		
	总数	3361	10.7145	5.25944		

资料来源:本研究整理。

总之,基于上述分析可以看出,信息贫富程度不同的各组人群之间在动力维度具有如下差异:整体而言,在信息贫富层次中越处于信息富裕一端的人群其信息实践的动力也越强,反之亦然;而就每种信息实践的具体类型来看,无论是在有意识的信息实践（目的性和知觉性信息实践）中,还是在无意识信息实践中,信息富裕者的动力都强于信息贫困者。简言之，信息富裕者不仅在整体上比相对贫困者信息实践的动力更强，而且在各种具体信息实践中都保持了这种优势。

二 在有意识信息实践上的差异

根据个人信息世界理论，目的性信息实践和知觉性信息实践属于有意识信息实践。表 5.16 从整体上显示了在目的性信息实践（为了解决生活或工作中的特定问题）和知觉性信息实践（为了增长见识/了解动态）中，信息贫富程度不同的四组人群从不同途径获取信息的频率。本测量涉及了四种信息获取途径，包括：阅读、上网、看电视和与人交流。显然，通过阅读获取信息时，人们需要付出相当的认知努力；通过上网获取信息则不仅需要人们付出一定的认知努力，而且需要其具备一定的技能（如打字）；而看电视和与人交流两种信息获取途径都不需要或较少需要付出认知努力且休闲娱乐功能更明显。由表 5.16 中对目的性信息实践与知觉性信息实践的交互分析可以看出，信息富裕组在这两类信息实践中经常通过阅读而获取信息的交互人数比例（指既在目的性信息实践中经常通过阅读获取信息，又在知觉性信息实践中经常通过阅读获取信息）达 43.43%，在全部四种信息获取渠道中比例最高，而信息贫困组此项比例仅为 6.92%。换言之，在知觉性信息实践中，信息富裕者通过付出认知努力而获取所需要信息的人数所占比例是信息贫困者的 6 倍以上。反观信息贫困组，高达 31.49% 的信息贫困者在有意识信息实践中很少或几乎从来不通过阅读获取信息，而另有 31.26% 的信息贫困者只有偶尔才通过阅读获取信息。进而分析表 5.16 中关于信息贫富状况不同的各组人群在有意识信息实践中通过网络获取信息的情况也发现，信息富裕组在两类有意识信息实践中通过上网获取信息的交互人数比例达 72.11%，随着信息贫困程度的加深，人数比例逐步下降，信息贫困者这一人数比例仅有 25.51%。无疑，信息贫富状况不同的信息主体通过网络获取信息的状况与通过阅读获取信息的状况有着很高的一致性。二者共同表明，在有意识的信息实践中，信息富裕者更倾向于为获取所需信息而付出认知努力。

与上述现象相比，信息贫富程度不同的人群通过"看电视"或"与人交流"获取信息的人数比例反映了与"阅读"或"上网"不同的趋势。由表 5.16 可见，在有意识信息实践中，通过经常看电视而获取信息的信

第五章 城市成年人群中的信息贫富层级 115

表5.16 信息贫富状况不同的人群在有意识信息实践中的差异比较

单位:%

		富裕组			偏富组			偏贫组			贫困组		
		很少	有时	经常	很少	有时	经常	很少	有时	经常	很少	有时	经常
为了解决生活工作中的特定问题而阅读	很少	3.12	3.79	1.56	6.09	6.82	3.46	11.49	8.07	3.91	31.49	10.38	2.08
	有时	2.45	19.6	19.15	2.52	36.52	13.85	5.5	35.21	14.3	3.46	31.26	7.61
	经常	0.22	6.68	43.43	1.36	7.76	21.62	0.73	4.89	15.89	0.69	3.11	6.92
为了增长见识/了解动态而阅读													
为了解决生活工作中的特定问题而上网	很少	2.48	1.24	0.62	2.17	1.18	0.79	5.66	2.44	1.33	24.05	4.69	1.17
	有时	1.24	10.95	6.2	0.59	16.44	7.38	2.11	20.42	9.66	3.23	27.27	6.16
	经常	0.83	4.34	72.11	0.89	7.48	63.09	1.22	8.77	48.39	0.88	7.04	25.51
为了增长见识/了解动态而上网													
为了解决生活工作中的特定问题而看电视	很少	14.45	14.67	5.19	14.6	23.29	5.66	15.59	12.17	3.93	20.92	7.8	2.48
	有时	3.39	23.02	13.09	2.83	29.3	12.85	3.93	31.05	9.62	2.48	35.82	2.84
	经常	1.35	3.16	21.67	0.33	4.79	16.34	1.14	5.07	17.49	0	6.38	21.28
为了增长见识/了解动态而看电视													
为了解决生活工作中的特定问题而与人交流	很少	3.28	0.88	0.88	3.14	1.36	0.1	3.01	2.89	0.6	13.95	3.99	0
	有时	1.31	19.69	6.56	3.56	25.97	6.39	3.49	27.83	7.35	4.65	36.21	2.99
	经常	0.66	12.25	54.49	1.57	15.92	41.99	1.69	13.37	39.76	1	11.63	25.58
为了增长见识/了解动态而与人交流													

息富裕者的交互人数比例为21.67%，而信息贫困者中这一人数比例为21.28%，两者非常接近。由于"看电视"是一种不需要或较少需要人们付出认知努力的信息获取途径，因此，上述发现从另一个侧面确认了关于信息富裕者更倾向于为信息获取而付出认知努力的认识。

另外，由表5.16可见，通过经常与人交流而获取信息的信息富裕者的交互人数比例为54.49%，而信息贫困者中这一人数比例为25.58%，两者之间的差距较之通过经常阅读或上网而获取信息的交互人数比例差距要小很多。一方面，这反映了信息富裕者在有意识信息实践中通过人际信息源获取信息的主动性要高于信息贫困者；另一方面，不同人群在使用这一信息源方面较小的差异仍然表明，在对于不需要或较少需要付出认知努力的信息源的使用方面，信息贫富状况不同的人群差别相对较小。

总之，基于对表5.16的分析可以看出，在有意识的信息实践中，信息富裕程度越高的信息主体，越有可能付出认知努力以获取所需信息。

三　在无意识信息实践上的差异

根据个人信息世界理论，在无意识信息实践中，信息或信息源作为潜在的客体存在，然而个人的实践活动却有另外的目标，缺乏信息主体的自觉。无意识信息实践对于个人信息世界丰富化的价值在于，由于信息主体客观上在这种信息实践中进行了信息的传递，因此为个人在无意中捕捉信息提供了可能。所以，无意识信息实践偶尔也可能产生一定的信息效用。[①]

表5.17比较了信息贫富程度不同的四个人群在无意识信息实践中的差异。由表5.17所反映的各组人群对"阅读"这一信息源的使用频率来看，即使出于休息休闲的目的，仍有48.9%的信息富裕者会频繁地使用这个信息源，而信息贫困者使用这一信息源的人数比例仅为19.6%。就网络信息源的使用情况来看，有65.6%的信息富裕者经常使用这种信息源进行休息休闲活动，而信息贫困者在这一项目上的人数比例为36.8%。由此可见，即使在没有明显信息获取目标的情况下，信息富裕者也倾向于使用知识信息相对富集、需要付出较多认知努力

---

① 于良芝：《"个人信息世界"——一个信息不平等概念的发现及阐释》，《中国图书馆学报》2013年第1期。

的信息源。一般来说，人们所使用的信息源自身的知识信息含量越高，则其在使用这些信息源的过程中"偶遇"有价值的信息的概率就更大。从这个意义上说，即使在无意识的信息实践中，信息富裕者的动力也优于信息贫困者。

表 5.17　信息贫富状况不同的人群在无意识信息实践中的差异比较　　单位：%

	信息富裕组	信息偏富组	信息偏贫组	信息贫困组
为了休息休闲而阅读			
很少	10.5	21.1	22.7	37.4
有时	40.6	44.7	49.8	43.0
经常	48.9	34.3	27.5	19.6
为了休息休闲而上网			
很少	9.2	8.6	13.2	28.8
有时	25.2	31.6	35.8	34.5
经常	65.6	59.9	50.9	36.8
为了休息休闲而看电视			
很少	16.6	15.8	17.9	18.9
有时	36.7	45.4	42.0	39.7
经常	46.7	38.9	40.2	41.4
为了休息休闲而与人交流			
很少	8.2	13.4	14.8	22.2
有时	38.5	44.0	44.8	39.5
经常	53.2	42.6	40.4	38.3

资料来源：本研究整理。

与前文对有意识的信息实践分析相类似，在无意识的信息实践中，通过"看电视"而进行休息休闲的人群根据信息由富到贫的人数比例都比较接近，因此，不同人群在对这种信息源的使用方面没有很大差别。而信息贫富状况不同的人群在无意识信息实践中对于"与人交流"这一信息源的使用状况而言，其差异也相对较小。本研究认为，信息主体在无意识信息实践中对于"看电视"和"与人交流"两种信息源的使用频率反映了其在有意识信息实践中类似的现象，即，在对不需要或较少需要付出认知努力的信息源的使用方面，信息贫困状况不同的人群之间的动力差异相对较小。

四 小结

深入解析动力要素的特征是揭示信息主体个人信息世界的内在特性的重要途径之一。本研究发现，如果信息主体在具体信息实践中的动力越强，则其个人信息世界也越丰富，从而在信息贫富分化中越有可能处于有利的地位，反之亦然。此外，处于信息贫富不同层级的人群在各类具体信息实践上都存在着显著差异。具体而言，信息富裕者相对于信息贫困者在动力维度上的优势体现在其总体动力强于信息贫困者，而且体现为在目的性、知觉性和无意识信息实践中都保持了这种优势。

第六章

不同人群个人信息世界的特征

第一节 信息富裕者个人信息世界的特征

如前文所述,通过对个人信息世界的测度与聚类分析,本研究发现,城市成年人群中存在着四个边界清晰、差异明显的信息贫富分化层级。前文通过对这四类人群的统计分析,发现在信息贫富分化层级中处于不同地位的人群不仅在年龄、收入、职业及教育经历等方面具有一些典型特征,而且在其个人信息世界的内容、边界和动力等要素上都存在着显著的差异。出于深入认识信息贫富分化差序格局中各类人群个人信息世界特征的目的,本研究将从受访者信息获取的动力、可及信息源、可获信息源、基础信息源、信息资产以及其个人信息世界的空间、时间、智识维度入手,分别对信息贫富状况不同的人群个人信息世界的特征进行深入分析。本节将通过对信息富裕者内容、边界和动力三要素的分析,概述其个人信息世界的特征。

一 内容要素的特征

(一)几乎全部信息富裕者对互联网既具有可及性又具有可获性

根据个人信息世界理论,可及信息源、可获信息源、基础信息源和信息资产四个维度构成了信息主体个人信息世界的内容要素。如表6.1所示,互联网是高达98.6%的信息富裕者的可及信息源,进而观察表6.2发现,互联网对于98.3%的信息富裕者来说具有可获性。由此可见,互联网不仅是几乎全部信息富裕者的可及信息源,同样也是这个人群最重要的可获信息源。

这一结果与现有关于数字鸿沟或数字不平等研究的发现保持了一致。

如,"第一代数字鸿沟"研究的代表——美国商务部关于数据鸿沟的定义与调查发现,[1] 更高的网络接入率(即本研究所述的以网络为"可获信息源")使用户处于数字鸿沟/数字不平等的优势一侧。也正如"第二代数字鸿沟"(Becker[2],2000,Warschauer 等,2000[3]、2004[4],Goode 等,2006[5],Ching 等,2005[6])的研究者所发现的,信息富裕人群也因具备了较高的网络使用技能(即本研究所述的以网络为"可及信息源"),从而在数字鸿沟/数字不平等中处于有利一侧。

(二)信息富裕者对知识富集型人际信息源的可获比例相对较高

由表6.1可见,政府工作人员、研究人员和专家是60%以上信息富裕者的可及信息源。但进一步分析表6.2发现,在上述三类人际信息源中,研究人员和专家对于信息富裕者仍具有较高比例的可获性。但与此相对照,尽管政府工作人员作为信息富裕者可及信息源的比例较高(69.2%),但作为可获信息源的比例却相对较低(38.9%)。这种现象表明,就对各人际信息源的可获性而言,信息富裕者从专业知识丰富的专家型资源中获得所需要知识信息的人数比例更高。

表6.1　　　　　　　　　**信息富裕者的可及信息源**　　　　　　　单位:%

受访者周边五公里内的信息源	百分比	受访者生活或工作地周围可提供信息的人员	百分比
互联网	98.6	乡镇/街道及以上政府工作人员	69.2
书店/报刊亭的书籍报刊	78.1	大学老师或其他研究人员	67.5

---

[1] U. S. Department of Commerce (ESA & NTIA), *Falling through the Net: Toward Digital Inclusion*, Washington, D. C.: Author, 2000, pp. 45 – 67.

[2] Becker, H. J., "'Who's Wired and Who's Not: Children's Access to and Use of Technology", *Children and Computer Technology*, Vol. 10, No. 2, 2000, p. 44 – 75.

[3] Warschauer, M., "Technology and School Reform: A View from Both Sides of the Track", *Educational Policy Analysis Archives*, Vol. 8, No. 4, 2000, pp. 11 – 19.

[4] Warschauer, M., Knobel, M. and Stone, L., "Technology and Equity in Schooling: Deconstructing the Digital Divide", *Educational Policy*, Vol. 18, No. 4, 2004, pp. 562 – 588.

[5] Goode, J., Estrella, R. and Margolis, J., "Lost in Translation: Gender and High School Computer Science", in W. Aspry and J. M. Cohoon (eds) *Women and Information Technology: Research on Underrepresentation*, Cambridge, M. A.: MIT Press, 2006, pp. 89 – 113.

[6] Ching, C., Basham, J. and Jang, E., "The Legacy of the Digital Divide", *Urban Education*, Vol. 40, No. 4, 2005, pp. 394 – 411.

续表

受访者周边五公里内的信息源	百分比	受访者生活或工作地周围可提供信息的人员	百分比
图书馆/图书室的书籍报刊	69.2	某领域实践专家（如律师、医生、农技员）	63.6
政府信息公开点展示的文件、通报等	38.5	记者	25.1
数据库	30.9		

资料来源：本研究整理。

表6.2　　　　　　　　**信息富裕者的可获信息源**　　　　　　单位：%

在日常工作或生活中获取信息的渠道	百分比	在日常工作或生活中获取信息的渠道	百分比
互联网	98.3	大学老师或其他研究人员	52.5
图书馆/图书室的书籍报刊	68.1	某领域实践专家（如律师、医生、农技员）	44.3
书店/报刊亭的书籍报刊	67.2	政府人员	38.9
数据库	29.1	记者	15.1
政府信息	40.8		

资料来源：本研究整理。

（三）信息富裕者更倾向于把"知识富集型"物质和人际信息源作为基础信息源

基础信息源是对个体在日常信息实践中惯常获取信息途径的直观反映。由表6.3可以看出，对于信息富裕者而言，其基础信息源的范围非常广泛：无论是传统信息源（如各类图书、杂志、报纸、电视节目），还是新型信息源（如各类网站）以及各种人际信息源（如研究人员、领域专家或政府人员等）作为信息富裕者基础信息源的比例都很高。分析表6.3发现，"知识或专业类"物质信息源是几乎全部信息富裕者的基础信息源。进而对表6.3所示的人际信息源分析可见，更多信息富裕者也倾向于把研究人员和专家作为基础信息源，而这些人际信息源显然也具有"知识富集"的特征。由此可见，就信息富裕者所惯常使用的信息源而言，无论是物质信息源还是人际信息源，这一人群都更倾向把"知识富集型"信息源作为其基础信息源。

表6.3　　　　　　　　　信息富裕者的基础信息源　　　　　　　　单位:%

过去半年阅读过的图书		过去半年读过的杂志文章		过去半年读过的报纸栏目	
类别	百分比	类别	百分比	类别	百分比
知识或专业类	98.9	知识类	97.9	新闻或时政类	99.2
实用类	96.8	实用类	97.7	知识或专业类	98.3
故事类	90.8	新闻类	98.3	实用类	94.9
政策法规类	81.7	故事类	89.6	故事类	90.6

过去半年用过的网站		过去半年看过的电视节目		过去半年向哪类人咨询过信息	
类别	百分比	类别	百分比	类别	百分比
知识或专业性	98.1	新闻或时政性	97.2	大学老师或其他专职研究人员	51.1
新闻或时政性	98.3	知识或专业性	94.9	某领域专家（如律师、医生等）	38.3
实用性	98.1	故事性	89.6	乡镇/街道及以上政府人员	34.0
政府机构	85.3	实用性	79.6	记者	14.2
故事性或游戏性	72.5				

资料来源：本研究整理。

（四）绝大多数信息富裕者具备使用有"技能门槛"的信息源（如搜索引擎）的能力

信息资产的丰富程度是个人信息世界内容最重要的体现之一。由表6.4可见，信息富裕者在信息资产维度上比较鲜明的特征是，97.0%的信息富裕者在过去一年使用过网络搜索引擎，过去半年内88.7%的信息富裕者使用了5个及以上的知识或专业性网站，90%的信息富裕者使用了5个及以上的实用性网站，91.4%的信息富裕者使用了5个及以上的新闻时政类网站。显然，无论是对搜索引擎还是对各类网站的使用，都需要人们具备一定的技能。从这个意义上说，信息富裕者的"富裕"体现在其对具有"技能门槛"的信息源的使用能力上。

第六章　不同人群个人信息世界的特征

表6.4　信息富裕者的信息资产

单位:%

过去半年阅读图书的类别与数量		百分比	过去半年阅读杂志文章的类别与数量		百分比	过去半年阅读报纸栏目的类别与数量		百分比
故事类	小于5本	48.9	故事类	小于5篇	32.8	故事类	小于5个	42.9
	5—10本	25.4		5—10篇	24.8		5—10个	32.9
	10本以上	25.8		10篇以上	42.3		10个以上	24.2
知识或专业类	小于5本	29.4	知识或专业类	小于5篇	12.5	知识或专业类	小于5个	17.1
	5—10本	36.1		5—10篇	37.6		5—10个	45.3
	10本以上	34.5		10篇以上	49.9		10个以上	37.6
实用类	小于5本	43.5	实用类	小于5篇	17.8	新闻或时政类	小于5个	9.9
	5—10本	30.8		5—10篇	32.8		5—10个	25.3
	10本以上	25.7		10篇以上	49.4		10个以上	64.8
政策法规类	小于5本	61.0	新闻或时政类	小于5篇	12.3	实用类	小于5个	21.5
	5—10本	21.5		5—10篇	25.0		5—10个	38.2
	10本以上	17.6		10篇以上	62.8		10个以上	40.4
过去半年使用过网站的类别与数量		百分比	过去半年看过电视节目的类别与数量		百分比	过去半年咨询过信息的人数及次数		百分比
故事性或游戏性	小于5个	49.0	故事性	小于5个	54.7	政府人员	小于5人次	68.1
	5—10个	20.8		5—10个	32.2		5—10人次	18.0
	10个以上	30.2		10个以上	13.1		10人次以上	13.9

续表

过去半年使用过网站的类别与数量		百分比	过去半年看过电视节目的类别与数量		百分比	过去半年咨询过信息的人数及次数		百分比
知识或专业性	小于5个	11.3	知识或专业性	小于5个	57.1	大学教师等科研人员	小于5人次	52.6
	5—10个	29.2		5—10个	32.2		5—10人次	19.3
	10个以上	59.5		10个以上	10.7		10人次以上	28.1
实用性	小于5个	10.0	实用性	小于5个	67.8	向领域专家（如律师、医生）	小于5人次	63.3
	5—10个	26.9		5—10个	20.6		5—10人次	18.4
	10个以上	63.1		10个以上	11.6		10人次以上	18.3
新闻或时政性	小于5个	8.6	新闻或时政性	小于5个	42.3	记者	小于5人次	87.5
	5—10个	24.0		5—10个	37.5		5—10人次	8.9
	10个以上	67.4		10个以上	20.2		10人次以上	3.7
政府机构	小于5个	33.2	过去一年使用过网络搜索引擎					97.0
	5—10个	30.5	过去一年使用过计算机检索图书馆的藏书目录					53.4
	10个以上	36.3	过去一年使用过专业/行业数据库					29.4

资料来源：本研究整理。

二 边界要素的特征

（一）大多数信息富裕者每天用于信息搜寻的时间在1—5小时

表6.5展示了信息富裕者在时间维度上的特征。分析表6.5可见，信息富裕者中每天花费1—3小时用于信息搜寻的人数比例最高，3—5小时的人数比例次之，合计高达69.1%的信息富裕者每天用于信息搜寻的时间在1—5小时。从整体来看，90%以上的信息富裕者每天花在信息搜索、阅读/浏览、参观、学习等信息获取及利用上的时间在1小时以上。而无论是每天花很少时间（小于1小时）或很多时间（多于10小时）的人在信息富裕人群中都仅占很小比例。

表6.5　　　　　信息富裕者个人信息世界的时间边界　　　　　单位：%

每天花在信息搜索、阅读/浏览、参观、学习等信息获取及利用的时间	所占百分比
几乎没有	1.2
小于等于1小时	8.7
大于1小时，小于等于3小时	43.8
大于3小时，小于等于5小时	25.3
大于5小时，小于等于10小时	12.0
大于10小时	9.1

资料来源：本研究整理。

（二）信息富裕者的有意识信息实践活动更多地发生于"知识富集型"的信息空间里

依照个人信息世界理论，个人信息世界的空间指有意识的信息活动（即下文所说的知觉性和目的性信息实践活动）发生的场所。[1] 由表6.6可见，在各类信息空间中，图书馆、课堂或培训场所等作为信息富裕者信息实践发生空间的比例最高。显然，相对于其他信息空间而言，图书馆及课堂等场所知识信息更为丰富。特别值得注意的是，36.8%的信息富裕者将旅行工具作为信息获取的空间，这表明，信息富裕在空间维度上的重要

---

[1] 于良芝：《"个人信息世界"——一个信息不平等概念的发现及阐释》，《中国图书馆学报》2013年第1期。

表现是，这个人群具有把社会的非信息场所建构或转化成个人信息场所的特点。

表6.6　　　　　　信息富裕者个人信息世界的空间边界　　　　　单位：%

过去一年进行过信息搜索、阅读/浏览、参观、学习等信息获取及利用活动的场所

场所	百分比	场所	百分比
实体或虚拟图书馆	57.7	旅行途中（汽车、火车等）	36.8
课堂或培训场所	56.8	实体或虚拟博物馆/展览馆	33.2
书店/报刊亭	46.6	车站	19.1
会议场所	45.5	地铁	11.5

资料来源：本研究整理。

（三）信息富裕者语言能力普遍较强，对网络搜索引擎的依赖程度高，且具有较高的批判思维能力

分析表6.7发现，信息富裕者的语言使用能力较强且呈多样化。表现在，69%的信息富裕者能够使用中文阅读专业学术文献，这表明信息富裕者对母语的应用水平较高。同时，80%以上的人可以用外语进行或简单或复杂的阅读，这说明大部分信息富裕者具备了一定的外语阅读能力。

由表6.7可看出，无论是对生活信息还是工作信息的获取，绝大多数信息富裕者都依赖网络搜索引擎。表现在，96.4%的信息富裕者通过网络搜索引擎获取生活信息，而这一人群通过网络搜索引擎获取工作信息的比例更是高达97.1%。此外，分析表6.7发现，尽管信息富裕者的生活信息和工作信息来源都高度依赖网络搜索引擎，但信息获取的目的不同，对搜索引擎的功能使用的复杂程度不同：当需要生活方面的信息时，多数信息富裕者使用相对较简单的搜索功能（如51.1%的信息富裕者利用百度或谷歌的简单搜索页面搜索日常生活所需要的信息）；但在获取工作/学习方面的信息时，信息富裕者使用的信息搜索复杂程度明显提高，表现在65.7%的信息富裕者为获取工作/学习所需要的信息，使用了网络搜索引擎的高级搜索页面甚至专业数据库的高级搜索功能。

表6.7　　　　　　　　信息富裕者个人信息世界的智识边界　　　　　　　单位:%

项目与指标		百分比	项目与指标		百分比
中文阅读水平	什么也看不懂	0.8	英文（或其他语言）阅读水平	什么也看不懂	13.8
	能看懂简单小故事	3.2		能看懂简单小故事	47.7
	能看懂报纸上的大部分文章	27.1		能看懂报纸上的大部分文章	24.7
	能看懂某一方面专业性学术著作	69.0		能看懂某一方面专业性学术著作	13.8
日常生活中信息搜索的复杂程度	向他人询问或委托他人代查	3.6	工作/学习中信息搜索的复杂程度	向他人询问或委托他人代查	2.8
	利用百度或谷歌的简单搜索页面	51.1		利用百度或谷歌的简单搜索页面	31.4
	利用百度或谷歌的高级搜索页面	27.6		利用百度或谷歌的高级搜索页面	31.2
	利用百度/谷歌以及专业数据库的高级搜索功能	17.7		利用百度/谷歌以及专业数据库的高级搜索功能	34.5
对知识/专业性报纸栏目的批判思维能力	理解其字面内容	26.5	对新闻或时政性报纸栏目的批判思维能力	理解其字面内容	26.5
	探究其言外之意	45.1		探究其言外之意	45.1
	对其证据、观点/结论、逻辑、有用性进行批判分析	28.3		对其证据、观点/结论、逻辑、有用性进行批判分析	28.3
对知识/专业性电视节目的批判思维能力	理解其字面内容	27.3	对新闻或时政性电视节目的批判思维能力	理解其字面内容	30.6
	探究其言外之意	39.4		探究其言外之意	40.9
	对其证据、观点/结论、逻辑、有用性进行批判分析	33.3		对其证据、观点/结论、逻辑、有用性进行批判分析	28.5
对知识/专业性网站的批判思维能力	理解其字面内容	25.4	对新闻或时政性网站的批判思维能力	理解其字面内容	31.5
	探究其言外之意	38.4		探究其言外之意	39.8
	对其证据、观点/结论、逻辑、有用性进行批判分析	36.2		对其证据、观点/结论、逻辑、有用性进行批判分析	28.7

资料来源：本研究整理。

此外，信息富裕者更倾向于对所接受的信息进行批判性分析与思考。

由表6.7可见，无论是对来自报纸、电视节目还是网络的信息，70%以上的信息富裕者并不是简要地理解其字面内容，而是探究其言外之意，或者对这些信息进行批判性分析。而且，信息富裕者对于来自各类报纸、电视和网络等不同信息源的信息进行各种不同深度分析的人数比例也大体接近（如对来自不同信息源的信息，均有30%左右的受访者探究其言外之意或进行了批判性分析）。这表明，信息富裕者对于来自不同信息源的信息进行批判性分析的现象具有一定的稳定性。

三　动力要素的特征

分析表6.8发现，从动力维度看，信息富裕者的个人信息世界具有如下特征。

（一）整体而言，信息富裕者个人信息世界的动机更强、主动程度相对更高

由表6.8可见，半数以上的信息富裕者无论在有意识信息实践还是无意识信息实践中，对"阅读"和"上网"两种信息获取途径的使用频率都很高。由于阅读和上网是两种需要信息主体付出认知努力的信息源，而如前文所述，人们为信息获取而付出努力的程度常常与其动机水平相关联。由此可见，信息富裕者在信息实践中动机更强，因此其信息获取的主动程度也相对较高。

（二）无论是在有意识（目的性、知觉性）还是无意识的信息实践中，大部分信息富裕者更倾向于通过网络信息源获取所需信息

如表6.8所示，有77.1%信息富裕者在目的性信息实践（为了解决生活工作中的特定问题）中高频率地（经常）通过上网获取信息，这一比例在知觉性信息实践（为了增长见识/了解动态）中为78.7%，在无意识信息实践（为了休息休闲）中则为65.6%。在三类信息实践中，通过高频率上网而获取信息在对各类信息渠道的使用频率中均最高。由于网络信息源具有"交互"性，据此可见，信息富裕者更倾向于通过交互的方式，有的放矢地获取自己所需要的信息。

（三）在目的性信息实践中，信息富裕者不仅更倾向于高频率地使用网络信息源，也倾向于通过频繁地与人交流以获取所需要的信息

具体表现是，如表6.8所示，在目的性信息实践中，68.2%的信息富裕者通过经常与人交流而获取所需信息。因而，对于信息富裕者而言，在

目的性信息实践中，除通过经常上网获取信息外，这一人群也倾向于通过频繁地与人交流获得解决问题的信息。反之，有33.7%的信息富裕者很少通过电视这一传统的休闲信息源来满足自己在目的性信息实践中的信息需求，而经常通过看电视而获取目的性信息实践所需信息者仅有26.4%。因此，这些信息获取渠道对于信息富裕者的目的性信息实践活动而言，重要程度较低。

（四）在知觉性信息实践中，信息富裕者更青睐知识信息含量丰富的信息源

如表6.8所示，在知觉性信息实践（为了增长见识/了解动态）中，64.4%的信息富裕者倾向于通过频繁的阅读以获取信息，仅次于对网络信息源的使用，可见，阅读信息源对于信息富裕者的知觉性信息实践来说也很重要。另外，只有41.2%的信息富裕者通过电视这一传统的休闲型媒体获取知觉性信息实践所需要的信息。因此，信息富裕者较少使用休闲型媒体进行知觉性信息实践，而更倾向于使用知识信息富集的信息源。

（五）在无意识的信息实践中，信息富裕者所使用的信息源具有多样性的特征

由表6.8可以看出，在无意识的信息实践（为了休息休闲）中，信息富裕者对阅读、看电视和与人交流这在类信息源频率使用的比例分别为48.9%、46.7和53.2%，三者比较接近。据此可见，信息富裕者除对网络信息源的频繁使用比例较高外，对其他信息源的使用比例都较接近，其无意识信息实践具有多样性的特征。本研究认为，正是这种多样化使用信息源的特征，使信息富裕者在无意识信息实践中"偶遇"所需信息，获取信息效用的可能性大大增加，从而促进了其个人信息世界的丰富化。

四 小结

基于对不同信息实践活动中受访者对各类信息源使用频率的比较分析，本研究发现，信息富裕者的个人信息世界具有如下特征。

就内容要素而言，几乎全部信息富裕者对互联网具有可及性（availbility）和可获性（aceessible），而且对知识富集型人际信息源的可获比例高。同时，这一人群更倾向于把"知识富集型"物质和人际信息源作为基础信息源，并具备使用有"技能门槛"的信息源（如搜索引擎）的能力。

表 6.8　信息富裕者个人信息世界的动力特征

单位:%

信息获取动机、渠道与频率		百分比	信息获取动机、渠道与频率		百分比	信息获取动机、渠道与频率		百分比
为了解决生活工作中的特定问题而阅读	很少	8.5	为了增长见识了解动态而阅读	很少	5.8	为了休息休闲而阅读	很少	10.5
	有时	42.1		有时	29.9		有时	40.6
	经常	49.4		经常	64.4		经常	48.9
为了解决生活工作中的特定问题而上网	很少	4.2	为了增长见识了解动态而上网	很少	5.1	为了休息休闲而上网	很少	9.2
	有时	18.7		有时	16.2		有时	25.2
	经常	77.1		经常	78.7		经常	65.6
为了解决生活工作中的特定问题而看电视	很少	33.7	为了增长见识了解动态而看电视	很少	18.8	为了休息休闲而看电视	很少	16.6
	有时	39.9		有时	40.1		有时	36.7
	经常	26.4		经常	41.2		经常	46.7
为了解决生活工作中的特定问题而与人交流	很少	4.7	为了增长见识了解动态而与人交流	很少	5.4	为了休息休闲而与人交流	很少	8.2
	有时	27.0		有时	33.0		有时	38.5
	经常	68.2		经常	61.6		经常	53.2

资料来源：本研究整理。

就边界要素而言，大多数信息富裕者每天用于信息搜寻的时间在1—5小时，信息富裕者的有意识信息实践活动更多地发生于"知识富集型"的信息空间里。此外，信息富裕者语言能力普遍较强，对网络搜索引擎的依赖程度高，且具有较高的批判思维能力。

就动力要素而言，信息富裕者在信息实践中的动机更强、主动程度相对更高，且大部分信息富裕者更倾向于通过网络信息源获取所需信息。在目的性信息实践中，信息富裕者不仅倾向于高频率地使用网络信息源，而且倾向于通过频繁地与人交流以获取所需要的信息。在知觉性信息实践中，信息富裕者更青睐知识信息含量丰富的信息源。在无意识的信息实践中，信息富裕者所使用的信息源具有多样性的特征，从而增大其"偶遇"所需要信息并获取信息效用的可能性。

第二节 信息贫富居中者个人信息世界的特征

如前所述，基于个人信息世界的聚类分析，本研究发现，在城市成年人中存在四个信息贫富状况不同的人群。上一节对信息富裕者的个人信息世界特征进行了分析，本节将针对信息贫富状况居于中间位置的人群——信息贫富居中偏富组和居中偏贫组进行分析，考察这个人群个人信息世界的特征。尽管居中偏富组与偏贫组本身存在着一定程度的差异，但从社会整体人群的信息贫富分化状况来看，二者都处于信息贫富的居中位置，因此，本节将对这两组人群进行合并分析。

一 内容要素的特征

(一) 互联网对八成以上的信息贫富居中者具有可及性和可获性

如表6.9和表6.10所示，对于贫富居中者而言，互联网对84.1%的人具有可及性，对82.2%的人具有可获性。可见，在各类物质信息源中，互联网是信息贫富居中者使用的最重要的信息源。此外，由表6.9可见，一半左右的信息贫富居中者把书店、图书馆作为可及信息源和可获信息源，表明这些信息源对于信息贫富居中者个人信息世界的丰富化也具有比较重要的作用。

（二）信息贫富居中者对各类人际信息源使用比例都较低，相对而言，对研究人员具有可获性的人数比例较高

如表6.9和表6.10所示，尽管有40%—55%的信息贫富居中者对于政府工作人员、研究人员或专家具有可及性，但这些信息源中，仅有25%以下的信息源对信息贫富居中者而言具有可获性。由此可见，在实际的信息实践中，信息贫富居中者对各类人际信息源的使用比例都较低。对照表6.9和表6.10发现，政府工作人员作为信息贫富居中者可及信息源的比例较高（55.3%），在本研究所涉及的各类人际信息源中居首位，但只有22.0%的信息贫富居中者把政府工作人员作为可获信息源，低于把研究人员作为可获信息源的比例（23.6%）。总之，就各类人际信息源的可获性而言，"研究人员"这一信息源对于信息贫富居中者的重要程度相对较高，而其他信息源的可获比例均较低。

表6.9　　　　　　　　　信息贫富居中者的可及信息源　　　　　　　单位:%

周边五公里内的信息源	百分比	周围可提供信息的人员	百分比
互联网	84.1	乡镇/街道及以上政府工作人员	55.3
书店/报刊亭的书籍报刊	65.6	大学老师或其他研究人员	43.9
图书馆/图书室的书籍报刊	57.4	某领域实践专家（如律师、医生、农技员）	39.2
政府信息公开点展示的文件、通报等	21.9		
数据库	11.1	记者	9.9

资料来源：本研究整理。

表6.10　　　　　　　　信息贫富居中者的可获信息源　　　　　　　单位:%

在日常工作或生活中是否有机会从以下渠道获取信息	百分比	在日常工作或生活中是否有机会从以下渠道获取信息	百分比
互联网	82.2	研究人员	23.6
书店/报刊亭的书籍报刊	53.0	政府人员	22.0
图书馆/图书室的书籍报刊	49.9	专家	18.3
政府信息	19.7	记者	3.9
数据库	9.8		

资料来源：本研究整理。

（三）知识类或新闻类信息源是信息贫富居中者最重要的基础信息源

如表 6.11 所示，就受访者对个人信息世界量表所包含的各类信息源近半年来的使用情况而言，"知识或专业类"或"新闻或时政类"信息源居于各类信息源使用比例的首位。由此可见，信息贫富居中组中的较多人更重视从知识类或新闻类信息源获取信息。这一特点与前文所述信息富裕组有一定相似性，但就人数比例而言，对上述两类信息源使用的信息贫富居中者少于信息富裕者。与本研究从信息贫富居中者可获信息源上观察到的现象相类似，信息贫富居中者对人际信息源的使用的总体人数比例较低，但知识富集型人际信息源（如研究人员或专家）的使用比例仍相对高于其他信息源。

表 6.11　　　　　　　　　信息贫富居中者的基础信息源　　　　　　　　单位：%

过去半年阅读过的图书		过去半年读过的杂志文章		过去半年读过的报纸栏目	
类别	百分比	类别	百分比	类别	百分比
知识或专业类	87.1	知识类	81.5	新闻或时政类	89.0
实用类	77.5	新闻类	81.1	知识或专业类	74.7
故事类	71.5	实用类	74.8	实用类	72.0
政策法规类	39.8	故事类	72.7	故事类	66.7
新闻或时政性	82.1	新闻或时政性	88.2	大学老师或其他专职研究人员	20.7
实用性	82.0	故事性	84.8	某领域专家（如律师、医生、农技员）	20.1
知识或专业性	82.0	知识或专业性	76.4	乡镇/街道及以上政府人员	18.6
故事性或游戏性	56.8	实用性	62.3	记者	3.3
政府机构	49.7				

资料来源：本研究整理。

（四）绝大多数信息贫富居中者具备基本的网络信息获取技能，但对"高技术门槛"信息源的使用能力较低

如表 6.12 所示，91.5% 的信息贫富居中者在过去一年使用过网络搜索引擎。这表明，绝大多数信息贫富居中者具有网络信息搜寻能力。但也

表6.12　信息贫富居中者的信息资产

单位:%

过去半年阅读的图书的类别与数量		百分比	过去半年读过的杂志文章的类别与数量		百分比	过去半年读过的报纸栏目的类别与数量		百分比
故事类	小于5本	72.9	故事类	小于5篇	63.5	故事类	小于5个	72.7
	5—10本	16.2		5—10篇	18.9		5—10个	19.5
	10本以上	10.9		10篇以上	17.6		10个以上	7.8
知识或专业类	小于5本	73.9	知识类	小于5篇	64.7	知识或专业类	小于5个	64.2
	5—10本	20.3		5—10篇	21.7		5—10个	27.9
	10本以上	5.8		10篇以上	13.6		10个以上	7.8
实用类	小于5本	79.7	实用类	小于5篇	67.5	新闻或时政类	小于5个	45.0
	5—10本	16.6		5—10篇	23.0		5—10个	27.4
	10本以上	3.7		10篇以上	9.5		10个以上	27.6
政策法规类	小于5本	86.2	新闻类	小于5篇	54.4	实用类	小于5个	60.9
	5—10本	11.2		5—10篇	21.0		5—10个	26.0
	10本以上	2.6		10篇以上	24.6		10个以上	13.1
过去半年用过的网站的类别与数量		百分比	过去半年看过的电视节目的类型与数量		百分比	过去半年咨询过信息的人群及次数		百分比
故事性或游戏性	小于5个	63.0	故事性	小于5个	61.0	乡镇/街道及以上政府人员	小于5人次	80.9
	5—10个	14.9		5—10个	32.4		5—10人次	10.2
	10个以上	22.1		10个以上	6.6		10人次以上	8.8

续表

过去半年用过的网站的类别与数量		百分比	过去半年看过过的电视节目的类型与数量		百分比	过去半年咨询过信息的人群及次数		百分比
知识或专业性	小于5个	49.8	知识或专业性	小于5个	79.0	大学老师或其他专职研究人员	小于5人次	79.5
	5—10个	26.1		5—10个	18.8		5—10人次	7.7
	10个以上	24.2		10个以上	2.2		10人次以上	12.8
实用性	小于5个	45.9	实用性	小于5个	81.6	某领域专家（如律师、医生、农技员）	小于5人次	79.2
	5—10个	27.2		5—10个	15.5		5—10人次	11.9
	10个以上	26.9		10个以上	2.9		10人次以上	8.9
新闻或时政性	小于5个	42.8	新闻或时政性	小于5个	69.9	记者	小于5人次	97.3
	5—10个	24.4		5—10个	24.3		5—10人次	2.1
	10个以上	32.8		10个以上	5.8		10人次以上	0.6
政府机构	小于5个	71.1	过去一年使用过网络搜索引擎					91.5
	5—10个	17.7	过去一年使用过计算机检索图书馆的藏书目录					29.9
	10个以上	11.1	过去一年使用过专业/行业数据库					12.9

资料来源：本研究整理。

必须注意到，尽管大量的信息贫富居中者能够从搜索引擎获取信息，但与信息富裕者相比较，信息贫富居中者对"高技术门槛"的信息源（如图书馆 online catalog 或数据库）使用比例较低。这表明，信息贫富居中者虽然也能够从网络获取信息，但这个人群中的大部分人仅仅掌握了基本的网络信息获取技能。

二 边界要素的特征

（一）近一半信息贫富居中者每天用于信息搜寻的时间为 1—3 小时

如表 6.13 所示，有 45.7% 的信息贫富居中者每天用于信息搜寻的时间为 1—3 小时，在本问项中比例最高。另外，累计有 27.5% 的信息贫富居中者每天用于信息搜寻的时间小于等于 1 小时，累计有 73.2% 的信息贫富居中者每天用于信息搜寻的时间小于等于 3 小时。可见，大部分信息贫富居中者每天的信息搜寻时间小于 3 小时。

表 6.13　　　　信息贫富居中者个人信息世界的时间边界　　　　单位：%

每天花在信息搜索、阅读/浏览、参观、学习等信息获取及利用的时间	百分比
几乎没有	3.5
小于等于 1 小时	24.0
大于 1 小时，小于等于 3 小时	45.7
大于 3 小时，小于等于 5 小时	17.5
大于 5 小时，小于等于 10 小时	7.0
大于 10 小时	2.2

资料来源：本研究整理。

（二）信息贫富居中者的有意识信息实践活动发生于"知识富集型"信息空间的比例相对较高

与前文对信息富裕者个人信息世界空间维度的分析所获得的发现相类似，表 6.14 显示，在各类信息空间中，图书馆、课堂或培训等场所作为信息贫富居中者信息实践的空间的比例相对较高。由于图书馆及课堂等场所相对于其他信息源来说知识信息更为富集，据此认为，信息贫富居中者更倾向于把知识富集型信息场所作为自己信息实践的空间。但同时也必须注意到，尽管把知识富集型信息源作为信息贫富居中者信息空间的比例在本研究所涉及的各类信息场所中最高，但在这一人群的占比尚不足40%。因而，尽管信息贫富居中者与信息富裕者在信息空间上具有相似性，但信息贫富居中者对这类信息场所的使用比例却明显低于信息富裕者。

表6.14　　　　　信息贫富居中者个人信息世界的空间边界　　　　单位:%

过去一年进行过信息搜索、阅读/浏览、参观、学习等信息获取及利用活动的场所	百分比
课堂或培训场所	39.9
实体或虚拟图书馆	36.6
书店/报刊亭	34.5
会议场所	23.2
旅行途中（汽车、火车等）	22.4
实体或虚拟博物馆/展览馆	14.6
车站	13.6
地铁	7.1

资料来源：本研究整理。

（三）信息贫富居中者具有一定的语言应用能力，对网络搜索引擎的依赖程度较高但对其复杂功能使用能力有限，此外，这一人群还具有一定的分析和批判思考能力

分析表6.15发现，信息贫富居中者具有一定的语言使用能力。表现在，50.8%的信息贫富居中者能够使用中文阅读专业学术文献，同时，只有26.8%的人完全不懂外语，这说明大部分信息贫富居中者具备了一定的母语或外语应用能力。

表6.15　　　　　信息贫富居中者个人信息世界的智识边界　　　　单位:%

	项目与指标	百分比		项目与指标	百分比
中文阅读水平	什么也看不懂	1.3	英文（或其他语言）阅读水平	什么也看不懂	26.8
	能看懂简单小故事	4.4		能看懂简单小故事	53.7
	能看懂报纸上的大部分文章	43.6		能看懂报纸上的大部分文章	14.1
	能看懂某一方面专业性学术著作	50.8		能看懂某一方面专业性学术著作	5.4

续表

项目与指标		百分比	项目与指标		百分比
日常生活中信息搜索的复杂程度	向他人询问或委托他人代查	9.7	工作/学习中信息搜索的复杂程度	向他人询问或委托他人代查	8.6
	利用百度或谷歌的简单搜索页面	62.6		利用百度或谷歌的简单搜索页面	49.2
	利用百度或谷歌的高级搜索页面	18.0		利用百度或谷歌的高级搜索页面	26.6
	利用百度/谷歌以及专业数据库的高级搜索功能	9.8		利用百度/谷歌以及专业数据库的高级搜索功能	15.6
对知识/专业性报纸栏目的批判思维能力	理解其字面内容	50.8	对新闻或时政性报纸栏目的批判思维能力	理解其字面内容	51.7
	探究其言外之意	31.8		探究其言外之意	34.7
	对其证据、观点/结论、逻辑、有用性等进行批判分析	17.4		对其证据、观点/结论、逻辑、有用性等进行批判分析	13.6
对知识/专业性电视节目的批判思维能力	理解其字面内容	50.6	对新闻或时政性电视节目的批判思维能力	理解其字面内容	53.4
	探究其言外之意	34.5		探究其言外之意	32.4
	对其证据、观点/结论、逻辑、有用性等进行批判分析	14.9		对其证据、观点/结论、逻辑、有用性等进行批判分析	14.2
对知识/专业性网站的批判思维能力	理解其字面内容	48.5	对新闻或时政性网站的批判思维能力	理解其字面内容	53.8
	探究其言外之意	34.2		探究其言外之意	33.9
	对其证据、观点/结论、逻辑、有用性等进行批判分析	17.3		对其证据、观点/结论、逻辑、有用性等进行批判分析	12.3

资料来源：本研究整理。

由表6.15可以看出，与信息富裕者相类似，无论是对于生活信息还是工作信息的获取，绝大多数信息贫富居中者依赖于网络搜索引擎。表现在，92.4%的信息贫富居中者通过网络搜索引擎获取生活信息，而这一人群通过网络搜索引擎获取工作信息的比例也高达91.4%。但与信息富裕者不同的是，信息贫富居中者在对生活或工作所需信息的获取中，对网络搜索引擎的复杂功能使用比例差别不大。

此外，一半左右的信息贫富居中者对所接受的信息具有一定的批判分析能力。由表 6.15 可见，无论是对来自报纸、电视节目还是网络的信息，50%左右的信息贫富居中者仅仅理解其字面内容，另有约五成的人探究其言外之意，或者对这些信息进行批判性分析。可见，虽然信息贫富居中者的批判思维能力低于信息富裕组，但这一人群也对所获信息具有一定的批判分析能力。

三　动力要素的特征

（一）较高比例的信息贫富居中者倾向于使用网络信息源获取所需信息，从而获得其个人信息世界变化发展的动力

表现在，无论是在有意识（目的性、知觉性）还是无意识信息实践中，信息贫富居中者对网络信息源使用比例较高。如表 6.16 所示，信息贫富居中者目的性信息实践中经常使用网络信息源的比例达 64.5%，在知觉性信息实践中这一比例为 65.4%，在无意识信息实践中这一比例则为 55.7%，这三类信息实践对各类信息源频繁使用的比例均为最高值。

（二）在各类信息实践中，信息贫富居中者也倾向于通过频繁地与人交流以获取所需要的信息

如表 6.16 所示，在三类信息实践活动中，信息贫富居中者除频繁使用网络信息源外，还频繁地通过与人交流获取所需要信息。表现在，在各种信息实践中，通过经常与人交流而获取所需要信息的信息贫富居中者比例在 40%—60%，在各类信息获取渠道中，仅次于通过频繁上网而获取此类信息。

四　小结

总之，信息贫富居中者个人信息世界具有如下特征。

就内容要素而言，多数信息贫富居中者对互联网具有可及性和可获性，但对各类人际信息源使用比例都较低。此外，较高比例的信息富裕者把知识类或新闻类信息源作为基础信息源，而且绝大多数信息贫富居中者具备基本的网络信息获取技能。

就边界要素而言，从时间边界来看，近半数信息贫富居中者每天用于信息搜寻的时间为 1—3 小时；从空间边界来看，信息贫富居中者的有意识信息实践活动发生于"知识富集型"的信息空间的比例相对较高；从智识边界来看，信息贫富居中者具有一定的语言能力，对网络搜索引擎的

表6.16 信息贫富居中者个人信息世界的动力特征（单位：%）

信息获取动机、渠道与频率		百分比	信息获取动机、渠道与频率		百分比	信息获取动机、渠道与频率		百分比
为了解决生活工作中的特定问题而阅读	很少	19.3	为了增长见识/了解动态而阅读	很少	13.2	为了休息休闲而阅读	很少	21.8
	有时	53.6		有时	49.5		有时	47.0
	经常	27.1		经常	37.3		经常	31.1
为了解决生活工作中的特定问题而上网	很少	6.9	为了增长见识/了解动态而上网	很少	6.5	为了休息休闲而上网	很少	10.8
	有时	28.6		有时	28.1		有时	33.6
	经常	64.5		经常	65.4		经常	55.7
为了解决生活工作中的特定问题而看电视	很少	32.3	为了增长见识/了解动态而看电视	很少	18.2	为了休息休闲而看电视	很少	16.7
	有时	44.8		有时	47.3		有时	43.8
	经常	23.0		经常	34.5		经常	39.5
为了解决生活工作中的特定问题与人交流	很少	5.9	为了增长见识/了解动态而与人交流	很少	8.3	为了休息休闲而与人交流	很少	14.0
	有时	36.1		有时	43.6		有时	44.4
	经常	57.9		经常	48.1		经常	41.6

资料来源：本研究整理。

依赖程度较高但对复杂功能使用能力有限,具有一定的批判思维能力。

就动力要素而言,较高比例的信息贫富居中者倾向于通过网络信息源获取所需信息,从而使其个人信息世界获得变化发展的动力。而且,在各类信息实践中,信息贫富居中者也倾向于通过频繁地与人交流以获取所需要的信息。

第三节 信息贫困者个人信息世界的特征

前文的分析揭示了在信息贫富分化中处于有利一端的信息富裕者和在信息贫富分化中处于居中位置人群的个人信息世界的特征。为全面把握信息贫富分化的全貌,本节将对处于信息贫富分化不利一端的人群——信息贫困者个人信息世界的特征进行探析。

一 内容要素的特征

(一) 对高质量信息源的可及和可获程度均很低

如表 6.17 所示,就可及信息源而言,四成左右的信息贫困者周边五公里无法获得诸如互联网及图书馆等高质量、专业化的信息源。进一步分析表 6.18 发现,从可获信息源维度看,仅有 38.4% 的人有机会从互联网获取信息,而能够从图书馆这一社会制度设计的信息空间获取信息的信息贫困者仅有 28.4%。这进一步表明,周边不存在而且也无法从高质量的信息源获取信息,是大多数信息贫困者个人信息世界贫困化的一个重要原因。与本研究对信息富裕者在可及和可获信息源维度上的特征相对应,信息贫困者个人信息世界的上述特征事实上与现有数字鸿沟/数字不平等的研究发现是一致的,即,信息贫困者对网络等高质量信息源的低接入率和有限的使用能力,导致了这个人群处于数字鸿沟/数字不平等的不利一侧。

同时,由表 6.17 和表 6.18 也可看出,就人际信息源而言,八成左右的信息贫困者周围没有专业研究人员及特定领域的专家,而高达九成以上的信息贫困者没有机会从研究人员或专家处获得信息。显然,信息贫困者不仅缺乏对高质量物质信息源的可及性和可获性,也难以从专业研究人员及专家等知识富集型人际信息源中获得信息,这正是信息贫困者在可及和可获信息源维度上的基本特征。

表 6.17　　　　　　　　信息贫困者的可及信息源　　　　　　　单位:%

受访者周边五公里内的信息源	百分比	受访者生活或工作地周围可提供信息的人员	百分比
书店/报刊亭的书籍报刊	42.3	乡镇/街道及以上政府工作人员	38.3
互联网	40.8	大学老师或其他研究人员	22.5
图书馆/图书室的书籍报刊	36.2	某领域实践专家（如律师、医生、农技员）	15.2
政府信息公开点展示的文件、通报等	14.8	记者	4.1
数据库	5.1		

资料来源：本研究整理。

表 6.18　　　　　　　　信息贫困者的可获信息源　　　　　　　单位:%

在日常工作或生活中有机会从以下渠道获取信息	百分比	在日常工作或生活中有机会从以下渠道获取信息	百分比
互联网	38.4	乡镇/街道及以上政府工作人员	14.4
书店/报刊亭的书籍报刊	28.4	大学老师或其他研究人员	8.0
图书馆/图书室的书籍报刊	28.2	某领域实践专家（如律师、医生、农技员）	5.9
政府信息公开点展示的文件、通报等	13.4	记者	1.1
数据库	4.0		

资料来源：本研究整理。

（二）就基础信息源而言，信息贫困者更倾向于使用信息源的休闲娱乐功能而非从中获取知识信息

如表 6.19 所示，在图书、杂志文章、报纸栏目、网站和电视节目等诸多信息源中，信息贫困者对知识或专业类信息源的使用频率均较低。反之，在多数信息源中，故事类信息源使用比例相对较高。可见，就基础信息源而言，信息贫困者更倾向于使用信息源的休闲娱乐功能而非从中获取知识信息。这种现象不仅存在于信息贫困者对物质信息源的使用中，而且从这个人群对人际信息源的惯常使用情况来看，信息贫困者向研究人员或专家咨询问题的比例也很低。概括而言，信息贫困在基础信息源上的表现是信息贫困者对基础信息源的使用通常是进行休闲娱乐活动，而非进行知识信息的获取。

第六章 不同人群个人信息世界的特征

表 6.19　　　　　　　　**信息贫困者的基础信息源**　　　　　　　　单位:%

过去半年阅读过的图书		过去半年读过的杂志文章		过去半年读过的报纸栏目	
类别	百分比	类别	百分比	类别	百分比
故事类	37.2	故事类	32.7	新闻或时政类	46.9
实用类	31.3	新闻类	30.5	故事类	28.1
知识或专业类	30.8	知识类	22.3	实用类	20.4
政策法规类	9.1	实用类	18.3	知识或专业类	19.3
过去半年用过的网站		过去半年看过的电视节目		过去半年咨询过信息的人群	
类别	百分比	类别	百分比	类别	百分比
新闻或时政性	31.3	故事性	60.9	乡镇/街道及以上政府人员	13.1
实用性	23.8	新闻或时政性	47.5	大学老师或其他专职研究人员	7.5
故事性或游戏性	23.4	实用性	32.2	某领域专家（如律师、医生、农技员）	5.3
知识或专业性	22.2	知识或专业性	30.9	记者	0.8
政府机构	7.3				

资料来源：本研究整理。

（三）存在信息资产贫乏与"信息自觉"缺失的特征

信息贫困者在信息资产方面的贫困表现在如下三个方面。首先，从整体上看，信息贫困者对各类信息源使用的频率都相对较低。由表 6.20 可见，在本研究所涉及的所有信息源中，信息贫困者近半年内使用少于 5 次的比例都很高。其次，信息贫困者对知识富集类信息源的使用频率尤其低。如表 6.20 所示，高达 70%—80% 以上的信息贫困者半年内使用知识类或专业类图书、杂志、报纸栏目、网站、电视节目的次数少于 5 次。

再次，从人际信息源来看，信息贫困者缺乏主动地从他人处获得有用信息的意识。其表现是，信息贫困者对各类人际信息源的使用频率也很低。例如，由表 6.20 可见，过去半年中，90% 以上的信息贫困者就自己面临的信息问题咨询任何一个人群的次数都小于 5 人/次。本研究认为，从个人信息世界的信息资产维度来看，信息贫困表现为信息主体"信息自觉"的缺失，即，信息贫困者由于缺乏发现自己信息需求的意识和能力，因此，从一定程度上丧失了积极地获取信息的动机，从而导致了其个人信息世界的贫困化。

表6.20　信息贫困者的信息资产

单位：%

过去半年阅读过的图书的类别与数量		百分比	过去半年读过的杂志文章的类别与数量		百分比	过去半年读过的报纸栏目的类别与数量		百分比
故事类	小于5本	78.5	故事类	小于5篇	78.0	故事类	小于5个	78.4
	5—10本	13.7		5—10篇	14.6		5—10个	15.3
	10本以上	7.7		10篇以上	7.3		10个以上	6.3
知识或专业类	小于5本	89.1	知识类	小于5篇	83.6	知识或专业类	小于5个	78.5
	5—10本	8.8		5—10篇	9.3		5—10个	16.5
	10本以上	2.1		10篇以上	7.1		10个以上	5.0
实用类	小于5本	86.2	实用类	小于5篇	83.5	新闻或时政类	小于5个	54.4
	5—10本	9.7		5—10篇	10.4		5—10个	23.8
	10本以上	4.1		10篇以上	6.1		10个以上	21.8
政策法规类	小于5本	87.7	新闻类	小于5篇	72.3	实用类	小于5个	70.3
	5—10本	10.5		5—10篇	12.0		5—10个	18.0
	10本以上	1.8		10篇以上	15.7		10个以上	11.7
过去半年用过的网站类型与数量		百分比	过去半年看过的电视节目的类别与数量		百分比	过去半年咨询过信息的人群及普及次数		百分比
故事性或游戏性	小于5个	55.1	故事性	小于5个	51.0	乡镇/街道及以上政府人员	小于5人次	90.7
	5—10个	19.7		5—10个	39.3		5—10人次	3.8
	10个以上	25.2		10个以上	9.7		10人次以上	5.5

续表

过去半年用过的网站类型与数量		百分比	过去半年看过的电视节目的类别与数量		百分比	过去半年咨询过信息的人群及次数		百分比
知识或专业性	小于5个	67.6	知识或专业性	小于5个	78.9	大学老师或其他专职研究人员	小于5人次	92.7
	5—10个	12.9		5—10个	16.5		5—10人次	4.3
	10个以上	19.4		10个以上	4.6		10人次以上	3.0
实用性	小于5个	67.1	实用性	小于5个	82.7	某领域专家（如律师、医生、农技员）	小于5人次	95.4
	5—10个	10.7		5—10个	15.3		5—10人次	2.5
	10个以上	22.1		10个以上	2.0		10人次以上	2.1
新闻或时政性	小于5个	56.6	新闻或时政性	小于5个	73.8	记者	小于5人次	99.6
	5—10个	16.8		5—10个	20.5		5—10人次	0.4
	10个以上	26.5		10个以上	5.7		10人次以上	0
政府机构	小于5个	71.7	过去一年使用过网络搜索引擎					61.1
	5—10个	10.9	过去一年使用过计算机检索图书馆的藏书目录					7.7
	10个以上	17.4	过去一年使用过专业/行业数据库					3.3

资料来源：本研究整理。

二 边界要素的特征

(一) 半数以上的信息贫困者每天用于信息搜寻的时间在 1 小时或 1 小时以下

由表 6.21 可见,从时间维度看,信息贫困者每天花在信息获取与利用方面的时间相对较少,累计有 55.7% 的信息贫困者几乎不花费时间或者每天仅花费 1 小时或 1 小时以下的时间获取与利用信息。这表明,信息贫困者在日常生活中对信息搜寻较少的时间投入从一定程度上"塑造"了其贫困的个人信息世界。

表 6.21　　　　信息贫困者个人信息世界的时间边界　　　　单位:%

每天花在信息搜索、阅读/浏览、参观、学习等信息获取及利用的时间	所占百分比
几乎没有	22.9
小于等于 1 小时	32.8
大于 1 小时,小于等于 3 小时	32.0
大于 3 小时,小于等于 5 小时	9.3
大于 5 小时,小于等于 10 小时	1.9
大于 10 小时	1.1

资料来源:本研究整理。

(二) 个人信息世界的空间狭小而低质

如表 6.22 所示,过去一年中,近 80% 的信息贫困者没有在本研究所涉及的各类场所进行信息获取与利用活动,这表明,信息贫困者的个人信息世界被局限于一个非常狭小的空间内。进一步分析发现,85% 的信息贫困者没有在"课堂或培训场所"或图书馆等优质信息源场所进行过信息搜寻活动。总之,就空间维度而言,信息贫困者个人信息世界贫困化的表现是这一人群具有一个狭小而低质的信息空间。

第六章　不同人群个人信息世界的特征

表6.22　　　　　信息贫困者个人信息世界的空间边界　　　　单位：%

过去一年进行过信息搜索、阅读/浏览、参观、学习等信息获取及利用活动的场所	有效百分比
书店/报刊亭	23.0
课堂或培训场所	15.2
实体或虚拟图书馆	15.0
旅行途中（汽车、火车等）	12.4
会议场所	11.0
车站	8.1
实体或虚拟博物馆/展览馆	5.3
地铁	3.8

资料来源：本研究整理。

（三）语言应用水平低，对于网络信息源的使用能力有限，倾向于不加分析地接受所获得的信息

表6.23全面反映了信息贫困者智识方面的特征：首先，从语言的水平来看，信息贫困者的母语和外语的应用水平均较低。如表6.23所示，信息贫困者中，能看懂中文专业学术著作的人仅有24.1%，而完全不懂外语者达55.9%。其次，从信息搜索的复杂程度来看，信息贫困者倾向于使用技能要求更低的信息获取手段。由表6.23可见，无论是生活方面还是工作/学习方面所需要的信息，约四成的信息贫困者都是通过向别人询问或委托他人代查而获得。即使是通过网络搜索引擎而获取信息的信息贫困者中，大部分也仅仅使用了简单的搜索功能，而且对于生活和工作信息的获取渠道没有区别。再次，信息贫困者对于知识信息的内容缺乏批判性分析。如表6.23所示，无论在何种信息源中，70%以上的信息贫困者都止步于"理解其字面内容"，而缺乏对来自这些信息源的信息进行批判性思考的能力与习惯。

表6.23 　　　　　信息贫困者个人信息世界的智识边界　　　　　单位：%

项目与指标		百分比	项目与指标		百分比
中文阅读水平	什么也看不懂	5.1	英文（或其他语言）阅读水平	什么也看不懂	55.9
	能看懂简单小故事	15.9		能看懂简单小故事	35.4
	能看懂报纸上的大部分文章	54.9		能看懂报纸上的大部分文章	4.6
	能看懂某一方面专业性学术著作	24.1		能看懂某一方面专业性学术著作	4.0
日常生活中信息搜索的复杂程度	向他人询问或委托他人代查	36.0	工作/学习中信息搜索的复杂程度	向他人询问或委托他人代查	35.9
	利用百度或谷歌的简单搜索页面	46.7		利用百度或谷歌的简单搜索页面	46.8
	利用百度或谷歌的高级搜索页面	12.4		利用百度或谷歌的高级搜索页面	12.5
	利用百度/谷歌以及专业数据库的高级搜索功能	5.0		利用百度/谷歌以及专业数据库的高级搜索功能	4.8
对知识/专业性报纸栏目的批判思维能力	理解其字面内容	73.1	对新闻或时政性报纸栏目的批判思维能力	理解其字面内容	71.9
	探究其言外之意	19.0		探究其言外之意	17.9
	对其证据、观点/结论、逻辑、有用性等进行批判分析	7.8		对其证据、观点/结论、逻辑、有用性等进行批判分析	10.2
对知识/专业性电视节目的批判思维能力	理解其字面内容	73.0	对新闻或时政性电视节目的批判思维能力	理解其字面内容	73.0
	探究其言外之意	20.5		探究其言外之意	17.7
	对其证据、观点/结论、逻辑、有用性等进行批判分析	6.6		对其证据、观点/结论、逻辑、有用性等进行批判分析	9.3
对知识/专业性网站的批判思维能力	理解其字面内容	70.9	对新闻或时政性网站的批判思维能力	理解其字面内容	70.7
	探究其言外之意	19.8		探究其言外之意	20.7
	对其证据、观点/结论、逻辑、有用性等进行批判分析	9.3		对其证据、观点/结论、逻辑、有用性等进行批判分析	8.7

资料来源：本研究整理。

三 动力要素的特征

首先，信息贫困者个人信息世界明显地表现出动力不足，具体表现在这一人群在三种信息实践中对各类信息源的使用频率都较低且比较分散，对知识富集型信息源的使用频率尤其低。

分析表 6.24 发现，在各种信息实践中，受访者经常使用任何一个信息源以获取所需要信息的频率基本都低于 40%。这表明，并不存在大多数信息贫困者高频率集中使用的信息源。本研究认为，之所以形成上述特征是由于多数信息贫困者缺乏频繁使用信息源来满足自己信息需求的意识和习惯。此外，信息贫困者对信息源使用频率的不集中，也从一定程度上反映了这个人群对信息源的选择与使用充满着随意性和不确定性。

此外，通过比较表 6.24 中信息贫困者对各种信息源的使用频率可以看出，在各种信息实践中，信息贫困者对通过阅读而满足自己信息需求的频率最低。具体表现在，在三种信息实践中，信息贫困者中 1/3 以上的人很少通过阅读而满足自己的信息需要；相反，仅有不足 20% 的人会在各类信息实践中通过经常阅读以满足自己的信息需求。这表明，信息贫困者较少具备从知识富集的信息源获取信息，以满足自己信息需求的意识和能力。

其次，在目的性信息实践中，信息贫困者更倾向于使用需要付出较少认知努力的信息源。

由表 6.24 第一列可见，为解决生活工作中的问题，仅有 12.4% 的信息贫困者通过经常阅读而满足其目的性信息实践需要。与此形成对照的是，信息贫困者通过经常与人交流而获取信息者占 40.0%，是这一人群对各类信息源的使用比例的最高值。显然，与阅读相比，与人交流需要付出的认知努力更少，因而，信息贫困者倾向于使用需要付出较少认知努力的信息源。

再次，在知觉性信息实践中，信息贫困者对各类信息源的使用比例均较低。

由表 6.24 第二列可以看出，信息贫困者为增长见识，经常从网络、电视和人际信息源获取信息的人数比例均在 30.0% 左右，且通过阅读而获取此类信息的人为 19.5%。可见，在知觉性信息实践中，信息贫困者对各类信息源的使用比例均很低且不存在集中使用某一信息源的现象。此

表 6.24 信息贫困者信息获取的动力

单位:%

信息获取动机、渠道与频率		百分比	信息获取动机、渠道与频率		百分比	信息获取动机、渠道与频率		百分比
为了解决生活工作中的特定问题而阅读	很少	39.9	为了增长见识/了解动态而阅读	很少	32.3	为了休息休闲而阅读	很少	37.4
	有时	47.7		有时	48.2		有时	43.0
	经常	12.4		经常	19.5		经常	19.6
为了解决生活工作中的特定问题而上网	很少	27.6	为了增长见识/了解动态而上网	很少	26.9	为了休息休闲而上网	很少	28.8
	有时	38.9		有时	39.1		有时	34.5
	经常	33.5		经常	33.9		经常	36.8
为了解决生活工作中的特定问题而看电视	很少	28.7	为了增长见识/了解动态而看电视	很少	20.1	为了休息休闲而看电视	很少	18.9
	有时	39.8		有时	49.1		有时	39.7
	经常	31.5		经常	30.7		经常	41.4
为了解决生活工作中的特定问题而与人交流	很少	16.1	为了增长见识/了解动态而与人交流	很少	19.1	为了休息休闲而与人交流	很少	22.2
	有时	43.9		有时	50.6		有时	39.5
	经常	40.0		经常	30.3		经常	38.3

资料来源：本研究整理。

第六章　不同人群个人信息世界的特征　　151

外，与信息贫困者在目的性信息实践中的特征相类似，这一人群在知觉性信息实践中也倾向于使用认知努力程度较低的信息源。

四　小结

综上所述，信息贫困者个人信息世界内容要素的特征是：就可及和可获信息源而言，这一人群对高质量的信息源数量可及（avaiable）和可获（aceessible）程度均很低；就基础信息源而言，信息贫困者的"惯习"①局限了其对信息源的使用，从而导致其个人信息世界贫困化；此外，这一人群也存在信息资产贫乏与"信息自觉"缺失等特征。

信息贫困者个人信息世界边界要素的特征是：这一人群用于信息搜寻的时间投入少，半数以上的信息贫困者每天用于信息搜寻的时间少于或等于1小时；个人信息世界的空间狭小且质量较低；此外，从智识维度看，信息贫困者语言应用水平低，对于网络信息源的使用能力有限，倾向于不加分析地接受所获得的信息。

信息贫困者个人信息世界动力要素的特征是：信息贫困者在各种信息实践中存在着动力不足的现象，表现为对各类信息源的使用频率都较低且比较分散，对知识富集型信息源的使用频率尤其低。无论在有意识的信息实践还是无意识的信息实践中，这一人群都更倾向于使用需要付出较低认知努力的信息源。

---

①　惯习（habitus）是法国社会学家布迪厄所提出的一个概念，是指"体现在能动行动者身上的历史经验积累"，详见刘欣《阶级惯习与品味：布迪厄的阶级理论》，《社会学研究》2003年第6期。

第七章

信息贫富分化的关联因素

第一节 影响信息贫富分化的主客观因素探析

社会信息化程度的加深正在越来越深刻地影响甚至改变着社会结构。前文基于个人信息世界聚类而获得的关于信息贫富分化层级中不同人群诸多特征的证据，为从信息（而不是经济社会地位）的角度认识信息贫富分化提供了契机。本节旨在通过对受访者相关的人口统计学特征、经济社会地位指标和自我效能感等诸因素与其个人信息世界的贫富状况进行关联分析，以期考察这些指标对于个人信息世界贫富状况的解释程度，从而为深入认识信息社会的结构提供有价值的思路。

一 变量的选择

本书在研究设计部分已对本研究的样本情况和变量选择作了说明。通过对4548份调查问卷数据的整理与清洗，本研究最终获得了2648个有效样本（在第四章所述的数据清洗的基础上，根据本部分研究的需要，又进一步剔除了自变量缺项较多的问卷720份），用以进行信息贫富分化关联因素的探析。如前文所述，根据前人研究的发现，本研究最终选定了性别、民族、年龄、职业、收入水平、教育经历和自我效能感作为自变量，以考察这些因素与信息贫富分化之间的关联。

本研究的因变量是一个连续型变量。这一变量的形成，是在对受访者个人信息世界进行测度的基础上得到的。如前文所述，本研究根据个人信息世界的理论构念，应用个人信息世界量表对受访者个人信息世界的内容、边界和动力三个要素进行了测量。然后，依据专家对不同信息源/信息活动在个人信息世界丰富化方面贡献大小的判断，对所测度项目赋予了权重不同的分值。最后，本研究把每个维度的得分转换为百分制。基于上述步骤，本研究最终获得了一个关于受访者个人信息世界丰富程度的定距尺度分值，并以此作为本研究的因变量。

本书第五章第一节已通过描述性统计与卡方检验初步分析了不同性别、民族、年龄、职业、收入和教育经历的人群在信息贫富分化差序格局中的分布情况，为进一步确认上述每个自变量是否对因变量具有实际解释能力，本研究就每个自变量与因变量之间的关系进行了回归分析。

如表7.1所示，与前文的卡方分析结果相一致，性别和民族两个变量对于因变量的回归系数不显著，这表明，性别和民族并不是解释信息贫富分化的有效指标。但需要说明的是，本研究仅仅按照"汉族"和"其他民族"两个类别来区分受访者的民族，而事实上中国有56个民族。而且，本研究在调研地点的选择上，并没有专门考虑将少数民族聚居区域纳入调研范围。因此，本研究样本中虽然包含了一定数量的少数民族受访者，但这个人群数量有限且居住在汉族人口占绝对优势的城市地区，对于我国真实的民族分布状况并不具有代表性。本研究把"汉族"与"其他民族"这一分类变量纳入分析的一个意图，是获取在普通的中国城市（而不是少数民族聚居的城市）成年人群中民族类别与信息贫富分化之间的概括信息，以便对信息贫富分化进行更完整的解释。从这个意义上说，本研究对于"民族"这一变量的设置与分析并不期望从实质上解释我国现有的民族类别与信息贫富分化的关系。

由表7.1可见，除上述两个变量外，本研究所选定的其他自变量对因变量的回归系数都存在着不同程度的显著性，因此，这些变量对于因变量具有一定解释能力。

综上所述，根据卡方检验及表7.1所示的对单个自变量回归分析的结果，本研究最终选择了年龄、职业、收入、教育水平/教育年限、自我效能感作为自变量，而在最终的回归分析中剔除了民族、性别两个变量。

表 7.1　各自变量的回归系数[a]

	模型（1）total	模型（2）total	模型（3）total	模型（4）total	模型（5）total	模型（6）total	模型（7）total	模型（8）total
gender	0.625 (0.36)							
ege		−11.60*** (−14.00)						
ethnic			−2.151 (−0.62)					
2. occupation				7.553 (1.75)				
3. occupation				0.593 (0.16)				
4. occupation				8.568* (2.30)				
5. occupation				10.38** (2.98)				
6. occupation				19.72*** (6.24)				
income					7.756*** (12.83)			

续表

	模型（1）	模型（2）	模型（3）	模型（4）	模型（5）	模型（6）	模型（7）	模型（8）
	total	total	total	total	total	total	total	total
2. educatelevel						29.93*		
						(2.17)		
3. educatelevel						16.97		
						(1.41)		
4. educatelevel						31.98**		
						(2.70)		
5. educatelevel						50.94***		
						(4.32)		
6. educatelevel						63.76***		
						(5.36)		
7. educatelevel						62.20***		
						(5.07)		
8. educatelevel						70.56***		
						(5.50)		
9. educatelevel						68.44***		
						(5.74)		

续表

	模型（1） total	模型（2） total	模型（3） total	模型（4） total	模型（5） total	模型（6） total	模型（7） total	模型（8） total
10. educatelevel					71.21***			
					(6.01)			
11. educatelevel						90.58***		
						(7.46)		
12. educatelevel						110.4***		
						(8.42)		
selfefficient							2.120***	
							(17.42)	
educateyear								6.269***
								(24.87)
_cons	144.3***	179.6***	144.8***	133.1***	110.9***	88.83***	92.40***	48.96***
	(113.43)	(68.08)	(159.06)	(46.79)	(40.18)	(7.61)	(29.68)	(12.47)
F	0.13	195.99***	0.38	14.88***	164.6***	60.69***	303.4***	618.6***
R-square	0.0000	0.0690	0.0001	0.0274	0.0586	0.2021	0.1029	0.1895
Adj R-square	-0.0003	0.0686	0.0002	0.0255	0.0582	0.1987	0.1026	0.1892
N	2648	2648	2648	2648	2648	2648	2648	2648

注：t statistics in parentheses* $p < 0.05$，** $p < 0.01$，*** $p < 0.001$。
资料来源：本研究整理。

二 信息贫富分化与有关因素之间的关联度分析

为全面解析各主客观因素与信息贫富分化之间的关联，本研究应用了五个模型进行了回归分析（如表7.2）。在表7.2模型（1）中，研究者把年龄、职业、收入、教育水平和自我效能感作为自变量全部纳入回归方程。模型（2）至模型（4）是模型（1）的嵌套模型。在这三个模型中，研究者把职业、收入和教育水平三个变量分别纳入回归方程，以期通过这些模型与模型（1）的比较，确认这些自变量之于因变量影响的程度。模型（5）中，研究者把教育年限这一变量纳入了回归方程，旨在考察这一变量对于信息贫富分化的影响。之所以运用模型（5）对教育年限进行单独分析，是由于教育年限这一变量是由教育水平变量转化而来的，因此，这两个变量不宜同时纳入回归方程；也正是由于教育年限源自教育水平，因此，模型（1）和模型（4）中关于教育水平的分析在一定程度上也适于教育年限变量。

表7.2　　　　　信息贫富分化各关联因素的回归系数

	模型（1）总模型	模型（2）保留职业变量	模型（3）保留收入变量	模型（4）保留教育水平变量	模型（5）保留教育年限变量
age	-8.123***	-10.82***	-11.43***	-7.331***	-7.318***
	(-10.58)	(-13.88)	(-14.87)	(-9.61)	(-9.71)
2. occupation[a]	6.106	7.471			
	(1.66)	(1.90)			
3. occupation	-0.311	0.890			
	(-0.10)	(0.26)			
4. occupation	3.996	6.512			
	(1.26)	(1.91)			
5. occupation	4.862	12.06***			
	(1.62)	(3.78)			
6. occupation	6.890*	18.84***			
	(2.48)	(6.52)			

续表

	模型（1）总模型	模型（2）保留职业变量	模型（3）保留收入变量	模型（4）保留教育水平变量	模型（5）保留教育年限变量
income	3.637***		6.704***		
	(6.44)		(11.86)		
2. educatelevel[b]	23.28			23.49	
	(1.79)			(1.80)	
3. educatelevel	7.843			5.905	
	(0.69)			(0.52)	
4. educatelevel	19.14			18.31	
	(1.71)			(1.63)	
5. educatelevel	30.87**			32.46**	
	(2.77)			(2.90)	
6. educatelevel	42.71***			45.26***	
	(3.79)			(4.01)	
7. educatelevel	40.82***			42.85***	
	(3.52)			(3.67)	
8. educatelevel	41.56***			44.08***	
	(3.41)			(3.60)	
9. educatelevel	41.95***			44.86***	
	(3.71)			(3.94)	
10. educatelevel	44.91***			49.68***	
	(4.00)			(4.40)	
11. educatelevel	60.34***			67.15***	
	(5.23)			(5.81)	
12. educatelevel	77.87***			85.94***	
	(6.25)			(6.88)	
educateyear					5.022***
					(20.10)

续表

	模型（1）	模型（2）	模型（3）	模型（4）	模型（5）
	总模型	保留职业变量	保留收入变量	保留教育水平变量	保留教育年限变量
selfefficient	1.555***	2.023***	1.794***	1.633***	1.616***
	(13.98)	(17.42)	(15.39)	(14.69)	(14.47)
_cons	75.37***	116.2***	105.8***	89.30***	50.24***
	(6.28)	(25.51)	(25.00)	(7.65)	(9.49)
F	59.43***	87.36***	227.36***	81.21***	332.20***
R-square	0.3006	0.1881	0.2051	0.2862	0.2738
Adj R-square	0.2956	0.1860	0.2042	0.2827	0.2730
N	2648	2648	2648	2648	2648

注：t statistics in parentheses $^*p<0.05$，$^{**}p<0.01$，$^{***}p<0.001$。

a. 职业变量以服务业人员为参照组。b. 教育程度变量以不满小学人群为参照组。

资料来源：本研究整理。

通过分析表 7.2 可以看出，信息贫富分化与各相关因素之间存在如下关系。

1. 年龄与信息贫富之间存在负向的关联

如表 7.2 所示，无论是把全部自变量共同纳入总模型中，还是把收入、职业、教育程度等变量分别纳入各分模型中，年龄的回归系数都为负值且 t 值极其显著（p<0.001）。这表明，年龄对信息贫困的发生具有比较稳定的解释能力，即，对于城市成年人群而言，年龄越大则其沦于信息贫困的程度越高。图 7.1 显示了不同年龄人群处于信息贫富分化各阶层的概率。观察图 7.1 发现，随着年龄的增大，受访者归属于信息富裕组和居中偏富组的概率逐步下降，而归属于居中偏贫组和信息贫困组的概率逐步上升。同时也可看出，依据概率的高低，年龄在 20—40 岁之间的人群最有可能落入居中偏富组，然后依次可能落入居中偏贫组、信息富裕组与信息贫困组，而年龄在 41 岁以上的人群则最有可能落入居中偏贫组，其次才可能落入信息贫困组、居中偏富组或信息富裕组。上述现象在 61 岁以上的老年人群中体现得最为明显：如图 7.1 所示，老年人群（最右侧）落入信息富裕组的概率非常低，而落入信息贫困组的概率则较高。本研究

认为，年龄之于信息贫富分化的这种影响，是信息主体的知识结构和技能水平共同起作用的结果。

本研究认为，年龄与信息贫富分化之间之所以存在上述关联，从知识结构角度来看，越是年长的人群，因其成长的时代信息化程度并不足够高，社会生活对信息的依赖程度相对较低，社会所能提供的信息源（尤其是新型、高效的数字信息源）也相当有限。因此，年长人群所处的成长环境局限了其知识结构，从而在数字化程度加深的背景下，在信息贫富分化中处于相对不利的位置。与此相反，年青一代的知识结构则因其成长的时代已具备了足够的信息化方面的物质条件和知识积累，这种成长环境促进了年青一代个人信息世界的丰富化。与知识结构相类似，如果从对数字信息源使用技能的角度来看，成长于互联网高速普及背景下的"数字一代"较之于其父辈及更年长的人群，在对新型数字信息源的使用方面具有更大的潜在优势，从而使其在信息贫富分化中处于有利位置的可能性增大。也就是说，社会信息化过程与信息社会中人们的年龄之间存在着一种逆向的关系——越是成长于社会信息化程度深刻时代的人群，因为环境的影响与工作/生活的实际要求，越需要而且也更有机会掌握各种新型信息源的使用技能；而成长于社会信息化程度尚不深刻时期的人群，则因其成长环境并非一个密布新型信息源的"数字环境"，从而使其对掌握新型数字化信息源缺乏足够的机会和动力。另外，完成工作任务的需要也常常把人们的日常活动与信息获取联系起来。如，在职场上拼搏的年轻人和退休的老人相比，通常前者对信息的依赖程度更高，获取信息的动力也更强。不难想象，随着老年人口从工作环境中的退出，信息的获取之于其各方面的重要程度有所降低。本研究认为，上述因素也从一个方面促使年轻人群与老年人群之间在信息富裕程度上差异的出现。

总之，知识结构和技能水平等因素共同作用的结果是，越是年轻的人群，越深刻地融入了"数字社会"，从而获得了在信息贫富分化中的优势，由于成长环境的限制，这种优势随着社会人群年龄的增长而逐步消失，从而使年龄与信息富裕之间呈现出一种负向的关联。但也必须注意到，年龄并非孤立地作用于信息贫富分化，相反，年龄对于信息贫富分化的影响交织着多种因素。因此，虽然就整体趋势而言，年轻人群沦于信息贫困的概率更低，但就个体而言，并非每个年轻人都一定会比老年人的信息更加富裕。

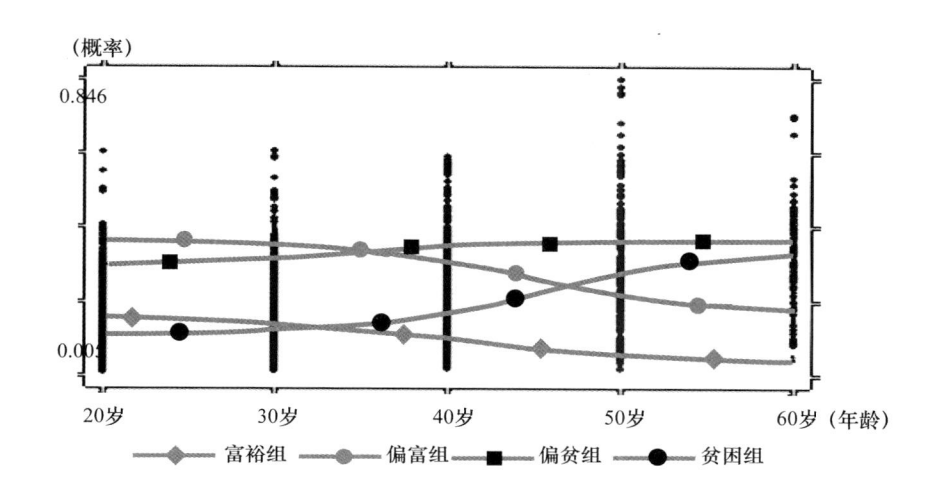

图 7.1　年龄对信息贫富状况的预测概率

注：此预测概率图是以信息富裕程度不同的四组人群为因变量而制作的，由于这个因变量是一个定序的非连续型变量，因此，本图所基于的是定序 logit 模型。图 7.2 与此类同。

资料来源：本研究整理。

2. 职业类型对信息贫困存在有限的解释能力

由表 7.1 中所示的模型（1）可见，在收入、教育水平和自我效能感等变量保持不变的前提下，专业人员的回归系数为正值且存在统计显著性（$p<0.05$）。由此可见，在考虑各种因素综合作用的情况下，专业人员比其他各类职业的从业者信息富裕程度更高。进而观察模型（2）发现，在不控制收入和教育水平的情况下，管理人员和专业人员的信息富裕程度都显著地高于其他职业人群（$p<0.001$）。由此可见，人们所从事的职业类型对其信息贫富状况存在一定程度的影响。

就专业人员而言，这一人群个人信息世界的丰富程度显然与其职业属性有着紧密的关联。首先，专业人员所从事的职业活动通常要求这个人群必须及时地掌握其专业领域内外的各种信息，以保证其在专业活动（如科学研究活动）中不至于"落伍"。从这个意义上说，由于信息获取能力是专业人员完成职业活动的必备要素，因此，这一人群对于信息获取与更新的动机比较强烈。其次，专业人员所从事工作的性质对这一人群的知识和技能素养提出了更高的要求，从而使这一人群具有信息获取的潜在优势。总之，专业人员出于完成本职工作需要，既有着明确的动机，又具备了一定的信息获取技能，这些因素综合作用的结果无疑使其在信息贫富分化中更有可能处于有利的位置。

就管理人员而言，在不控制收入和教育水平等因素时，职业因素对这一人群个人信息世界的贫富状况有着显著的影响，但收入水平和教育水平两个变量保持不变时，其回归系数不再显著。这表明，管理人员的职业属性对其在信息贫富分化中的地位有一定程度的影响，但这种影响不是职业属性单独起作用的，而是与教育水平和收入水平的作用交织在一起。这意味着，在现实中，管理人员往往也是教育水平和收入水平双高的人，这样的人拥有丰富的个人信息世界。

由表7.1可见，在模型（1）和模型（2）中，除前文分析的两个职业群体外，其余职业因素对于信息贫富分化并无明显的解释能力，从这个意义上说，职业类型对信息贫富分化只存在有限的解释能力。

3. 收入水平与信息贫富程度之间存在正向关联

在表7.1模型（3）中，收入与因变量之间的回归系数是6.704（$t=11.86$，$p<0.001$），这说明，随着收入水平的提高，个体沦于信息贫困的程度降低。通过概率预测发现（图7.2），从两个极端值——收入极高者与收入极低者——的对照来看，极低收入者归属于信息贫富分化各组的概率从高到低依次是：居中偏贫组、信息贫困组、居中偏富组和信息富裕组，而极高收入人群归属于各组的概率由高到低则依次是：居中偏富组、信息富裕组、居中偏贫组和信息贫困组。特别是在极低收入者一端，信息富裕的概率非常低。单独观察信息贫困组的概率曲线发现，受访者沦于信息贫困的概率随着收入降低而增大，极高收入者只有极小概率归属于信息贫困组。而信息富裕组的概率曲线则从另一个侧面证明了前文所述的关系：信息富裕的概率随收入的上升而增大，极低收入者只有微乎其微的概率进入信息富裕组。

本研究认为，收入之所以对信息贫困具有负向作用存在多方面的原因：首先，收入的高低是一个影响信息主体可及信息源范围大小的关键因素，这是因为，高收入的人群具备对信息技术产品在内的各种产品的更高消费能力。正是因为这种关联的存在，导致现有关于数字鸿沟、数字不平等及"知识沟"等方面的研究常常把信息贫富分化的发生归结于经济地位的差异。其次，在信息资源日益凸显其重要性的背景下，对于信息的掌

第七章 信息贫富分化的关联因素　　163

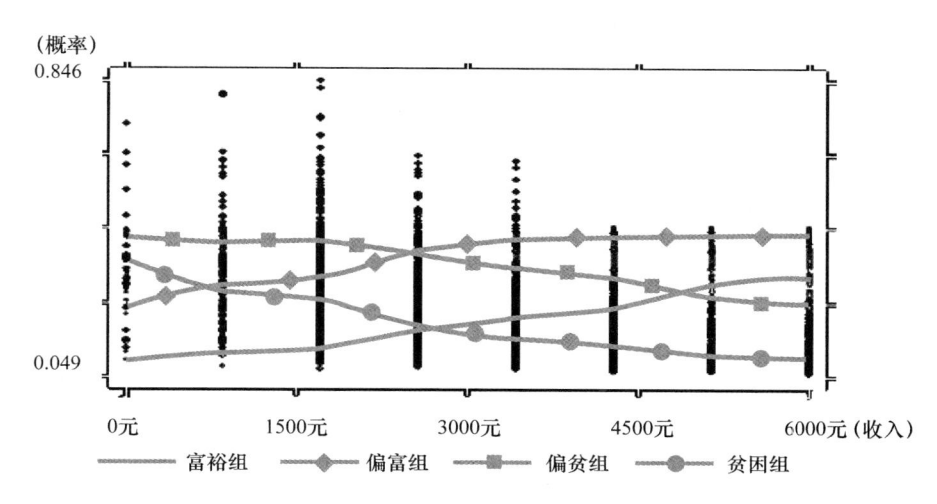

图 7.2　收入对信息贫富状况的预测概率

资料来源：本研究整理。

握程度逐步成为人们在激烈的市场竞争中获胜的关键因素。无疑，只有具备更强的信息获取能力，人们才能在竞争中处于优势，也才能获得更高的收入，由此导致了信息贫富分化与收入之间上述关联的出现。此外，收入也是一个与人们职业地位、教育水平等因素密切相关的变量，前文关于职业和教育水平的分析中，事实上已经隐含着收入水平对信息贫困的负向影响了。

4. 基础教育和高等教育对人们信息贫富分化具有不同影响，教育年限正向地影响信息贫富分化

如表 7.1 模型（4）所示，从教育水平变量的回归系数来看，基础教育和高等教育的经历对人们信息贫富状况发生了不同影响：高中（表 7.2 中 educatelevel = 5）及高中以下层次的教育经历对于信息贫富分化并没有明显的解释能力，而大专以上的教育经历则显著地对个人信息世界的丰富程度产生了影响。

就基础教育阶段而言，中学阶段的教育经历并不意味着人们的个人信息世界自动得到改善的现象已经得到了相关研究的证实。在一项与本研究有着相同理论视角的研究中，有研究者对中学生的个人信息世界进行考察后发现，"大多数接受调研的青少年……的信息实践表现为类型单一、时

空受限和智识程度较低的特征。……这些青少年的信息实践决定了他们个人信息世界中的可获取信息资源和信息资产都十分有限。……其教育经历塑造的信息实践建构了相对贫困化的信息世界"。① 在目前我国的教育体制下，基础教育阶段教育教学过程的实施常常受制于"应试教育"的模式，因此这段教育经历对于人们个人信息世界丰富化的贡献非常有限，甚至从某种意义上说，应试教育很可能会局限而不是扩展受教育者的个人信息世界。总之，尽管刘亚的研究和本研究针对不同的研究对象，采用了不同的研究方法（qualitative 或 quantitative），但都获得了非常一致的发现，由此证明了上述研究的信度。

而就高等教育阶段而言，大专以上各层级的教育经历显著地促进人们个人信息世界的丰富化。具体表现在：在控制年龄、职业和收入变量的情况下（模型1），大专以上人群的回归系数值逐步提高且统计显著；在不控制职业和收入的情况下（模型4），这个人群的回归系数值仍存在提高趋势并且也都统计显著。由此可见，接受过大专以上层次教育的人群个人信息世界更加丰富，而且这种丰富程度随着教育层次的提高而有所提高。

本研究认为，基础教育和高等教育两个阶段对受教育者个人信息世界的丰富化所产生的不同作用是符合我国教育现状的。如前文所述，就我国现行教育体制而言，在高中及高中以下各阶段的教育中，应试的价值趋向非常明显，而到了大专以上各阶段的高等教育中，应试不再是教育者追求的主要目标。这种价值趋向的转向，意味着不同层次的教育之于信息主体的信息贫富状况将产生不同的影响：在基础教育阶段，学生将大量时间用来"开展课堂学习与完成作业等知觉性信息实践，很少有机会开展目的性信息实践"。② 受教育者受制于程式化的应试训练，学生在基础教育阶段的"教育经历中绝大多数时候是被动地接受信息"，"很少有开展目的性信息实践的机会"，应试趋向导引下的基础教育常常使学生"大部分时间用于开展知觉性信息实践，缺乏开展目的性信息实践的机会"。③ 因此，对于基础教育阶段的受教育者而言，这种"不均衡的时间分配和单一的

---

① 刘亚：《将青少年纳入信息贫困研究视野：来自青少年信息行为研究的证据》，《中国图书馆学报》2012年第4期。
② 刘亚：《教育对青少年信息贫困的影响研究》，博士学位论文，南开大学，2012年。
③ 刘亚：《教育对青少年信息贫困的影响研究》，博士学位论文，南开大学，2012年。

信息决定了他们很少有机会从目的性信息实践中获取信息资产"，[1] 从而导致其信息实践的空间狭小。因此，在应试教育的环境中，教育经历不但无助于个人信息世界的丰富化，甚至可能起到相反的作用。而在高等教育阶段，出于对受教育者职业技能训练的需要，教育过程更关注于提升受教育者的专业技能和知识素养，因而教育从内容到形式都转向了对受教育者从多种渠道获取知识信息能力的培养，从此使其个人信息世界趋于丰富化。

为了进一步深入考察受教育者接受教育的年限对于信息贫富分化的影响，本研究根据学制的层级把教育层次转换为教育年限，并分析了其对信息贫富分化的影响。如模型（5）所示，教育年限对人们个人信息世界的丰富化具有正向的显著影响，即，从总体趋势（而不是具体的每个阶段的教育经历）来看，随着教育年限的增加，人们的信息富裕程度逐步加深。在数字鸿沟等信息社会问题相关研究领域，大量研究者（如 Kiiski 和 Pohjola[2]，Quibria 等[3]，Chinn 和 Fairlie[4] 等）都对教育年限与信息贫富分化的关系进行了考察，也都得出了与本研究大体相似的结论。但是，基于对模型（4）和模型（5）的分析可以看出，对于人们受教育年限与其信息富裕的解释必须关注教育模式本身，在特定教育目标（如应试）的驱动下，教育未必能够成为信息贫困的"天然救赎"。[5] 从这个意义上说，包括本研究在内的各种试图考察教育年限与信息贫富分化之间的关系的研究都应该意识到，尽管人们的信息贫富分化状况能够通过其教育年限长短而得到一定程度的揭示，但如果不考虑教育模式的影响，这种解释很可能是有偏差的。例如，通过本研究前文的分析可以看出，对仅仅有基础教育阶段教育经历的人群而言，通过受教育年限长短而衡量其信息贫富状况是没有意义的，只有人们经历了大专以上的教育时，教育年限之于信息富裕

---

[1] 刘亚：《教育对青少年信息贫困的影响研究》，博士学位论文，南开大学，2012 年。

[2] Kiiski, S., Pohjola, M., "Cross-country Diffusion of the Internet", *Information Economics and Policy*, Vol. 14, No. 2, 2002, pp. 297 – 310.

[3] Quibria, M. G., Shamsun, A. N., Tschanh, T., Reyes-Macasaquit, M., "Digital Divide: Determinants and Policies with Special Reference to Asia", *Journal of Asian Economics*, Vol. 13, No. 6, 2003, pp. 811 – 825.

[4] Chinn, M. D., Fairlie, R. W., "The Determinants of the Global Digital Divide: A Cross-country Analysis of Computer and Internet Penetration", *Oxford Economic Papers*, Vol. 59, No. 1, 2007, pp. 16 – 44.

[5] 刘亚：《教育对青少年信息贫困的影响研究》，博士学位论文，南开大学，2012 年。

5. 自我效能感的提升对个人信息世界的丰富化具有正向作用

自我效能感是 Bandura 社会认知理论中的核心概念[①]，按照 Bandura 的理论，不同自我效能感的人感觉、思维和行动都不同。就感觉层面而言，自我效能感往往和抑郁、焦虑及无助相联系。在思维方面，自我效能感能在各种场合促进人们的认知过程和成绩，这包括决策质量和学业成就等。自我效能感能加强或削弱个体的动机水平。自我效能感高的人会选择更有挑战性的任务，他们为自己确立较高的目标并坚持到底。一旦开始行动，自我效能感高的人会付出较多的努力，坚持更长的时间，遇到挫折时他们又能很快恢复过来。[②] 正是由于自我效能感综合了人们的多种主观感受，本研究将其作为一种对信息主体的主观能动性具有代表性的自变量纳入模型，旨在考察主观因素（特别是主观体验）对个人信息世界贫富状况的解释能力。分析表 7.1 中的各模型发现，无论是否考虑其他自变量的影响，自我效能感对信息贫富分化的回归系数均为正值且统计显著（$P < 0.001$）。因此，自我效能感与信息贫困之间存在着负向的关联：自我效能感越低，则沦于信息贫困的可能性越大，反之亦然。显然，高自我效能感人群在信息实践中更容易克服信息焦虑等负面性情绪，提高信息获取的动机水平，并愿意为信息活动付出更多的努力，从而促使其个人信息世界丰富化。由于本研究是把自我效能感作为影响信息贫富分化主观因素的代表变量纳入分析的，因而，自我效能感对个人信息世界得分回归系数的显著性表明，信息贫富分化不仅受制于收入、教育水平等社会结构因素，同样也受到主观因素的影响。

总之，前文对各种主客观因素与信息主体个人信息世界之间的关联程度进行了分析。基于上述分析可以看出，客观因素与主观因素一起，共同"塑造"了丰富程度不同的个人信息世界。当然，也需要注意到，本研究只是选择了有代表性的一些主客观因素为自变量，用以考察这些变量之于因变量——信息主体个人信息世界贫富状况的解释程度。从表 7.1 模型（1）可见，在把年龄、职业、收入、教育水平和自我效能感共同加入回归模型

---

① Bandura, A., "Self-efficacy: Toward a Unifying Theory of Behavioral Change", *Psychological Review*, Vol. 84, 1977, pp. 191–215.

② Bandura, A., "Self-efficacy: Toward a Unifying Theory of Behavioral Change", *Psychological Review*, Vol. 84, 1977, pp. 191–215.

时，方程的 R^2 值为 0.3006，这表明，通过分析信息主体的人口统计学特征与自我效能感，至少可以成功解释其个人信息世界贫富状况的 30%。由于本研究关注的焦点在于透过个人信息世界贫富状况审视信息贫富分化现象，而不是预测信息贫富分化的发生，因此，本研究的自变量采用了"粒度"较粗的测量方式。如果进一步精确地对信息主体的各种主客观特征进行测量，则很可能会进一步提高回归方程的 R^2 值，从而使本研究所涉及的自变量对信息主体个人信息世界的贫富程度进行有效解释的比例更高。

第二节 个人信息世界各维度影响因素探析

个人信息世界是信息主体从事信息生产、传播、搜索、利用等行为的活动领域。作为个人生活世界的一个领域，信息主体的经历和体验在此领域内得以展开、充实和积累[1]。这个领域具有信息主体自身的鲜明特色，但却深深地植根于信息主体赖以生存的主客观环境（context）之中。上一节探析了对信息贫富分化具有解释能力的诸因素，发现若干客观因素（如年龄、收入等）和主观因素（如自我效能感）对信息贫富分化具有一定的解释能力。本节将进一步把这些因素对于个人信息世界的影响进行"分解"，逐次考察各种主客观因素对于个人信息世界各维度的影响。

一 可及信息源影响因素分析

根据个人信息世界理论[2]，可及信息源是构成个人信息世界内容的重要成分之一。个人信息世界的内容要素指信息主体活动的对象，其中包括各类信息源、信息和信息资产。所谓信息源指的是那些能够向信息主体提供其所需信息的来源物，它既可能是物质世界中的事物，也可能是客观知识的记录，还可能是信息主体或其他人的头脑。在这些信息源中，有些信息源存在于信息主体的周边，对其具有可及性，因而称之为可及信息源。表 7.3 展示了各种主客观因素对信息主体在可及信息源维度上得分的回归分析结果。分析发现，各因素与信息主体可及信息源之间存在如下关系。

---

[1] 于良芝：《"个人信息世界"——一个信息不平等概念的发现及阐释》，《中国图书馆学报》2013 年第 1 期。

[2] 于良芝：《"个人信息世界"——一个信息不平等概念的发现及阐释》，《中国图书馆学报》2013 年第 1 期。

1. 可及信息源的范围随收入的增高而趋于广泛

如表 7.3 所示,在模型(1)和模型(3)中,无论是否控制教育水平和职业等因素,收入对受访者在可及信息源维度得分的回归系数均为正且统计显著($p<0.001$)。由此可见,收入对信息主体可及信息源的广泛程度存在着正向的作用,而且这种影响几乎是独立于教育水平和职业类型而起作用的。这种情况的发生,至少部分原因是:由于在现实生活中很多信息源(特别是新型的信息源)需要使用者支付相当的费用,因此,人们对许多信息源的可及性,事实上是一种消费能力的展示。例如,高收入者具备购买功能更强大的电脑和相关服务(如数据库)的能力,从而可以有效满足自己的信息需求;但低收入者即使也有与高收入者相同的信息需求,甚至也具备同样的信息获取能力和意识,但物质条件上的局限常常使其失去了从"高消费"信息源获取信息的机会。此外,高收入者在经济资源方面的优势常常也为其带来了信息获取环境方面的优势。如,一般来说,在城市中基础设施最完善区域生活的成本常常会高于其他区域(如核心城区的房价等),显然,高收入者更有可能生活于这些区域。而信息主体生活区域基础设施(尤其是信息通信设施)的完善程度无疑会对其可及信息源的范围产生直接影响。

2. 职业类型对可及信息源范围大小的影响存在于这一因素与教育和收入水平的联合作用之中

由表 7.3 中模型(2)可见,在不考虑教育层次和收入水平的前提下,管理人员和专业人员可及信息源范围大于其他人群。但如模型(1)所示,当控制了教育层次和收入水平时,职业因素不再对可及信息源的范围产生显著影响。本研究认为,这种作用是由于在城市公共信息服务设施改善的背景下,管理人员和专业人员因专业身份而带来的信息基础设施方面的优势不再明显。而除去公共信息源之外,职业对其他由个人购置的信息源的影响则与收入水平的影响相交织。也就是说,在现实中,管理人员和专业人员同时也是收入较高的人员,这些人除了与其他人共享公共信息源,还拥有更丰富的其他信息源。

3. 接受过高等教育的人群的可及信息源范围大于其余人群,且教育层次越高,可及信息源范围越广

这一发现是基于对表 7.3 模型(1)和模型(4)的分析而得到的。观察上述两个模型发现,无论是否控制其他变量,有过大专以上教育经历

的人群对可及信息源得分的回归系数均为正且随着教育水平的提升而逐步提高。由于模型（1）中已经控制了年龄、收入和职业等因素，因此，可以认为，高等教育经历之于可及信息源范围的影响相对独立于其他因素。同时，由模型（5）可以看出，教育年限对可及信息源范围存在着显著的正向作用，这进一步说明，随着教育水平的提高，信息主体可及信息源范围也有所扩大。当然，教育年限之于可及信息源的影响有着与其对个人信息世界整体的影响同样的含义，本章第一节已对此进行了详细分析，在此不赘。

4. 年龄对信息主体可及信息源范围的大小没有独立作用

由表7.3中模型（1）可见，当控制了职业、收入和教育水平等因素后，年龄对可及信息源维度的得分回归系数不显著，据此认为，年龄对可及信息源并无独立作用。对比年龄对个人信息世界的整体影响以及下文将要分析的对基础信息源的影响，这一结果似乎说明，至少对城市居民而言，信息源的分布并不格外偏爱任何年龄段的人群，是不同年龄对这些信息源的利用状况导致了他们个人信息世界的差距。

表7.3　　　　　　　**可及信息源维度影响因素的回归系数**

	模型（1）	模型（2）	模型（3）	模型（4）	模型（5）
	available	available	available	available	available
age	-0.181	-1.507***	-1.757***	0.0589	0.196
	(-0.41)	(-3.43)	(-4.04)	(0.14)	(0.46)
2. occupation[a]	3.393	4.090			
	(1.62)	(1.84)			
3. occupation	-0.794	-0.0653			
	(-0.43)	(-0.03)			
4. occupation	-0.0830	1.045			
	(-0.05)	(0.55)			
5. occupation	0.748	4.131*			
	(0.44)	(2.30)			
6. occupation	1.314	7.160***			
	(0.83)	(4.40)			

续表

	模型（1）	模型（2）	模型（3）	模型（4）	模型（5）
	available	available	available	available	available
income	1.172***		2.852***		
	(3.63)		(8.93)		
2. educatelevel[b]	8.947			9.315	
	(1.21)			(1.25)	
3. educatelevel	4.648			4.303	
	(0.72)			(0.66)	
4. educatelevel	9.253			9.361	
	(1.45)			(1.47)	
5. educatelevel	14.32*			15.02*	
	(2.25)			(2.36)	
6. educatelevel	18.77**			19.63**	
	(2.91)			(3.06)	
7. educatelevel	19.14**			19.86**	
	(2.88)			(3.00)	
8. educatelevel	16.84*			17.92*	
	(2.42)			(2.58)	
9. educatelevel	19.37**			20.36**	
	(2.99)			(3.15)	
10. educatelevel	23.99***			25.59***	
	(3.73)			(3.99)	
11. educatelevel	30.73***			32.95***	
	(4.66)			(5.02)	
12. educatelevel	46.00***			48.75***	
	(6.45)			(6.88)	
educateyear					2.428***
					(17.06)
selfefficient	0.561***	0.783***	0.684***	0.587***	0.585***
	(8.82)	(11.98)	(10.39)	(9.30)	(9.19)

续表

	模型（1）available	模型（2）available	模型（3）available	模型（4）available	模型（5）available
_cons	4.596	21.98***	16.81***	8.274	-11.28***
	(0.67)	(8.57)	(7.03)	(1.25)	(-3.74)
F	29.49***	29.23***	81.22***	41.43***	155.87***
R-square	0.1758	0.0720	0.0844	0.1698	0.1503
Adj R-square	0.1699	0.0695	0.0834	0.1657	0.1494
N	2648	2648	2648	2648	2648

注：t statistics in parentheses $^{*}p<0.05, ^{**}p<0.01, ^{***}p<0.001$。
a. 职业变量以服务业人员为参照组。 b. 教育程度变量以不满小学人群为参照组。下同。
资料来源：本研究整理。

5. 自我效能感对信息主体可及信息源的丰富度具有正向影响

自我效能感作为一种积极的心理状态，对人们的信息活动起着激发、保持与促进的作用。显然，自我效能感高的个体，对信息获取有着更强的动机、更高的目标并更执着地付出努力。这种积极的心理状态作用的结果是，高自我效能感人群愿意花费更多的财力和时间去发现自己周边的信息源，从而使其可及信息源优于其他人群。事实上，不仅是可及信息源维度，自我效能感对于个人信息世界各维度都存在着正向的作用。在对个人信息世界其他7个维度的分析中，本研究发现，自我效能感变量对各因变量的回归系数均为正值且都具有统计显著性。据此，本研究认为，自我效能感之于个人信息世界各维度的影响具有相似性——高自我效能感者在各维度上都优于其他人群。因此，后文对个人效能感与个人信息世界其他维度之间的关系将不再单独分析。

二 可获信息源影响因素分析

根据个人信息世界理论，由于诸多因素的制约，只有一部分可及信息源对个体来说具有可获得性。表7.4中各模型显示了各种主客观因素对于可获信息源的影响。分析发现，各因素对于可获信息源的影响与其对可及信息源的影响具有一定的相似性。如，收入越高的人群在信息源的可获得性方面越具有优势，有高等教育经历的信息主体可获信息源比其他人群更加丰富且随着教育年限的增大这种优势扩大了。另外，与本研究对可及信息源维度的分析相类似，虽然在控制了教育经历、收入水平等因素后，年龄、职业等因素对受访者的可获信息源也没有统计意义上的显著影响，但本研究认为，这些因素对信息贫富分化的影响是一种"联合"作用。即，年龄、职业因素之于信息贫富分化的影响，已经包含在收入和教育经历之中。出于深入分析个人信息世界差异形成机制的目的，区分信息源的可及性与可获得性有着重要的意义。但信息源从可及变成可获，涉及比较复杂的主客观因素。由于本研究的注意力在于探查不同因素如何通过对信息源的可获得性和可及性等维度发生影响，从而导致了人们之间个人信息世界的差异，而不是深入考察信息源如何从可及变成可获，因此，关于可及信息源与可获信息源之间的本质关系并不是本研究的主要任务，这个问题的明晰化尚需后续研究的跟进。

表7.4　　　　　　可获信息源维度影响因素的回归系数

	模型（1）accessible	模型（2）accessible	模型（3）accessible	模型（4）accessible	模型（5）accessible
age	-0.424	-1.289***	-1.513***	-0.213	0.0397
	(-1.14)	(-3.47)	(-4.13)	(-0.58)	(0.11)
2. occupation	1.112	1.672			
	(0.62)	(0.89)			
3. occupation	-0.166	0.158			
	(-0.11)	(0.10)			
4. occupation	0.851	1.547			
	(0.55)	(0.95)			
5. occupation	0.574	3.096*			
	(0.39)	(2.04)			
6. occupation	0.939	5.232***			
	(0.70)	(3.80)			
income	1.156***		2.436***		
	(4.21)		(9.04)		

续表

	模型（1） accessible	模型（2） accessible	模型（3） accessible	模型（4） accessible	模型（5） accessible
2. educatelevel	9.232 (1.46)			9.081 (1.44)	
3. educatelevel	6.578 (1.20)			5.826 (1.06)	
4. educatelevel	10.91* (2.01)			10.47 (1.93)	
5. educatelevel	13.71* (2.53)			13.82* (2.56)	
6. educatelevel	17.45** (3.19)			17.68** (3.24)	
7. educatelevel	17.96** (3.18)			18.11** (3.22)	
8. educatelevel	15.21* (2.57)			15.60** (2.64)	
9. educatelevel	15.95** (2.90)			16.38** (2.99)	
10. educatelevel	19.55*** (3.58)			20.53*** (3.77)	
11. educatelevel	29.13*** (5.20)			30.68*** (5.50)	
12. educatelevel	41.39*** (6.84)			43.30*** (7.19)	
selfefficient	0.492*** (9.12)	0.671*** (12.12)	0.586*** (10.54)	0.520*** (9.69)	0.515*** (9.51)
educateyear					1.910*** (15.78)
_cons	1.304 (0.22)	17.99*** (8.29)	13.16*** (6.52)	5.397 (0.96)	-8.321** (-3.24)

续表

	模型（1）accessible	模型（2）accessible	模型（3）accessible	模型（4）accessible	模型（5）accessible
F	27.80***	27.84***	83.53***	38.97***	142.78***
R-square	0.1674	0.0688	0.0866	0.1613	0.1395
Adj R-square	0.1614	0.0663	0.0856	0.1572	0.1385
N	2648	2648	2648	2648	2648

注：t statistics in parentheses　*$p < 0.05$, **$p < 0.01$, ***$p < 0.001$
资料来源：本研究整理。

三　基础信息源影响因素分析

基础信息源也是构成个人信息世界内容要素的重要成分。信息主体的基础信息源是他（她）常规性地作为信息源而加以利用的各种类型的客观事物、知识记录或人员，即对信息主体而言具有"用户身份"（user-ship）的那些信息源。对于特定的信息主体而言，他（她）可以获取和利用的信息源可能很多，但很少有人会常规性地利用他（她）能获取的全部信息源[①]。表7.5反映了各因素对基础信息源的影响程度。分析发现，本研究所选定的各自变量都与基础信息源之间存在着不同程度的关联。

1. 年龄负向地影响基础信息源的丰富程度

由表7.5可见，无论控制哪些变量，年龄对基础信息源维度得分的回归系数都为负值且统计显著。据此可以认为，年龄越大的个体，其基础信息源越可能趋于贫乏。本研究对基础信息源的测度主要考察信息主体在最近半年内对各类信息源的使用情况，并对知识信息含量不同的信息源赋予了不同权重的分值。因此，年龄与基础信息源之间的负向关联说明，越是年轻的受访者，其使用的信息源越多元化且/或倾向于使用知识信息富集型信息源，而随着年龄的增长，所使用信息源的种类则趋于单一化。这种情况与现实生活中不同年龄人群在信息获取方面的表现比较一致。例如，很多年轻人不仅能够从传统信息源（如报纸、电视等）获取信息，更具备使用较复杂工具（如数据库、社交网站等）获取所需要信息的能力，

---

① 于良芝：《"个人信息世界"——一个信息不平等概念的发现及阐释》，《中国图书馆学报》2013年第1期。

但对于退休的老人来说,电视或报纸很可能就是其全部的信息来源。

2. 收入水平对基础信息源有着正向的影响

本研究认为,这种正向影响与收入对可获或可及信息源的影响具有一定的相似性。即,收入越高的人群,越具备对各类信息源(特别是价格不菲的新型网络信息源)的"消费能力",从而使其基础信息源的来源多元化与丰富化。

3. 职业类型对基础信息源的丰富与否的影响存在于这一因素与收入、教育水平等因素的联合作用之中

由表7.5模型(1)可以看出,在控制了教育层次和收入水平后,各种职业类型对于基础信息源维度得分的回归系数均不显著。进一步分析模型(2)发现,在不考虑教育层次和收入水平的情况下,管理人员和专业人员的基础信息源丰富程度显著地高于其他人群。这表明,通过与教育经历和收入水平等变量相结合,部分职业的从业者相对于其他人群具有基础信息源方面的优势。从这个意义上说,职业类型对于信息主体基础信息源的影响存在于其与教育、收入水平等因素的联合作用之中。在现实中,这意味着管理人员和专业人员同时也是收入和教育水平双高人员,这一人群常规性地使用更丰富的信息源。

4. 高等教育经历有助于信息主体基础信息源的丰富化,而且随着教育年限的增加这种优势有所扩大

这一发现是基于对表7.5中模型(1)和模型(5)的分析而得出的。由模型(1)可见,有大专以上层次教育经历的人群基础信息源显著地优于其他人群,进一步分析模型(5)发现,教育年限对于基础信息源存在着显著的正向作用。本研究认为,教育经历之于基础信息源的这种影响与其对个人信息世界其他维度的影响具有相同的含义,因此,在此不再单独进行分析。

表 7.5　　　　　　　　**基础信息源影响因素的回归系数**

	模型(1)	模型(2)	模型(3)	模型(4)	模型(5)
	habitual	habitual	habitual	habitual	habitual
age	-3.578 ***	-4.612 ***	-4.833 ***	-3.350 ***	-3.312 ***
	(-7.86)	(-10.44)	(-10.97)	(-7.45)	(-7.51)

续表

	模型（1）habitual	模型（2）habitual	模型（3）habitual	模型（4）habitual	模型（5）habitual
2. occupation	3.239	3.658			
	(1.49)	(1.64)			
3. occupation	-1.515	-1.345			
	(-0.79)	(-0.69)			
4. occupation	1.573	2.480			
	(0.84)	(1.29)			
5. occupation	1.345	3.931*			
	(0.76)	(2.18)			
6. occupation	2.743	7.168***			
	(1.67)	(4.38)			
income	1.052**		2.095***		
	(3.14)		(6.47)		
2. educatelevel	11.59			12.32	
	(1.51)			(1.60)	
3. educatelevel	6.141			6.192	
	(0.91)			(0.92)	
4. educatelevel	12.93			13.41*	
	(1.95)			(2.03)	
5. educatelevel	17.52**			18.90**	
	(2.65)			(2.86)	
6. educatelevel	22.92***			24.73***	
	(3.43)			(3.71)	
7. educatelevel	22.97***			24.44***	
	(3.34)			(3.56)	
8. educatelevel	21.35**			23.03**	
	(2.95)			(3.19)	
9. educatelevel	20.36**			22.12***	
	(3.03)			(3.30)	
10. educatelevel	22.57***			24.89***	
	(3.39)			(3.74)	
11. educatelevel	25.61***			28.56***	
	(3.75)			(4.19)	

续表

	模型（1） habitual	模型（2） habitual	模型（3） habitual	模型（4） habitual	模型（5） habitual
12. educatelevel	28.78*** (3.89)			32.34*** (4.40)	
educateyear					1.908*** (13.04)
selfefficient	0.727*** (11.03)	0.897*** (13.63)	0.825*** (12.36)	0.747*** (11.40)	0.742*** (11.34)
_cons	35.71*** (5.02)	55.36*** (21.45)	52.68*** (21.73)	39.20*** (5.70)	30.14*** (9.72)
F	51.56***	119.11***	39.55***	39.55***	166.87***
R-square	0.1698	0.1204	0.1191	0.1634	0.1593
Adj R-square	0.1638	0.1181	0.1181	0.1592	0.1583
N	2648	2648	2648	2648	2648

注：t statistics in parentheses $^*p<0.05$,$^{**}p<0.01$,$^{***}p<0.001$。
资料来源：本研究整理。

四 信息资产影响因素分析

即使是基础信息源，也不是其中的所有信息产品都有机会被信息主体利用。信息源一旦被利用，就有可能产生一系列效果。这些被利用的信息及其在利用过程中产生的认知结果被称为个人的信息资产。[①] 由表7.6可见，各自变量与信息资产之间具有如下关系。

1. 年龄的增长与信息资产的丰富程度之间呈现负向的关联

本研究对信息资产的测量是在信息主体所使用信息源的广泛程度和频率程度两个层次上展开的。也就是说，信息主体使用的信息源越广泛且对每种信息源的使用越频繁，则其信息资产的积累效率越高。由表7.6可见，在各模型中，年龄对信息资产维度得分的回归系数均为负值且统计显著。个人信息世界量表对信息资产的测度所反映的是他们在最近一段时间内的信息资产积累程度。因此，表7.6所显示的结果表明，老年人随着年

[①] 于良芝：《"个人信息世界"——一个信息不平等概念的发现及阐释》，《中国图书馆学报》2013年第1期。

龄的增长，信息资产的积累率逐步降低。

2. 管理人员和专业人员的职业属性与其教育经历、收入水平等因素共同起作用，正向地影响其信息资产的积累

由表7.6模型（2）可以看到，管理人员和专业人员在信息资产维度上的回归系数为正且统计显著，由此可见，在不考虑其他因素的前提下，这两个人群相对于其他人群信息资产更丰富。但进一步分析模型（1）可以看出，在控制了教育经历和收入水平后，职业因素不再显著地影响信息资产。考虑到在现实生活中，职业类型、收入和教育水平之间常常存在着紧密的关联，本研究认为，职业因素之于信息主体信息资产丰富程度的影响同样存在于这一因素与其他因素的联合作用之中。而且，从工作任务的角度来看，由于信息作为管理的要素之一，常常是管理工作成败的关键，因此，管理工作的完成需要足够信息的支持，而专业人员出于完成其专业性工作目标的要求同样也需要广泛获取各种信息。从这个意义上说，管理人员和专业人员具有更大的动力去提高自身信息资产的积累效率，促进其个人信息世界的丰富化。

3. 随着收入水平的提高，信息资产趋于丰富化

本研究认为，收入之于信息资产的这种作用，从本质上与其对可获、可及信息源或基础信息源的影响具有相似性。具体而言，收入水平之于信息资产的正向作用表现在：收入水平与教育程度、职业类型等因素紧密关联，正是基于这种关联，与其在教育、职业方面所获得的优势，高收入者在信息资产的积累效率方面也获得了优势。

4. 高等教育经历正向地促进信息资产的丰富化

日常生活中，教育水平高低常常是人们知识积累量的代名词，通常认为，受教育水平高者其头脑中的知识信息必然更丰富。本研究发现，人们对教育的这种期望在高等教育阶段是存在的，但对于只经历了高中以下教育水平的人群而言，教育并没有天然地促进信息资产的丰富化。与本研究前文的分析相类似，基础教育层次的经历难以促进信息主体信息资产丰富化的一个重要原因，是由于在目前的基础教育体制中，学校的教育过程尽管提供了很多知识学习的机会，但功利的价值趋向（如升学）常常把受教育者导向于对知识的识记（而不是知识信息的获取能力）方面。这种导向的结果之一是，受教育者"在日常学习生活中大部分时间用于开展

知觉性信息实践,缺乏开展目的性信息实践的机会"。① 显然,这种单一的信息实践会导致人们尽管接受了小学、初中或高中层次的教育,但其信息资产却难以丰富化。如表7.6模型(1)和模型(4)所示,对于有着大专以上教育经历的人群而言,其教育经历则对信息资产的丰富程度有着显著的影响。本研究认为,上述现象是教育模式之于信息主体的个人信息世界丰富化影响的一种具体表现。即,在不同的教育模式下,伴随着教育过程的实施,信息主体以不同的方式参与了信息实践,进而影响其信息资产积累的程度和效率,从而使其个人信息世界的丰富程度出现差异。

表7.6　　　　　　　　信息资产影响因素的回归系数

	模型(1)	模型(2)	模型(3)	模型(4)	模型(5)
	asset	asset	asset	asset	asset
age	-1.072***	-1.842***	-2.025***	-0.867**	-0.770*
	(-3.48)	(-6.04)	(-6.73)	(-2.85)	(-2.56)
2. occupation	1.673	2.086			
	(1.14)	(1.35)			
3. occupation	0.143	0.480			
	(0.11)	(0.36)			
4. occupation	1.461	2.237			
	(1.15)	(1.68)			
5. occupation	1.297	3.555**			
	(1.08)	(2.85)			
6. occupation	1.542	5.218***			
	(1.38)	(4.62)			
income	1.032***		2.036***		
	(4.55)		(9.20)		
2. educatelevel	5.318			5.251	
	(1.02)			(1.01)	
3. educatelevel	1.003			0.346	
	(0.22)			(0.08)	

---

① 刘亚:《教育对青少年信息贫困的影响研究》,博士学位论文,南开大学,2012年。

续表

	模型（1）asset	模型（2）asset	模型（3）asset	模型（4）asset	模型（5）asset
4. educatelevel	4.313			3.935	
	(0.96)			(0.88)	
5. educatelevel	8.835*			9.047*	
	(1.97)			(2.02)	
6. educatelevel	11.05*			11.42*	
	(2.44)			(2.53)	
7. educatelevel	10.96*			11.24*	
	(2.35)			(2.41)	
8. educatelevel	8.583			9.036	
	(1.75)			(1.85)	
9. educatelevel	10.46*			10.97*	
	(2.30)			(2.42)	
10. educatelevel	12.98**			14.00**	
	(2.88)			(3.11)	
11. educatelevel	18.26***			19.81***	
	(3.94)			(4.29)	
12. educatelevel	24.52***			26.41***	
	(4.90)			(5.30)	
educateyear					1.535***
					(15.41)
selfefficient	0.577***	0.723***	0.653***	0.601***	0.599***
	(12.93)	(15.93)	(14.31)	(13.55)	(13.44)
_cons	10.42*	21.04***	17.70***	14.54**	0.690
	(2.16)	(11.82)	(10.69)	(3.12)	(0.33)
F	33.63***	48.97***	131.53***	46.91***	188.23***
R-square	0.1956	0.1150	0.1299	0.1880	0.1760
Adj R-square	0.1898	0.1126	0.1289	0.1840	0.1751
N	2648	2648	2648	2648	2648

注：t statistics in parentheses $^{*} p < 0.05, ^{**} p < 0.01, ^{***} p < 0.001$。

资料来源：本研究整理。

五 时间维度影响因素分析

个人信息世界的时间边界是指个人在日常生活和工作中有意识地分配给信息活动的时间。时间边界在很大程度上决定着个人信息世界的存在状态。如表7.7所示，年龄、收入、教育经历和自我效能感等因素都对时间维度产生影响。具体分析如下。

1. 信息主体用于日常信息活动的时间随年龄增长而有所下降

具体表现是，在表7.7各模型中，年龄对因变量的回归系数均为负值且统计显著，可见，年龄与人们用于信息搜索的时间之间存在着负向的关联。正如本研究在前文相关部分所分析的，这种现象表明：一方面，与老年人群相比，年轻人群更深刻地融入了信息社会，其工作或生活对信息的依赖程度更高，因此，年轻人群有在信息实践方面花费更多时间的必要性；另一方面，年轻人群的成长经历使这一人群具备比老年人群更强的信息获取能力，从而使年轻人群有了花费更多时间获取信息的可能性（如，在现实生活中，年轻人群因掌握了更多上网等新型信息获取的途径与技术，因而会花费更多的时间用以进行网络信息的浏览与检索）。

2. 收入水平与教育经历、职业类型等相结合，影响人们个人信息世界的时间边界

由表7.7中模型（3）可看出，在不考虑职业和教育水平的情况下，收入正向地影响受访者用于信息活动时间的多少。但进一步分析模型（1）发现，在控制了职业和教育水平等因素后，收入对时间维度的回归系数不再具有统计显著性。据此可以看出，收入高低对于人们个人信息世界时间边界的影响是通过与教育、职业等其他因素相结合而起作用的结果。

3. 教育经历对于人们个人信息世界的时间边界是一种正向的影响

表7.7中各模型显示，不同层次的教育经历与个人信息世界的时间维度之间的回归系数均为正，且都具有统计显著性。由此可见，教育水平更高的人群更倾向于在日常信息实践方面花费更多时间，且从高等教育阶段开始，所接受的教育程度越高，信息主体日常花费在信息活动方面的时间越多。值得注意的是，仅有过小学层次教育程度的受访者用于信息活动的时间多于有初中和高中层次教育经历的受访者，这种现象从一个侧面证实了教育模式对于个人信息世界丰富化的局限。教育模式所具有的上述特性

在与本研究具有相似视角的其他研究①中也已得到了体现。

4. 在不考虑收入和教育因素的前提下，专业人员用于信息活动的时间多于其他人群

如表 7.7 所示，在模型（2）中只有专业人员的回归系数是显著的，而在模型（1）中这种显著性则消失了。由此可见，职业因素对于信息贫富分化的影响同样存在于这一因素与教育、收入等因素的联合作用之中，即，模型（2）中专业人员对信息贫富分化的显著影响是与收入和教育水平联合作用的结果。在现实中，这意味着专业人员同时也是收入和教育水平双高人员，而高收入和高教育人群用于信息活动的时间多于其他人群。

表 7.7　　　　　　时间边界影响因素的回归系数

	模型（1）time	模型（2）time	模型（3）time	模型（4）time	模型（5）time
age	-2.618***	-3.659***	-3.762***	-2.595***	-2.620***
	(-7.26)	(-10.44)	(-10.77)	(-7.32)	(-7.52)
2. occupation	0.317	0.634			
	(0.18)	(0.36)			
3. occupation	0.357	0.298			
	(0.23)	(0.19)			
4. occupation	0.925	1.545			
	(0.62)	(1.01)			
5. occupation	0.596	2.473			
	(0.42)	(1.72)			
6. occupation	0.711	4.098**			
	(0.54)	(3.15)			
income	0.0944		1.063***		
	(0.36)		(4.14)		
2. educatelevel	20.51***			20.48***	
	(3.37)			(3.37)	

① 刘亚：《教育对青少年信息贫困的影响研究》，博士学位论文，南开大学，2012 年。

续表

	模型（1）time	模型（2）time	模型（3）time	模型（4）time	模型（5）time
3. educatelevel	13.27*			13.16*	
	(2.49)			(2.48)	
4. educatelevel	17.44***			17.34***	
	(3.33)			(3.32)	
5. educatelevel	22.88***			22.91***	
	(4.37)			(4.40)	
6. educatelevel	24.02***			24.11***	
	(4.54)			(4.59)	
7. educatelevel	25.70***			25.76***	
	(4.71)			(4.75)	
8. educatelevel	25.15***			25.17***	
	(4.40)			(4.42)	
9. educatelevel	25.26***			25.35***	
	(4.75)			(4.79)	
10. educatelevel	26.95***			27.08***	
	(5.11)			(5.16)	
11. educatelevel	29.41***			29.60***	
	(5.43)			(5.51)	
12. educatelevel	38.17***			38.38***	
	(6.52)			(6.62)	
educateyear					1.499***
					(12.96)
selfefficient	0.389***	0.516***	0.480***	0.391***	0.393***
	(7.46)	(9.88)	(9.06)	(7.57)	(7.61)
_cons	23.69***	45.36***	44.31***	24.52***	24.75***
	(4.20)	(22.15)	(23.03)	(4.52)	(10.10)
F	22.33***	34.38***	79.30***	32.66***	133.77***
R-square	0.1391	0.0836	0.0826	0.1388	0.1318
Adj R-square	0.1328	0.9811	0.0815	0.1416	0.1308
N	2648	2648	2648	2648	2648

注：t statistics in parentheses　*$p<0.05$, **$p<0.01$, ***$p<0.001$。

资料来源：本研究整理。

六 空间维度影响因素分析

与时间边界相类似,空间维度也是限定个人信息世界大小的一条重要边界。个人信息世界的空间边界指有意识的信息活动(即下文所说的知觉性和目的性信息实践活动)发生的场所。由表7.8可见,影响空间边界的因素可概括如下。

1. 年龄对空间边界存在负向的影响

这种作用表现为年龄越大的人群,其空间边界越趋于狭小。回顾前文关于年龄对其他各维度的影响可以看出,年龄的这种负向作用在基础信息源、信息资产和时间边界方面也有所体现。本研究认为,年龄之于上述四个维度的负向影响具有一定的关联。这些因素相互作用,使得老年人群个人信息世界的空间边界相对更加狭小。另外,在现实生活中,老年人群在社会全部人群中成为居家人群的比例更高,因此,这一人群相对于其他人群在信息实践的空间范围上更可能处于劣势。

2. 职业类型对于信息主体空间维度大小的解释能力来自其于收入、教育等因素的联合作用

由表7.8模型(2)可以看出,在不考虑收入和教育因素的前提下,某些职业类型(如专业人员等)对空间边界的回归系数为正且统计显著。但通过进一步分析模型(1)可看出,在控制了收入和教育经历等变量后,所有职业类型对空间维度的回归系数都不显著,因此,模型(2)中所显示的某些职业类型在空间维度方面的优势并非职业属性单独起作用的结果,而是职业因素与教育等相关因素共同影响的结果。

3. 收入对于信息主体空间边界的影响体现在其与教育层次、职业类型的联合作用之中

尽管在表7.8模型(3)中显示了收入对于空间边界的正向影响,但当把教育层次、职业类型这两个变量纳入回归模型后,收入变量的回归系数不再显著。由此表明,收入对于信息主体个人信息世界空间边界的影响存在于其与信息主体教育层次、职业类型的联合作用之中。

4. 只有经历了较高层次教育的人群,才能在个人信息世界的空间边界上体现出优势来

这一发现是基于对表7.8中模型(1)、模型(4)和模型(5)的分析而得到的。由模型(1)和模型(4)可见,无论是否控制收入、职业

等变量,当人们的受教育水平达到本科以上时,教育经历显著地影响空间边界。进一步由模型(5)可以看出,随着教育年限的增长,空间边界也趋于开阔。

表7.8 空间边界影响因素的回归系数

	模型(1) space	模型(2) space	模型(3) space	模型(4) space	模型(5) space
age	-1.675*** (-4.28)	-2.733*** (-7.13)	-2.978*** (-7.75)	-1.687*** (-4.37)	-1.602*** (-4.20)
2. occupation	3.357 (1.79)	3.821* (1.97)			
3. occupation	-2.192 (-1.33)	-1.704 (-1.00)			
4. occupation	1.993 (1.23)	2.716 (1.62)			
5. occupation	-0.760 (-0.50)	1.361 (0.87)			
6. occupation	2.353 (1.66)	6.492*** (4.57)			
income	0.180 (0.62)		1.407*** (4.98)		
2. educatelevel	5.826 (0.88)			7.080 (1.07)	
3. educatelevel	1.454 (0.25)			2.467 (0.43)	
4. educatelevel	5.226 (0.92)			6.495 (1.14)	
5. educatelevel	7.736 (1.36)			9.471 (1.67)	
6. educatelevel	12.87* (2.24)			15.10** (2.64)	

续表

	模型（1）	模型（2）	模型（3）	模型（4）	模型（5）
	space	space	space	space	space
7. educatelevel	12.15*			13.75*	
	(2.05)			(2.33)	
8. educatelevel	12.47*			14.32*	
	(2.01)			(2.31)	
9. educatelevel	12.91*			14.80*	
	(2.24)			(2.57)	
10. educatelevel	15.23**			17.25**	
	(2.66)			(3.02)	
11. educatelevel	19.88***			22.03***	
	(3.38)			(3.76)	
12. educatelevel	35.68***			38.43***	
	(5.62)			(6.08)	
educateyear					1.789***
					(14.13)
selfefficient	0.488***	0.624***	0.576***	0.486***	0.478***
	(8.61)	(10.93)	(9.88)	(8.62)	(8.44)
_cons	8.440	17.45***	16.52***	8.588	−6.394*
	(1.38)	(7.79)	(7.81)	(1.45)	(−2.38)
F	24.89***	34.84***	69.47***	34.50***	131.76***
R-square	0.1526	0.0846	0.0731	0.1455	0.1301
Adj R-square	0.1464	0.0822	0.0720	0.1413	0.1291
N	2648	2648	2648	2648	2648

注：t statistics in parentheses $^*p<0.05,^{**}p<0.01,^{***}p<0.001$。
资料来源：本研究整理。

七 智识维度影响因素分析

依照个人信息世界理论，智识是指个人信息活动可以达到的智力和知识水平，智识边界会通过信息主体的认字与计算能力、语言能力、分析能力、信息检索能力等得以体现。由表7.9可见，影响智识边界的因素包括以下方面。

1. 年龄对智识有着负向的作用

由表7.9中各模型可以看出，无论纳入回归模型的变量如何取舍，年龄对智识边界得分的回归系数均为负值且统计显著，由此可见，较年轻的人群在智识边界上优于较年长的人群。

2. 职业类型对智识边界作用体现于其与教育、收入的联合作用之中

尽管在表7.9模型（2）中，管理人员和专业人员体现出了一些智识边界的优势，但当控制教育和收入变量后，这种优势消失了。由此可见，模型（2）中所显示的职业之于智识边界的影响是其与教育、收入等因素联合作用的结果。

3. 收入正向地影响着智识边界

由表7.9模型（1）和模型（3）可看出，无论是否控制其他变量，收入对智识边界得分的回归系数均为正值且统计显著。据此可以认为，通常情况下，收入越高，则人们的智识边界越广阔。

4. 高等教育的经历明显地开拓了信息主体的智识边界

表7.9模型（1）、模型（4）和模型（5）都共同支持了这一结论。由上述几个模型可以看出，无论是否控制其他变量，经历了大专以上教育的人群在智识边界上都优于其他人群，而且这种优势随着教育年限的增长而有所扩大。

表7.9　　　　　　　　　智识边界影响因素的回归系数

	模型（1） intelligence	模型（2） intelligence	模型（3） intelligence	模型（4） intelligence	模型（5） intelligence
age	-4.475*** (-12.41)	-6.004*** (-16.30)	-6.316*** (-17.30)	-4.292*** (-12.04)	-4.395*** (-12.39)
2. occupation	0.468 (0.27)	1.069 (0.57)			
3. occupation	-0.699 (-0.46)	0.116 (0.07)			
4. occupation	1.291 (0.87)	2.514 (1.56)			

续表

	模型（1）intelligence	模型（2）intelligence	模型（3）intelligence	模型（4）intelligence	模型（5）intelligence
5. occupation	−0.365 (−0.26)	3.051 * (2.03)			
6. occupation	2.090 (1.60)	7.943 *** (5.81)			
income	1.076 *** (4.05)		2.694 *** (10.03)		
2. educatelevel	10.07 (1.65)			10.18 (1.67)	
3. educatelevel	2.808 (0.53)			2.348 (0.44)	
4. educatelevel	5.541 (1.06)			5.403 (1.03)	
5. educatelevel	12.08 * (2.30)			12.71 * (2.43)	
6. educatelevel	16.24 ** (3.07)			17.39 *** (3.29)	
7. educatelevel	16.43 ** (3.01)			17.10 ** (3.14)	
8. educatelevel	18.22 ** (3.18)			19.11 *** (3.34)	
9. educatelevel	19.63 *** (3.69)			20.79 *** (3.91)	
10. educatelevel	20.38 *** (3.86)			22.06 *** (4.18)	
11. educatelevel	28.13 *** (5.19)			30.41 *** (5.63)	
12. educatelevel	40.07 *** (6.84)			42.78 *** (7.34)	

续表

	模型（1） intelligence	模型（2） intelligence	模型（3） intelligence	模型（4） intelligence	模型（5） intelligence
selfefficient	0.738***	0.950***	0.857***	0.759***	0.754***
	(14.12)	(17.32)	(15.48)	(14.61)	(14.34)
educateyear					2.404***
					(20.44)
_cons	24.93***	40.34***	36.01***	28.57***	7.773**
	(4.42)	(18.74)	(17.91)	(5.24)	(3.12)
F	66.09***	97.83***	238.97***	93.96***	368.52***
R-square	0.3234	0.2060	0.2134	0.3169	0.2949
Adj R-square	0.3185	0.2039	0.2125	0.3135	0.2941
N	2648	2648	2648	2648	2648

注：t statistics in parentheses　*$p < 0.05$, **$p < 0.01$, ***$p < 0.001$。

资料来源：本研究整理。

八　动力维度影响因素分析

于良芝[1]关于个人信息世界的经验研究发现，个人开展信息活动具有三种实践形式：目的性信息实践、知觉性信息实践和无意识信息实践。根据个人信息世界理论，无意识的信息实践通常需要满足两个特征。首先，个人开展这一活动的目的并不在于信息获取，也没有意识到自己正在开展信息活动；其次，在这一过程中实际上发生着信息的传播与交流。所谓知觉性信息实践是指个人为了实现一般的信息目标（例如，人们为了增长见识或为了在某一方面保持知晓度）而开展的信息活动，或应他人的要求/邀请而参与的信息活动。目的性信息实践包括三个特征：（1）有特定

---

[1] Yu, Liangzhi, "Towards a Reconceptualization of the Information Worlds of Individuals", *Journal of Librarianship and Information Science*, Vol. 44, No. 1, 2012, pp. 3 - 18; Yu, Liangzhi, "How Poor Informationally are the Information Poor? Evidence from an Empirical Study of Daily and Regular Information Practices of Individuals", *Journal of Documentation*, Vol. 66, No. 6, 2010, pp. 906 - 933; Yu, Liangzhi, "Information Worlds of Chinese Farmers and their Implications for Agricultural Information Services: A Fresh Look at Ways to Deliver Effective Services", 2010, Paper Presented at the World Library and Information Congress: 76*th IFLA General Conference And Assembly*, 10 - 15 August, Gothenburg, Sweden. (2012 - 09 - 20), http://www.ifla.org/files/hq/papers/ifla76/85-yu-en.pdf.

的问题或需要作为目标，信息活动受到明确的目标驱动；（2）个人意识到目标的实现需要信息支持，信息活动建立在对信息价值的明确预期之上；（3）个人针对问题主动寻找信息并有一系列相关的信息活动，例如选择信息渠道、评估信息相关性、记录和保存信息等。[①] 分析表 7.10 发现，如下因素影响着信息主体个人信息世界动力的强弱。

1. 年龄越大其个人信息世界发展变化的动力越弱

由表 7.10 所示的各模型可以看出，在本研究的五个模型中，年龄对于动力维度得分的回归系数均为负值且统计显著，由此表明，年龄对于信息主体参与信息实践的动力存在着负向的影响。本研究认为，年龄因素对动力维度的影响与其对个人信息世界其他维度（如基础信息源及边界诸维度）的影响保持了一致性，即，由于所处的时代环境与成长经历，年轻人群更深刻地融入了信息社会。而由于信息社会现实的需求，使得年轻人群更活跃且更集中于目的性信息实践和知觉性信息实践，从而使年轻人的个人信息世界更富于变化，也更有可能发展。

2. 收入对动力维度存在着正向的影响

表 7.10 中模型（1）和模型（3）共同支持了这一结论。本研究认为，这种影响得以存在的可能原因是，收入越高者更有"资本"（如时间、经费、物质条件）去广泛参与各种信息实践。因此，信息主体参与信息实践的广泛程度造成了收入不同的人群在动力维度上的差异。

3. 管理人员与专业人员参与信息实践的动力比其他人群更强

表 7.10 模型（1）显示，在控制了其他因素后，上述两类人群对于动力维度得分的回归系数为正且统计显著。显然，这一发现与日常生活经验非常一致：管理人员和专业人员的工作特性决定了这些类型的人员对信息的依赖程度更高，从而更有积极性参与各类信息实践。

4. 各种教育层次的人群之间在参与信息实践的动力方面并无明显的优劣差异

由表 7.10 模型（1）和模型（4）可以看出，各层次的教育对于动力要素的回归系数并不显著，因此，受教育水平对于信息主体参与信息实践

[①] 这一段采用了刘亚对这一实践类型的部分译介表述，参见刘亚《教育对青少年信息贫困的影响研究》，博士学位论文，南开大学，2012 年。本书转引自于良芝《"个人信息世界"——一个信息不平等概念的发现及阐释》，《中国图书馆学报》2013 年第 1 期。

的动力强弱并无明显的解释能力。

表7.10　　　　　　　　动力影响因素的回归系数

	模型（1） dynamic	模型（2） dynamic	模型（3） dynamic	模型（4） dynamic	模型（5） dynamic
age	-3.888***	-4.382***	-4.549***	-3.384***	-3.487***
	(-8.64)	(-10.14)	(-10.64)	(-7.58)	(-7.95)
2. occupation	2.385	2.766			
	(1.11)	(1.27)			
3. occupation	1.089	1.482			
	(0.57)	(0.77)			
4. occupation	1.653	2.440			
	(0.89)	(1.29)			
5. occupation	3.979*	6.029***			
	(2.27)	(3.41)			
6. occupation	3.480*	6.423***			
	(2.14)	(4.01)			
income	2.086***		2.629***		
	(6.30)		(8.37)		
2. educatelevel	2.423			1.976	
	(0.32)			(0.26)	
3. educatelevel	-2.492			-4.145	
	(-0.38)			(-0.62)	
4. educatelevel	0.493			-0.613	
	(0.08)			(-0.09)	
5. educatelevel	3.202			3.390	
	(0.49)			(0.52)	
6. educatelevel	7.595			8.158	
	(1.15)			(1.23)	
7. educatelevel	5.198			5.775	
	(0.76)			(0.85)	

续表

	模型（1）dynamic	模型（2）dynamic	模型（3）dynamic	模型（4）dynamic	模型（5）dynamic
8. educatelevel	7.562			8.250	
	(1.06)			(1.15)	
9. educatelevel	6.263			7.195	
	(0.94)			(1.08)	
10. educatelevel	4.464			6.459	
	(0.68)			(0.98)	
11. educatelevel	8.714			11.90	
	(1.29)			(1.76)	
12. educatelevel	4.796			8.424	
	(0.66)			(1.15)	
selfefficient	0.428***	0.560***	0.470***	0.475***	0.466***
	(6.57)	(8.69)	(7.25)	(7.30)	(7.17)
educateyear					1.182***
					(8.13)
_cons	43.24***	52.75***	48.42***	51.77***	38.70***
	(6.15)	(20.89)	(20.58)	(7.57)	(12.56)
F	17.14***	30.93***	86.83***	20.91***	85.81***
R-square	0.1103	0.0758	0.0897	0.0938	0.0884
Adj R-square	0.1039	0.0734	0.0887	0.0851	0.0873
N	2648	2648	2648	2648	2648

注：t statistics in parentheses *$p<0.05$, **$p<0.01$, ***$p<0.001$。
资料来源：本研究整理。

九 小结

前文基于回归分析，考察了各种主客观因素对于个人信息世界各维度的影响。表7.11概述了各种主客观因素对于个人信息世界各维度的影响。由表7.11可见，在将本研究所涉及的主客观因素全部纳入回归模型的前提下，各种主客观因素对信息主体的个人信息世界产生以下影响。

第一，年龄的差异对于信息主体可及信息源和可获信息源的范围大小并无显著的影响，但显著地影响到信息主体个人信息世界的其他维度。

第二，职业水平对信息主体个人信息世界各维度的影响通常是通过与教育、收入等因素联合起作用的结果。而就个人信息世界发展变化的动力而言，管理人员和专业人员优于其他人群。

第三，收入水平的高低不仅对信息主体个人信息世界内容（包括可及信息源、可获信息源、基础信源和信息资产）的丰富程度有着显著的影响，也显著地影响其个人信息世界动力的强弱。但就信息主体个人信息世界的边界而言，收入水平仅仅影响智识边界，对时间和空间边界无明显影响。

第四，教育水平对个人信息世界的内容和边界所产生的影响表现在：有高等教育经历的人群，在内容和边界方面优于仅仅接受了基础教育或没有接受过教育的人群，但教育水平对于信息主体个人信息世界的动力强弱没有明显的解释力。

第五，自我效能感对个人信息世界 8 个维度的回归系数均显著，因而，自我效能感这一信息主体主观能动性的代表因素对于个人信息世界各方面的差异具有良好的解释能力。

表 7.11　　　　相关因素对个人信息世界各维度的影响一览

	可及信息源	可获信息源	基础信息源	信息资产	时间	空间	智识	动力
年龄	✘ *	✘ *	✓	✓	✓	✓	✓	✓
职业	✘ ⊠	✘ ⊠	✘ ⊠	✘ ⊠	✘ ⊠	✘ ⊠	✘ ⊠	☑
收入	✓	✓	✓	✓	✘ ⊠	✘ ⊠	✓	✓
教育水平	☑	☑	☑	☑	☑	☑	☑	✘
自我效能感	✓	✓	✓	✓	✓	✓	✓	✓

注："✓"表示在全模型中该变量对因变量的回归系数统计显著，"✘"表示在全模型中该变量对因变量的回归系数不显著，"☑"表示在全模型中这个分类变量中的部分层次对因变量的回归系数显著，"⊠"表示该变量单独纳入模型时统计显著，"*"表示该变量是一个分类变量，当将其单独纳入模型时，该变量在部分层次上统计显著。

资料来源：本研究整理。

总之，上节通过对各种主客观因素与信息贫富分化之间的关联分析发现，信息贫富分化的发生，不仅受制于收入、教育水平及职业等客观的社会结构因素，同时也受到自我效能感等主观因素的影响。本节通过详解各种主客观因素与信息主体个人信息世界各维度之间的关联，对主客观因素共同塑造信息贫富分化这一社会现象提供了进一步的证据。

第八章

信息贫富分化的治理

第一节　社会设计的信息空间与信息贫富分化的治理

随着社会信息化程度的加深,信息贫富分化已经成为各国政府和社会各界必须直面的严重社会问题,加强对信息贫富分化的治理,已经成为各国政府的一项重要责任。进入21世纪以来,我国政府投入巨资,实施了全国文化信息资源共享工程、农家书屋等多项重大工程,试图有效治理信息贫富分化,促进社会和谐发展。本节旨在通过对公共图书馆在城市人群信息贫富分化的深入考察,揭示社会设计的信息空间对于信息贫富分化治理的实际作用,为国家机构或民间组织有效治理信息贫富分化提供有益的理论参照和政策建议。概而言之,本部分研究的目的是通过考察公共图书馆作为社会设计的信息空间在信息贫富分化治理中的作用,对如下问题做出回答:(1)公共图书馆作为社会设计的信息空间是否对城市成年人群个人信息世界的分化产生影响?(2)如果产生影响,则这种影响的表现与程度如何?如果没有产生影响,其原因又何在?

本研究以广东省东莞市为案例。位于珠三角核心区域的东莞市是一座处于改革开放前沿的城市。最近三十年来,东莞经济建设取得了巨大的成就,目前已成为全国最发达的城市之一。由于高度发达的制造业,东莞被誉为"世界工厂"。为解决因信息贫富分化而产生的社会问题,东莞市投入巨资进行公共文化服务体系建设,按照规划,东莞在2011—2015年间每年投入5亿元用于公共文化的建设。目前,东莞市通过推广普及自助图书馆和图书馆 ATM 建设，初步实现了全市镇街 24 小时自助图书馆借阅全覆盖。此外，东莞公共信息服务的领域不断拓展，目前正在为全市每个社区建成一系列信息服务设施，其中包括每个社区建成一个总面积不少于 200 平方米的综合文化活动室、一个面积不少于 60 平方米的公共图书阅览室、一个面积不少于 40 平方米的文化信息资源共享工程服务网点（公共电子阅览室）等。由于东莞在解决信息贫富分化问题中卓有成效的努力，目前该市已成为我国第一批"创建国家公共文化服务体系示范区"，并成为全国文化信息资源共享工程建设试点城市和全国公共电子阅览室建设试点城市。

总之，基于东莞在信息贫富分化治理中各项举措所具有的"示范效应"，本部分研究期望通过对东莞地区城市人群个人信息世界的测度，对公共图书馆到馆与馆外两个人群个人信息世界分化状况进行比较，从而探查公共图书馆作为社会设计的信息空间在信息贫富分化治理中的作用。本研究虽然以东莞作为个案，但这种分析所获得的理论认识却具有很大的普适性。换言之，作为一座"示范"城市，东莞在信息贫富分化问题治理领域的许多举措都会或多或少对其他地区具有示范效应。今天东莞信息贫富分化行之有效的治理措施很可能会成为明天其他城市借鉴的案例，而今天东莞在信息贫富分化治理中的教训，则很可能成为对其他城市的"预警"。

一 样本概况

根据抽样调查的相关要求和东莞实际情况，本次调查确定问卷的发放总数量为 3000 份，其中馆内发放 1500 份，馆外发放 1500 份，样本组成的整体情况见附录 B。具体而言，本次调查的样本选择采用了严格的分层抽样，抽样、问卷发放步骤及数据的整理与清洗过程详见本书第四章"研究设计"部分。

所回收问卷的受访者中，男 1539 人，占全部受访者的 55.2%；女 1250 人，占全部受访者的 44.8%。共有 1665 位受访者在问卷中报告了自己的年龄，年龄最小 11 岁，最大 82 岁，全部受访者平均年龄为 28.69 岁。如表 8.1 和图 8.1 所示，本次调查的受访者涉及了各个教育层次和职业的人群，具有良好的代表性。

表 8.1　　　　　　　　　　受访者受教育程度　　　　　　　　单位：次、%

	频率	百分比	有效百分比	累积百分比
小学及小学以下	189	6.9	6.9	6.9
初中	523	19.2	19.2	26.1
高中、中专或中技	841	30.8	30.8	56.9
大专	588	21.5	21.5	78.4
大学本科	546	20	20.0	98.4
研究生	43	1.6	1.6	100.0
合计	2730	100	100.0	

资料来源：本研究整理。

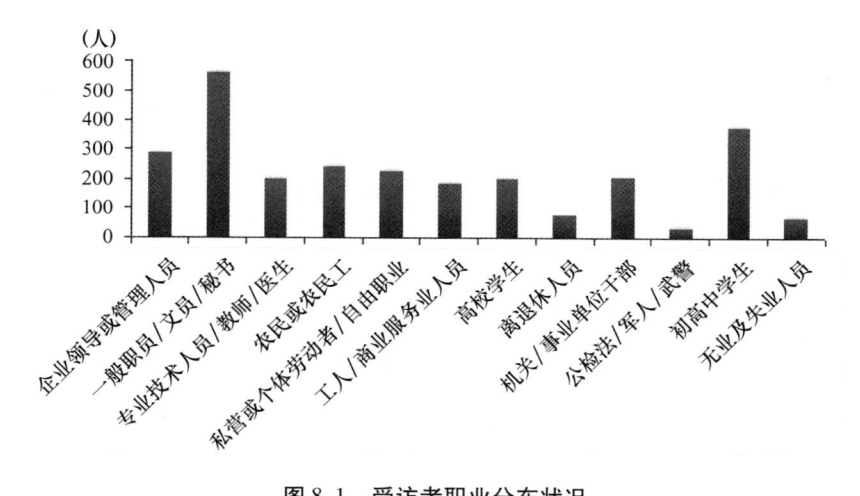

图 8.1　受访者职业分布状况

资料来源：本研究整理。

表 8.2 反映了受访者的月收入情况，对照《2011 年东莞市国民经济和社会发展统计公报》发现，[1] 本次调查中的受访者所报告的收入水平与统计公报所披露的数据基本一致，这从另一个侧面反映了本次调查选样的可信度。

---

[1]　根据《2011 年东莞市国民经济和社会发展统计公报》，2011 年东莞职工年平均工资 21739 元，其中，城镇在岗职工年平均工资 50398 元，城市居民人均可支配收入 39513 元。

表 8.2　　　　　　　　　　受访者的收入情况　　　　　　　单位：次、%

	频率	百分比	有效百分比	累积百分比
无收入	671	24.1	25.2	25.2
1000 元以下	76	2.7	2.9	28.1
1000—1999 元	449	16.1	16.9	44.9
2000—3999 元	938	33.6	35.2	80.2
4000—5999 元	314	11.3	11.8	92.0
6000 元以上	182	6.5	6.8	98.8
其他	32	1.1	1.2	100.0
合计	2662	95.4	100.0	

资料来源：本研究整理。

如本书第四章所述，经过数据整理与清洗，本研究最终获得到馆受访者有效问卷 393 份，这部分受访者的人口统计学信息如图 8.2。

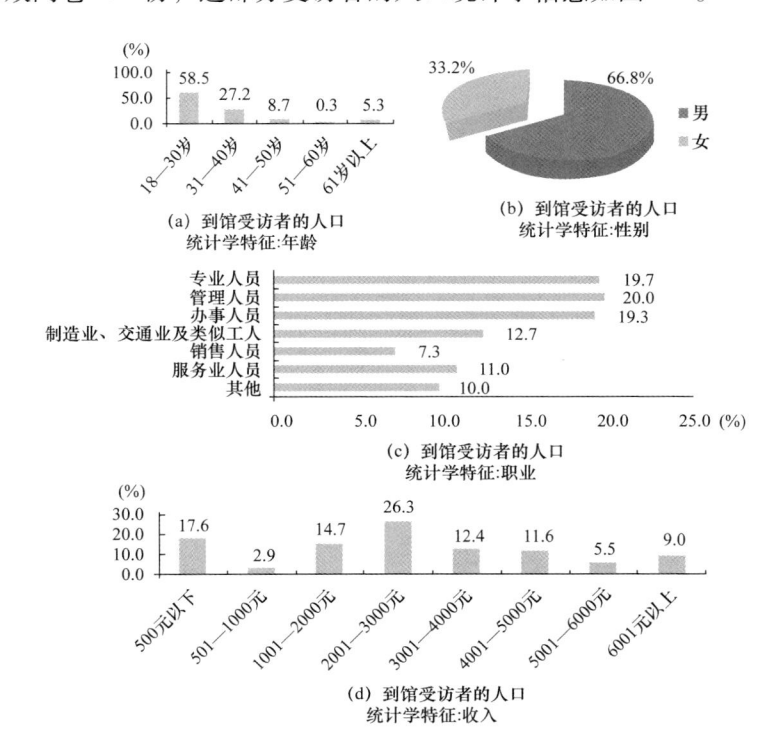

(a) 到馆受访者的人口统计学特征：年龄
- 18—30岁: 58.5%
- 31—40岁: 27.2%
- 41—50岁: 8.7%
- 51—60岁: 0.3%
- 61岁以上: 5.3%

(b) 到馆受访者的人口统计学特征：性别
- 男: 66.8%
- 女: 33.2%

(c) 到馆受访者的人口统计学特征：职业
- 专业人员: 19.7
- 管理人员: 20.0
- 办事人员: 19.3
- 制造业、交通业及类似工人: 12.7
- 销售人员: 7.3
- 服务业人员: 11.0
- 其他: 10.0

(d) 到馆受访者的人口统计学特征：收入
- 500元以下: 17.6
- 501—1000元: 2.9
- 1001—2000元: 14.7
- 2001—3000元: 26.3
- 3001—4000元: 12.4
- 4001—5000元: 11.6
- 5001—6000元: 5.5
- 6001元以上: 9.0

图 8.2　到馆受访者的人口统计学特征

资料来源：本研究整理。

针对馆外受访者，本研究首先剔除年龄项缺失的受访者。然后采用了与前文一致的"测谎"控制。经过上述步骤，最终得到 767 份针对馆外受访者的有效问卷。馆外受访者人口统计学特征如图 8.3。

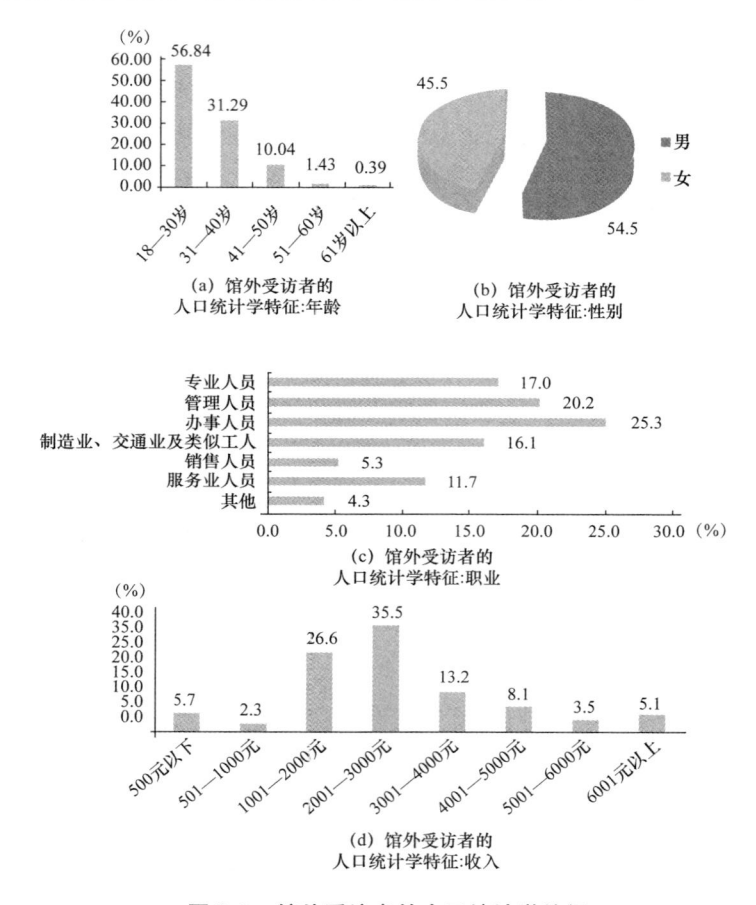

(a) 馆外受访者的人口统计学特征:年龄

- 18—30岁: 56.84%
- 31—40岁: 31.29%
- 41—50岁: 10.04%
- 51—60岁: 1.43%
- 61岁以上: 0.39%

(b) 馆外受访者的人口统计学特征:性别

- 男: 45.5
- 女: 54.5

(c) 馆外受访者的人口统计学特征:职业

- 专业人员: 17.0
- 管理人员: 20.2
- 办事人员: 25.3
- 制造业、交通业及类似工人: 16.1
- 销售人员: 5.3
- 服务业人员: 11.7
- 其他: 4.3

(d) 馆外受访者的人口统计学特征:收入

- 500元以下: 5.7%
- 501—1000元: 2.3%
- 1001—2000元: 26.6%
- 2001—3000元: 35.5%
- 3001—4000元: 13.2%
- 4001—5000元: 8.1%
- 5001—6000元: 3.5%
- 6001元以上: 5.1%

图 8.3　馆外受访者的人口统计学特征

资料来源：本研究整理。

二　调查结果分析

为探查东莞居民的信息贫富分化情况，本研究从个人信息世界的内容、边界和动力三个要素入手，基于可及信息源、可获信息源、基础信息源、信息资产、信息获取的动力以及受访者花费于信息获取的时间、空间和受访者的智识等 8 个维度，对东莞居民个人信息世界的测度结果进行了聚类分析。由于本次调查中馆外受访者是根据严格的分层抽样原则而选定的，因此，有理由相信通过这个样本群体而得到的信息贫富分化相关结果可被推广到整体的东莞居民。

（一）两类人群信息贫富状况对比

与前文相似，本研究本着"细分"人群的原则，使用快速聚类的方法，依据东莞城市居民个人信息世界的丰富程度，把馆外人群聚合为三类，其中第一类共207人，第二类346人，第三类214人。观察表8.3发现，三个聚类较清晰地反映了东莞居民信息贫富分化的现状：第一类人群在各维度上的得分均高于其他两类，因此把这一类视为信息富裕人群；第三类人群在各维度上的得分均低于其他两类，把这一类视为信息贫困人群；第二类人群在各维度上的得分介于第一类和第三类之间，把这一类视为信息贫富居中人群。

表8.3　　　　　　　　　馆外受访者信息贫富分化状况

个人信息世界参数	变量名称	最终聚类中心（均值）		
		富裕组	居中组	贫困组
内容	可及信息源	6.83	5.29	3.59
	可获信息源	6.34	5	3.28
	基础信息源	81.45	68.06	27.8
	信息资产	162.37	98.9	40.53
边界	时间	3.02	2.66	1.98
	空间	6.8	4.18	2.49
	智识	24.12	19.32	12.43
动力	动力	71.49	61.46	49.92

资料来源：本研究整理。

进而，本研究对图书馆内受访者在基础信息源、信息资产、动力、时间、智识等维度上的得分情况进行了分析（表8.4）。在本部分中，本研究暂未对可获信息源、可及信息源和信息活动的空间维度进行分析。这是因为个人信息世界量表中已经把到"实体或虚拟的图书馆"作为上述三个维度的一个得分项纳入其中，因而不宜直接将其与馆外受访者情况进行比较，关于这三个维度的比较分析将在后文专门讨论。

表 8.4 东莞地区图书馆内受访者相关维度得分均值

个人信息世界维度	变量名称	馆内人群均值	东莞人群均值
内容	基础信息源	65.04	60.44
	信息资产	115.76	99.74
边界	时间	3.01	2.56
	智识	21.47	18.69
动力	动力	66.01	60.95

资料来源：本研究整理。

对照表 8.3、表 8.4 可以看出，到馆受访者在信息资产、动力、时间、智识等维度上的平均得分均高于馆外人群中的信息贫富居中组，而略低于信息富裕组。由此可见，与社会整体人群相比，到馆受访者的个人信息世界总体上比较丰富，在信息贫富分化中处于较有利的位置。上述事实表明，作为社会设计的信息空间，公共图书馆的存在与到馆访问者个人信息世界的丰富化之间存在着良好的互动：一方面，公共图书馆的存在，使其所涵盖的人群获得了更便捷、高效的信息源，使其个人信息世界得以丰富化，从而在信息贫富分化中处于有利的一端；另一方面，对于个人信息世界原本就丰富，在信息贫富分化中已处于相对优势的居民而言，公共图书馆的存在则进一步扩大了这种优势，从而使其信息更加富裕。基于这一良性互动，最终到馆受访者的信息富裕程度在整个社会人群中处于信息偏富的位置。

（二）社会设计的信息空间对信息富裕人群的影响分析

为进一步对比分析到馆受访者与馆外受访者信息贫富分化的差异，本研究针对到馆受访者也进行了聚类分析。表 8.5 表明，当把到馆受访者聚合为三类时，也呈现出三个信息富裕程度不同的人群：其中第一类共涵盖 113 个样本，其各维度得分最高，属信息富裕组；第三类共涵盖 95 个样本，其各维度得分最低，属信息贫困组；第二类共涵盖了 185 个样本，其各维度得分居于信息富裕组和信息贫困组之间，属信息贫富居中组。

表 8.5　　　　　　　　到馆受访者信息贫富分化状况

个人信息世界参数	变量名称	最终聚类中心（均值）		
		富裕组	居中组	贫困组
内容	可及信息源	9.12	6.49	5.06
	可获信息源	8.11	5.84	4.75
	基础信息源	80.69	69.3	38.14
	信息资产	171.16	110.98	59.18
边界	时间	3	3	3
	空间	8.19	6.55	5.02
	智识	26.16	22.26	14.35
动力	动力维度	80	66	50

资料来源：本研究整理。

为考察公共图书馆对信息富裕人群个人信息世界的影响，本研究进一步对上述两个群体在相关维度（与前文同理，本部分不涉及可获信息源、可及信息源和空间三个维度的比较）上的得分进行了比较。

由表 8.6 可见，到馆人群中的信息富裕者在除基础信息源外的各维度上的平均得分均高于馆外同层次人群，这说明，图书馆与信息富裕者之间也存在着良性的互动：一方面，图书馆的存在使信息富裕者获得了优质信息源，从而使到馆人群中的信息富裕者比馆外同层次人群的个人信息世界更加丰富；另一方面，原本信息富裕的图书馆访问者也因信息需求得以满足，更促进了其个人信息世界的丰富化。这种良性互动的结果，使到馆人群中的信息富裕者比普通人群中的信息富裕者更加信息富裕。

为了解图书馆对信息富裕人群个人信息世界各维度的具体影响，本研究进而对基础信息源、信息资产、动力、智识、时间五个维度进行了独立样本的 t 检验。如表 8.6 所示，到馆与普通市民两个群体的信息富裕者在基础信息源维度上的得分并无显著差异。本研究认为，这一现象的出现在很大程度上可归因于信息富裕者业已形成的习惯。具体而言，信息富裕者更倾向于从知识信息富集的信息源获取信息，以满足信息需求。这种习惯使信息富裕者中的绝大多数人已经选择图书馆这种优质信息源作为其基础信息源，因此馆内和普通市民两个人群在此维度上并无显著差异。然而，馆内受访者与普通市民在信息资产、动力、智识和时间四个维度上,存在着显著的差异,即,到馆人群中的信息富裕者在信息资产（P<0.01）、动力（P<0.01）、智识（P<0.05）和时间（P<0.01）方面要明显优于馆外人群中的信息富裕者。因而,图书馆对信息富裕者的影响是:由于这一社会设计的信息空间的存在,使到馆的信息贫富分化中的优势人群进一步扩大了其信息资产的积累,获得了更强劲的信息获取动力,提高了其智识水平并促使其在信息获取方面花费更多的时间。简言之,图书馆这一社会设计的信息空间的存在,实现了使信息贫富分化"富者越富"的效果。

表 8.6　　信息富裕的两类人群个人信息世界相关维度得分比较

变量名称	组别	N	均值	标准差	均值方程的 t 检验		
					t	Df	Sig.（双侧）
基础信息源	馆外	207	81.45	7.11	0.897	318	0.370
	馆内	113	80.69	7.46			
信息资产	馆外	207	162.37	26.30	-2.976	318	0.003
	馆内	113	171.16	23.22			
动力	馆外	207	71.49	22.22	-3.704	262.513	0.000
	馆内	113	80.23	18.97			
智识	馆外	207	24.12	8.34	-2.164	318	0.031
	馆内	113	26.16	7.57			
时间	馆外	207	3.02	1.11	-2.743	225.031	0.007
	馆内	113	3.38	1.14			

资料来源:本研究整理。

（三）社会设计的信息空间对信息贫困人群的影响分析

除去对信息富裕者的分析,本研究关心的另一个问题是,作为信息贫富分化中的另一端的信息贫困人群会受到图书馆这一社会设计的信息空间的何种影响?在前文的分析中已经发现,如果以整体人群为标准,到馆人群从整体上不仅不处于信息贫困状态,甚至略高于普通人群中信息贫富居中的人群。由表8.7可见,在基础信息源、信息资产、动力、智识和时间五个维度上,到馆人群中的信息贫困者的得分均值基本都高于馆外同层次人群。这表明，图书馆的存在，有效地促进了信息贫困人群个人信息世界的丰富化，防止其沦于信息贫困。换言之，即使在访问图书馆的人群中处于信息相对贫困状态的人群，事实上在其个人信息世界的多数方面都优于在整个社会中信息贫困的人群。从这个方面来看，即使到馆人群中的信息贫困者在整个社会中也处于相对不贫困的状态。无疑，这从一个侧面证明了在信息社会背景下，图书馆存在的理由与价值。

尽管前文不断提及公共图书馆到馆受访者的个人信息世界丰富程度整体优于馆外人群，但观察表8.7发现，就获取信息的动力而言，到馆与馆外两个人群中的信息相对贫困者并无明显差异。这表明，图书馆的存在对于信息相对贫困人群的个人信息世界变量发展的动力影响并不大。但从基础信息源、信息资产、智识和时间几个维度来看，到馆人群得分的均值都要显著高于馆外人群。由此可见，图书馆的存在从诸多方面改善了信息相对贫困人群的个人信息世界，即使在到馆人群中信息相对贫困的人群，其基础信息源明显优于馆外同层次人群，其信息资产、智识水平和用于信息活动的时间也明显高于馆外同层次人群。因此，图书馆对于信息贫困者丰富其个人信息世界的影响是多维度的。

表8.7 信息贫困的两类人群个人信息世界相关维度得分比较

变量名称	组别	N	均值	标准差	均值方程的t检验		
					t	Df	Sig.（双侧）
基础信息源	馆外	214	27.80	14.51	-5.709	307	0.000
	馆内	95	38.14	15.09			
信息资产	馆外	214	40.53	19.05	-7.848	307	0.000
	馆内	95	59.18	19.77			
动力	馆外	214	49.92	24.46	-2.165	196.548	0.032
	馆内	95	49.80	23.93			
智识	馆外	214	12.43	7.63	0.040	307	0.968
	馆内	95	14.35	6.95			
时间	馆外	214	1.98	1.20	-4.52	307	0.000
	馆内	95	2.64	1.15			

资料来源：本研究整理。

（四）社会设计的信息空间对信息贫富居中人群的影响分析

前文分析了图书馆这一社会设计的信息空间对处于信息贫富分化两端的人群——信息富裕人群和信息贫困人群——的影响，然而，信息贫富分化不仅存在着极端人群，更有大量人群是介于富裕与贫困之间的"信息贫富居中人群"。本研究中，在到馆的393名受访者中，有185人属信息贫富居中者，占全部样本的47.07%；在馆外的767名受访者中，有346人属信息贫富居中者，占全部样本的45.11%。显然，相对于信息富裕者与信息贫困者，信息贫富居中者在人群中所占比重更大。表8.8显示，与信息富裕者与信息贫困者相类似，图书馆的存在对信息贫富居中者的个人信息世界产生了较全面的影响——在每个维度上，到馆受访者得分的均值都高于馆外受访者。

表8.8　信息贫富居中的两类人群个人信息世界相关维度得分比较

变量名称	组别	N	均值	标准差	均值方程的 t 检验		
					t	Df	Sig.（双侧）
基础信息源	馆外	346	68.06	13.28	-1.126	428.049	0.261
	馆内	185	69.30	11.39			
信息资产	馆外	346	98.90	16.66	-7.878	529	0.000
	馆内	185	110.98	17.19			
时间	馆外	346	2.66	1	-3.979	529	0.000
	馆内	185	2.98	1.02			
智识	馆外	346	19.32	8.05	-1.934	529	0.054
	馆内	185	22.26	8.27			
动力	馆外	346	61.46	23.56	-3.485	529	0.001
	馆内	185	65.64	24.07			

资料来源：本研究整理。

由表8.8可以看出，对于信息贫富居中的人群而言，图书馆的存在对其基础信息源的选择和信息实践（个人信息世界的动力）并没有产生显著的影响。联系前文的分析发现，在信息富裕者和信息贫富居中的人群中，图书馆都不影响其基础信息源的选择。据此认为，当人们的信息贫富程度居于信息贫富分化差序中的中等及以上位置时,其业已形成的信息获取习惯使其基础信息源开始保持稳定,不会因为图书馆的存在而有所改变。而人们的信息实践则恰好相反:当人们的信息贫富程度居于信息贫富分化差序中的中等及以下位置时,信息实践的方式和频率相对稳定,不会因为图书馆的存在而有所改变。即便如此,作为社会设计的信息空间,公共图书馆仍对信息贫富居中人群产生了一定影响。表现在:在信息资产、智识和时间维度上,到馆的受访者都明显优于馆外同层次人群。因而,图书馆的存在对于信息贫富分化居中的人群照样意义重大。

(五)社会设计的信息空间对受访者信息源的影响

前文对到馆与馆外的信息富裕者、信息贫困者与信息居中者进行了全面的对比分析,证实了图书馆作为社会设计的信息空间对信息贫富分化中各层次人群的影响。事实上,图书馆在治理信息贫富分化的作用更直观地体现在这一机构作为一种优质可靠的信息源之于用户信息行为的深刻影响。在个人信息世界的理论框架中,除前文所述的各维度外,可及信息源、可获信息源和信息活动发生的空间也是构成个人信息世界的三个重要维度。这些维度的共同特点是:三者都体现了人们的信息活动所涵盖的信息源数量的多少。对这三个维度进行测量的基本逻辑是:通过考察用户潜在或实际使用信息源的多少,可以有效地揭示其个人信息世界的丰富程度。由于在各种信息源中,图书馆是一种经过设计与组织、由专业人员管理并提供社会服务的信息源,因此,无论从哪个方面说,图书馆都是一种高质量的信息源。显然,图书馆这种优质信息源的存在,使信息贫困者获得了改善其信息贫困状态的契机,而使信息富裕者多样的信息需求得到了满足。

表 8.9 显示,本研究中,馆外受访者中有 37.4% 的人周边五公里内没有图书馆,41.9% 的馆外受访者在日常工作或生活中没有机会从图书馆获取信息,53.3% 的馆外受访者在过去一年中没有在图书馆进行过信息活动。显然,到馆人群已经在从图书馆这一信息源获取信息方面占据了优势,这种优势的取得,恰恰是图书馆作为社会设计的信息空间在进行信息贫富分化治理中作用的生动写照。

表 8.9　　作为信息源的图书馆对馆外受访者信息活动的影响　　单位：人,%

	频率	百分比
周边五公里内是否有图书馆？		
否	365	37.4
是	612	62.6
在日常工作或生活中是否有机会从图书馆获取信息？		
否	409	41.9
是	568	58.1
过去一年是否在图书馆进行过信息活动？		
否	521	53.3
是	456	46.7

资料来源：本研究整理。

三　讨论与启示

如上所述，本研究从多个角度证明了图书馆对于丰富个人信息世界的有效作用。虽然，仅就本研究所获取的证据而言，尚难断言"图书馆的存在"与"个人信息世界的丰富化"之间孰因孰果，但无论是因为图书馆的存在吸引了社会人群的参与，从而使其个人信息世界丰富化；还是因为个人信息世界原本就丰富的个体更易于选择图书馆作为其信息源，从而使其原本就富裕的个人信息世界更加富裕，这个因果链条的存在本身就已确认了这样的事实：公共图书馆的存在与到访者个人信息世界的丰富化之间存在着良性的互动，这种良性互动的存在一方面满足了个人信息世界丰富者的信息需求，也从一定程度上防止了在信息贫富分化中处于不利位置者沦于信息贫困之中。

需要注意的是，本研究所比较的对象是到馆受访者与社会普遍人群（由于样本是分层抽样而得到的，因此其中有部分图书馆用户，也有大量非图书馆用户）。即，本研究考察的是：与社会整体人群的信息贫富程度相比，公共图书馆用户的信息贫富程度如何。由本研究前面的分析可以得出这样的推断：如果对公共图书馆用户群体与非图书馆用户群体进行比较，则这两个人群信息贫富程度的差异将更大，到馆用户信息相对富裕的优势将进一步得以体现。

事实上，为了消弭信息贫富分化而导致的社会问题，国家和社会对于信息社会中的不同人群都应该负有责任。对于已经在信息贫富分化中处于有利一端的人群而言，国家和社会有义务为这些优秀者提供优质的信息空间，以满足其多样的信息需求。对于在信息贫富分化中处于不利一端的人群，能够获得免费的、公益性的信息服务无疑对信息贫困人群的"脱贫"意义重大。总之，无论是信息贫富分化中处于何种位置的人群，都需要优质、便捷的信息服务。在这种背景下，建设惠及全体公民的、全覆盖的公共图书馆体系无疑是信息贫富分化治理的一个有效方案。

如前所述，我国政府近年来已开展了"全国文化信息资源共享工程"等一系列大规模的公共文化建设项目，并加速了对图书馆等公共文化设施的建设。2011年初，我国又开始全面实施公共图书馆及文化馆（站）的免费开放。在国家相关政策的导引下，各地政府也纷纷出台措施，努力建设全覆盖的图书馆服务体系。以东莞市为例，经过大规模的投资和建设，东莞地区的图书馆总分馆体系已经卓有成效地开始了信息服务活动。无疑，这些成就的取得适应了我国信息化社会发展的需要，对信息贫富分化问题形成了有效的国家治理。

然而，基于前文所述的发现，本研究也揭示了信息贫富分化这一社会问题并非仅仅通过建设全覆盖的公共文化设施就可以得到根本治理。例如，本研究发现，公共图书馆作用于信息富裕、信息贫富居中与信息贫困的人群的个人信息世界的方式是不一样的。因此，要使图书馆在信息贫富分化的治理中发挥应有作用，则在其资源建设、服务方式、服务半径等诸多方面需要深入研究的支撑和专业化的设计。否则，大量的物质投入很可能导致资源的浪费和使图书馆职业的社会声望受到更加严厉的质疑。

四 小结

总之，基于本研究所获取的大量经验证据可以看出，作为社会设计的信息空间，建立方便、优质、全覆盖的图书馆体系对于信息贫富分化的治理意义重大，但即使建成了全覆盖的图书馆体系，也将仅仅是有效进行信息贫富分化治理的开始而不是完成。这一论断是基于本研究如下发现而做出的。

第一，图书馆的到访人群的个人信息世界从整体上优于馆外受访者信息贫富居中人群，这其中隐含着两种可能：首先，如果到馆人群是因为到图书馆而变得信息富裕，则说明图书馆作为优质的信息源，从而有效地促进了到馆人群个人信息世界的丰富化；其次，如果到馆人群是因为原本就具有丰富的个人信息世界从而选择来馆，则图书馆的存在有效地满足了这个人群的信息需求。如果是前者成立，则图书馆在信息贫富分化治理中的有效性就得到了充分的证明；如果是后者成立，则说明图书馆体系的建设虽然可以有效地干预信息贫富分化现象，但因为实现了"富者越富"的效果，因此可能从事实上加剧了信息贫富分化。虽然，从这个意义上说，公共图书馆设施的建设完善及其覆盖率的提高固然对于信息贫富分化的治理意义重大，但同样重要的是，公共图书馆需要高度关注并努力使自己的服务延伸到非用户群体中去。因此，将更多的居民纳入公共图书馆服务的范围之内，是公共图书馆发挥职业价值，实现对信息贫富分化有效干预的前提和基础。

第二，对于信息富裕者而言，图书馆这一社会设计的信息空间的存在，使到馆人群进一步扩大了其信息资产的积累，获得了更强劲的信息获取动力，提高了其智识水平并促使其在信息搜索方面花费更多的时间。

第三，对于信息贫困者而言，图书馆访问者中的相对信息贫困者在信息资产、智识水平和用于信息活动的时间也显著高于馆外同层次人群。这表明，图书馆这一社会设计的信息空间的存在，从诸多方面改善了信息相对贫困人群的个人信息世界，从而使到馆人群中的信息贫困者在整个社会中也处于相对不贫困的状态。

第四，对于信息贫富居中者而言，到馆人群在信息资产、智识和时间维度上都明显优于馆外同层次人群，因而，图书馆的存在对于信息贫富分化居中人群个人信息世界的丰富化同样意义重大。

第五，通过对信息贫困、信息贫富居中与信息富裕人群的综合分析发现，人们的信息贫富程度居于信息贫富分化差序中的中等及以上位置时，其基础信息源开始保持稳定，不会因为图书馆的存在而有所改变。而人们信息实践的方式与频率则恰好相反：当人们的信息贫富程度居于信息贫富分化差序中的中等及以下位置时，其信息实践的方式与频率相对稳定，不会因为图书馆的存在而有所改变。这表明，要进行有效的信息贫富分化治理，还需要从图书馆之外的其他途径干预人们的信息获取习惯，在更大程度上激发人们的信息实践。

总之，作为一种高质量的信息源，图书馆的存在使信息贫困者获得了改善其贫困状态的契机，并使信息富裕者多样的信息需求得到了满足，从而使到馆人群整体的信息富裕程度高于普通人群。上述事实证明了公共图书馆作为社会设计的信息空间在治理信息贫富分化中的有效性。但也必须看到，图书馆之于个人信息世界丰富程度不同的人群所产生的作用是不一样的。要想通过建设全覆盖的图书馆体系而取得信息贫富分化治理的最佳效果，尚需图书馆职业领域的实践者与研究者深入探查与把握不同人群的信息行为规律与特征，并把自己的职业实践扎根于信息社会的发展进程之中。只有如此，才能提高图书馆职业对于信息社会背景下各层次人群信息贫富分化的干预能力与调节水平，这不仅是图书馆职业社会价值的体现，也恰恰是图书馆与情报学的学术使命所在。

第二节　社会阅读活动与信息贫富分化的治理

在社会信息化程度日益加深的背景下，政府机构和民间组织采取了大量措施，试图加强对信息贫富分化的治理。近年来，我国各地组织的社会阅读推广活动整合了公共图书馆、出版业、新闻媒体等诸多机构的力量，吸引了大量居民参加，产生了广泛的社会影响力。这些社会阅读活动尽管不以信息贫富分化的治理为直接目的，但在客观上影响了居民的知识信息获取行为，已成为我国政府和民间机构进行信息贫富分化干预和治理的一种重要形式。此外，各地公共图书馆基于自己的职业使命而开展的阅读推广活动，也试图通过图书馆职业的信息服务活动，提高居民阅读参与度，帮助图书馆用户在信息社会中占据更有利的位置，从而促进了信息贫富分化有效治理。

尽管政府部门和民间机构组织了大量的社会阅读活动，试图有效干预和治理信息贫富分化这一社会问题，但迄今还没有研究者专门针对社会阅读在信息贫富分化治理中的实际作用进行深入研究。本节旨在通过对东莞市社会阅读活动情况与当地居民的信息贫富分化的关联进行分析，揭示社会阅读活动在信息贫富分化治理中的实际效用，以便提出相应政策建议，为今后此类活动的开展提供有益参照。

如本章第一节所述，本节所选取分析的案例——广东省东莞市是一座经济发达、公共文化事业发展迅速的城市。迄今为止，由东莞市委宣传部等4单位主办并由东莞图书馆等17个部门承办的"4·23读书节"等大型群众读书活动已成功举办八届，获得了广泛的社会影响。除此之外，东莞还积极参加"南国书香节"等活动，极大地促进了社会阅读活动的开展。另外，东莞地区已建成了健全的公共图书馆服务体系，基本实现了对镇街、社区的全覆盖，而作为东莞公共图书馆服务体系中心的东莞图书馆在 2002 年建成投入时曾是我国最大的地级市图书馆。基于东莞地区社会阅读活动的规模和社会影响力，本研究预期这一案例将对同类城市具有良好的代表性，并对其他地区具有一定的示范效应与借鉴价值。

一 样本

本研究抽样设计和样本构成情况同本章第一节中所描述的一致。所略有不同的是，在本章第一节馆外人群中的 767 个样本基础上，本研究进一步剔除了对社会阅读问项中缺失项目较多的问卷 13 份，因此，本节研究的样本总量为 754 份。

二 东莞居民信息贫富分化概况分析

本研究采用快速聚类（k-means cluster）法，对东莞居民在个人信息世界 8 个维度上的得分进行聚类分析，最终聚合为三类：信息富裕组共 202 人，信息贫困组共 210 人，信息贫富居中组共 342 人。如表 8.10 所示，三组人群在个人信息世界 3 项参数的 8 个维度上区分清晰，人数比例呈"中间大，两头小"的分布态势。

表 8.10　　　　　　东莞居民信息贫富分化概况　　　　　　单位：%

个人信息世界参数	变量名称	聚类 富裕组	聚类 居中组	聚类 贫困组
内容	可及信息源	6.81	5.30	3.57
内容	可获信息源	6.32	5.02	3.25
内容	基础信息源	81.53	68.20	27.85
内容	信息资产	162.82	98.94	40.57
边界	空间	6.73	4.19	2.50
边界	时间	3.02	2.65	1.98
边界	智识	24.22	19.25	12.46
动力	动力	71.22	61.50	49.81

资料来源：本研究整理。

三 东莞地区的信息贫富分化与社会阅读活动关联分析

（一）馆外社会阅读活动影响力分析

如本节前言所述，鉴于东莞地区已开展的大规模社会阅读活动所取得的成就，本研究试图解析这种社会阅读活动与信息贫富分化之间的关系。在东莞举办的各种社会阅读活动中，每年"世界读书日"期间举办的"东莞读书节"是目前这一地区规模最大的阅读推广盛会。表8.11展示了参与读书节相关活动的居民在信息贫富分化各组的人数与比例。如表8.11所示，本次调查有731位受访者对"是否知道每年的东莞读书节活动"做出了回答，这些受访者分布于信息富裕、信息贫困与信息贫富居中的各组中。就比例而言，信息富裕组对读书节知晓度最高，而信息贫困组最低，这符合对信息贫富分化的通常认识：信息富裕者通常有更多信息获取渠道，从而更有可能知道诸如读书节之类的大型活动，而且这个人群也更有可能去主动搜集关于读书节活动的信息，从而使信息富裕人群中知道读书节活动的人数比例高于其他两组。但也必须同时看到，在整体人群中，有60.7%的人并不知道读书节活动，即使在信息富裕人群中，也有50.3%的人不知道这一活动。这显然不能单独归咎于东莞读书节的组织者。就东莞读书节的组织规模、参与人数和社会反响而言，这一活动在全国同类活动中都堪称佼佼者。如此低的知晓度至少表明，以大规模集会的形式来集中进行社会阅读的推广，影响的人群相当有限，即使组织非常完善，也只能涵盖有限人群。可见，要使社会阅读活动影响到更多的人，除大型节会活动外，还须具有连续性、针对性并能够覆盖更广泛人群的阅读推广活动的持续跟进。

表8.11　　　　　　　　东莞居民对读书节的知晓度　　　　　　单位：人，%

		是否知道东莞市每年开展的读书节活动		合计
		不知道	知道	
富裕组	计数	98	97	195
	在信息富裕人群中的百分比	50.3	49.7	100
居中组	计数	197	137	334
	在信息贫富居中人群中的百分比	59.0	41.0	100
贫困组	计数	149	53	202
	在信息贫富贫困人群中的百分比	73.8	26.2	100

续表

| | | 是否知道东莞市每年开展的读书节活动 || 合计 |
		不知道	知道	
合计	计数	444	287	731
	在信息贫富分化各组中的百分比	60.7	39.3	100

注：Chi-square：$p<0.001$。

资料来源：本研究整理。

表 8.12 从另一个侧面证实了前文基于表 8.11 的发现。由表 8.12 可见，信息富裕人群对读书节活动的满意度最高，表示"满意"和"非常满意"的人数达该组总人数的 82.6%，而这两项指标在信息贫困人群中却仅占 57.2%。显然，信息富裕人群与诸如读书节等社会阅读推广活动之间更容易形成良性的互动：此类活动使信息富裕者获得了更多积极的情绪体验，从而促进其更踊跃地参与这些活动；而更多参与此类活动，又进一步促进了这个人群个人信息世界的丰富化。而对于信息贫困者，上述互动恰好相反。

表 8.12 **东莞居民对读书节的满意度**

| | | 对东莞读书节活动是否满意 |||| 合计 |
		非常满意	满意	无所谓	不满意	
富裕组	计数（人）	12	59	10	5	86
	在信息富裕组中的比例（%）	14.0	68.6	11.6	5.8	100.0
居中组	计数（人）	10	61	30	6	107
	在信息贫富居中组的比例（%）	9.3	57.0	28.0	5.6	100.0
贫困组	计数（人）	4	24	16	5	49
	在信息贫困组中的比例（%）	8.2	49.0	32.7	10.2	100.0
合计	计数（人）	26	144	56	16	242
	在整体人群中的比例（%）	10.7	59.5	23.1	6.6	100.0

注：Chi-square：$p<0.05$。

资料来源：本研究整理。

（二）居民的阅读意愿与满意度分析

社会阅读推广活动能够取得积极成效的前提之一，是居民有阅读的意愿。表 8.13 显示了与日常观察非常一致的现象：更高比例的信息贫困者不愿意花更多时间从事阅读活动。在本次调查中，信息贫困者中不愿花更多时间从事阅读的受访者比例是信息富裕者的近 4 倍之多，这从一个侧面说明，信息贫困从某种程度上说是一种"信息获取意愿的贫困"。这种现象的一个启示是，社会阅读推广活动的设计者应该将"如何激发更多人的阅读意愿"这一问题放在阅读活动设计与绩效评估的首位。

表 8.13　　东莞居民的阅读意愿

		是否愿意花更多时间从事阅读		合计
		是	否	
富裕组	计数（人）	186	9	195
	在信息富裕人群中的比例（%）	95.4	4.6	100.0
居中组	计数（人）	312	24	336
	在信息贫富居中人群中的比例（%）	92.9	7.1	100.0
贫困组	计数（人）	169	36	205
	在信息贫困人群中的比例（%）	82.4	17.6	100.0
合计	计数（人）	667	69	736
	在整体人群中的比例（%）	90.6	9.4	100.0

注：Chi-square：$p < 0.001$。
资料来源：本研究整理。

观察表 8.14，可以得出与前文分析大体一致的结论，即：更高比例的信息富裕者从阅读环境中获得积极体验，因此对阅读环境的满意度较高，这种积极的体验进一步促进这一人群个人信息世界丰富化。需要注意的是，表 8.14 显示，信息富裕组和信息贫困组对于阅读环境的"不满意度"相当接近，但信息贫困者中，更多人对阅读环境无意见。这表明信息贫困在阅读行为方面的另一个表现是：信息贫困在某种程度上表现为个体对信息获取体验（积极的或消极的）的缺乏。无疑，上述发现对于信息贫困这一内隐变量的评估与分析有着重要的意义。

表 8.14　　　　　　　　**东莞居民对阅读环境的满意度**

		对目前东莞阅读环境的满意度					合计
		非常满意	满意	无意见	不满意	非常不满意	
富裕组	计数（人）	33	91	53	14	7	198
	在信息富裕组中的比例（%）	16.7	46.0	26.8	7.1	3.5	100.0
居中组	计数（人）	24	153	117	38	2	334
	在信息贫富居中组中的比例（%）	7.2	45.8	35.0	11.4	0.6	100.0
贫困组	计数（人）	11	77	92	18	7	205
	在信息贫困组中的比例（%）	5.4	37.6	44.9	8.8	3.4	100.0
合计	计数（人）	68	321	262	70	16	736
	在整体人群中的比例（%）	9.2	43.6	35.5	9.5	2.2	100.0

注：Chi-square：$p<0.001$。
资料来源：本研究整理。

（三）图书馆对社会阅读的作用分析

图书馆之于社会阅读，有着多方面的重要作用。首先，公共图书馆作为社会为治理信息贫富分化而设计的机构，以提供阅读服务和促进社会阅读为宗旨。其次，社会阅读活动的组织与开展往往需要公共图书馆的大力支持与配合，多数情况下，公共图书馆是大型社会阅读推广活动的主要组织者。再次，图书馆自身经常组织开展阅读活动，这些活动虽规模不及大型社会阅读活动，但真正深入普及的信息服务与阅读提升正是通过公共图书馆日积月累的工作，最终才收到了"滴水穿石"的效果。

关于图书馆作为社会设计的信息空间在信息贫富分化中的作用，上节已有完整分析，在此不赘。而图书馆在促进社会阅读中的重要作用可通过表 8.15 得以充分显现。

表 8.15　　　　　　　图书馆在促进社会阅读中的作用

		是否参与过图书馆日常举办的读书推广活动			合计
		没有参与	偶尔参与	经常参与	
富裕组	计数	93	72	19	184
	在信息富裕组中的比例	50.5%	39.1%	10.3%	100%
居中组	计数	218	90	6	314
	在信息贫富居中组中的比例	69.4%	28.7%	1.9%	100%
贫困组	计数	148	36	4	188
	在信息贫困组中的比例	78.7%	19.1%	2.1%	100%
合计	计数	459	198	29	686
	在整体人群中的比例	66.9%	28.9%	4.2%	100%

		是否有图书馆证		合计
		有	没有	
富裕组	计数	131	50	181
	在信息富裕组中的比例	36.2%	13.8%	50.00%
居中组	计数	153	148	301
	在信息贫富居中组中的比例	50.8%	49.2%	100%
贫困组	计数	62	102	164
	在信息贫困组中的比例	37.8%	62.2%	100%
合计	计数	346	300	646
	在整体人群中的比例	53.6%	46.4%	100%

		多久到图书馆一次					合计
		每天	每周至少一次	每月一次左右	每年一次左右	每年少于一次	
富裕组	计数	26	62	59	19	9	175
	在信息富裕组中的比例	14.9%	35.4%	33.7%	10.9%	5.1%	100%
居中组	计数	10	86	107	65	25	293
	在信息贫富居中组中的比例	3.4%	29.4%	36.5%	22.2%	8.5%	100%
贫困组	计数	8	36	57	40	17	158
	在信息贫困组中的比例	5.1%	22.8%	36.1%	25.3%	10.8%	100%
合计	计数	44	184	223	124	51	626
	在整体人群中的比例	7.0%	29.4%	35.6%	19.8%	8.1%	100%

注：Chi-square：$p<0.001$。

资料来源：本研究整理。

如表 8.15 所示，信息贫困者的"贫困"在图书馆相关的指标中得到了淋漓尽致的体现：首先，在信息贫困人群中，高达 78.7% 的人没有参与过图书馆日常举办的读书推广活动，而在信息富裕人群中，49.4% 的参与对读书推广的活动，经常参与此类活动的人数比例为 10.3%，这一比例几乎是信息贫困人群的 5 倍。其次，仅有 37.8% 的信息贫困者是图书馆的持证用户，而信息富裕者的持证比例则达 72.4%。再次，从访问图书馆的频率来看，频繁访问（"每天"和"每周至少一次"）图书馆的信息富裕者在该人群中占 50.3%，而在信息贫困人群中，频繁访问图书馆者仅占 27.9%；反过来，信息富裕者中不频繁访问（"每年一次左右"和"每年少于一次"）图书馆者占这一人群的 16.0%，但信息贫困人群中不频繁访问图书馆者则达 36.1%。

总之，上述指标清晰地表明，信息贫困者陷于信息贫困的一个重要原因，是对现有社会信息服务资源利用的不足。从这个意义上说，要使社会阅读活动变成一种可持续的信息贫富分化治理举措，完善公共图书馆的服务机制，激发更多人参与图书馆阅读活动的热情显得格外重要。而这一点，恰恰也是建立全覆盖的公共图书馆服务体系的题中之义。

四　东莞地区社会阅读活动对信息贫富分化影响的 OLM 分析

（一）模型选择

前文对社会阅读活动各方面对信息贫富分化治理的影响进行了描述分析。为进一步探查社会阅读各相关因素对信息贫富分化实际作用的大小，本研究选用定序 Logit 模型（OLM）进行分析。

（二）结果分析

OLM 分析的目的在于探查社会阅读诸因素中，能够直接用于解释和预测信息贫富分化的变量，以期通过深入考察社会阅读活动在信息贫富分化治理中的实际作用。本研究对整体样本、男性样本和女性样本分别进行了分析。

由表 8.16 可见，总体而言，购书费用、年借书量和数字阅读时间的增减对信息贫富分化产生了显著影响。具体来说，本研究发现，随着每月购书费用的增加，受访者的个人信息世界趋向丰富化，从而在信息贫富分化中处于有利的位置。这一发现与日常生活经验非常吻合：这些人之所以花比别人更多的钱购书，首先，说明了这一群体的人们具有较他人更旺盛的信息需求；其次，考虑到书籍是一种知识密集型的信息载体，因此，花更多的钱去买书阅读也说明了这一人群具有较其他人群更强的信息消化吸收能力，这种能力促使其个人信息世界丰富化；再次，联系日常生活经验发现，花钱购书者常常信息获取目的明确，这也从另一个方面说明信息贫富分化中处于有利位置的人群通常对自己的信息需求有着比较敏感的意识，较其他人更善于及时发现并满足自己的信息需求。

本研究也发现，在图书馆的年借书量是另外一个能够有效解释和预测信息贫富分化的指标。由表8.16可见，年借书量对人们的信息贫富分化有着极其显著（$p<0.001$）的影响。本章第一节和本节相关部分已经对图书馆之于信息贫富分化治理的重要意义作了说明。表8.16进一步揭示了图书馆对于信息贫富分化治理作用的明确化：随着人们从图书馆借书量的增加，其个人信息世界趋于丰富化，从而在信息贫富分化中居于更加有利的位置。这一发现看似一个常识，但却有着比较丰富的理论内涵：由于从图书馆的年借书量这一指标事实上反映了人们对组织化公共信息资源的利用程度，因此，人们的个人信息世界随着其年借书量的增加而趋向丰富化这一现象不仅进一步证实了图书馆之于信息贫富分化治理的具体作用，也反映了在信息贫富分化中处于有利位置的个体更善于把握和应用公共资源，以满足自己的信息需求。与此相对应，前文对购书费用开支与个人信息世界丰富程度的分析说明，信息贫富分化中处于有利位置的人群同时也有着为满足自己的信息需求而付出私人经济资源的更强烈意愿。总之，基于OLM分析可以看出，对于购书费用和图书馆年借书量的测量是解释和预测信息贫富分化的有效指标。

表8.16　　社会阅读诸因素对信息贫富分化影响的回归系数

变量	全体样本	男性样本	女性样本
读书和知识信息获取意识	0.156	0.375*	0.0022
	(1.39)	(2.24)	(0.01)
阅读量	0.0609	0.0690	0.0767
	(0.87)	(0.75)	(0.64)
阅读频率	0.0852	0.0382	0.148
	(1.43)	(0.46)	(1.66)

续表

变量	全体样本	男性样本	女性样本
数字阅读时间的增减	0.170*	0.166	0.183
	(2.19)	(1.49)	(1.62)
到书店的频率	-0.0678	-0.0760	-0.0895
	(-0.91)	(-0.73)	(-0.79)
购书费用	0.00524***	0.00616**	0.00492**
	(3.81)	(2.81)	(2.59)
离图书馆的距离	0.0226	-0.115	0.127
	(0.40)	(-1.35)	(1.55)
访问图书馆的频率	0.0669	0.178	-0.0644
	(0.71)	(1.39)	(-0.43)
年借书量	0.439***	0.253	0.565***
	(4.26)	(1.70)	(3.66)
阅读环境满意度	-0.0402	-0.0698	-0.0257
	(-0.41)	(-0.47)	(-0.18)
对读书节的满意度	0.00949	-0.00653	0.0161
	(0.17)	(-0.09)	(0.19)
图书馆阅读推广活动参与度	0.140	0.266	0.107
	(0.95)	(1.27)	(0.48)
没去过图书馆[a]	0.214	-0.127	-11.55
	(0.42)	(-0.22)	(-0.02)
没有图书馆证[b]	-0.255	-0.355	-0.203
	(-1.27)	(-1.23)	(-0.69)
不愿花更多时间阅读[c]	-0.549	-0.954	-0.208
	(-1.66)	(-1.88)	(-0.46)
不愿花更多钱购书[d]	-0.0736	0.360	-0.494
	(-0.42)	(1.46)	(-1.89)
知道读书节[e]	0.114	0.151	-0.0319
	(0.57)	(0.55)	(-0.11)
cut1_cons	0.568	0.708	0.338
	(0.91)	(0.80)	(0.36)

续表

变量	全体样本	男性样本	女性样本
cut2_cons	3.049 ***	3.404 ***	2.686 **
	(4.77)	(3.76)	(2.85)
N	601	317	284

注：t statistics in parentheses * $p < 0.05$, ** $p < 0.01$, *** $p < 0.001$。

a 参照变量为去过图书馆；b 参照变量为有图书馆证；c 参照变量为愿意花更多时间阅读；d 参照变量为愿意花更多钱购书；e 参照变量为不知道读书节。

资料来源：本研究整理。

表8.16同时也表明，人们用于数字阅读时间的增减也对信息贫富分化有着显著的作用（$p < 0.05$）。这似乎说明，通过考察人们用于数字阅读时间的多少，也可以对信息贫富分化进行有效的解释和预测。但通过对表8.16中男性样本和女性样本的分析发现，当对人群分性别进行分析时，数字阅读时间的增减对信息贫富分化不再有显著作用。这表明，整体人群中数字阅读变化对信息贫富分化的影响不是单独起作用的，其作用是通过与性别或与性别相关联的其他因素结合而发生的共同效应。这一发现的意义是：在数字化日益深刻地对社会发生影响的今天，对信息贫富分化的治理不能罔顾信息传播途径和信息资源形式的变迁。虽然仅就本研究所获取的数据而言，尚不足以断言数字阅读作用与信息贫富分化的具体效果，但无论数字阅读与何种因素相结合对信息贫富分化发生了影响，对其进行深入探查都有着非常重要的理论意义。

进一步对表8.16中男性样本进行分析发现，购书费用及对读书和知识信息获取的意识对男性群体的信息贫富分化产生了影响。关于购书费用之于信息贫富分化的影响，前文已进行分析。读书和知识信息获取意识对于男性群体的信息贫富分化产生了显著影响。这表明，男性群体个人信息世界的丰富程度很大程度上受制于其对读书和知识对生存和发展重要程度的感知。这说明，针对男性群体，信息贫富分化的有效治理还须包括对人们知识和信息获取意识的培养。本研究表明，男性越是清晰地认识到知识和信息获取在当今社会对个人生存和发展的重要性，则越可能在信息贫富分化中处于有利位置，反之亦然。

表8.16中对女性样本的分析表明，购书费用和年借书量是对女性信

息贫富分化产生影响的两个重要因素。对此，前文已进行了充分的分析，在此不赘。

五　小结

基于对东莞地区社会阅读与信息贫富分化状况的关联分析，本研究发现以下方面。

第一，就大型社会阅读推广活动的影响力而言，信息富裕者更有可能去主动搜集关于读书节等社会大型阅读推广活动的信息，从而使这一人群中知道读书节活动的人数比例高于其他两组。而且信息富裕人群与诸如读书节等社会阅读推广活动之间更容易形成良性的互动，从而促进其个人信息世界的丰富化。

第二，就居民的阅读意愿与满意度而言，本研究发现，信息贫困一方面表现为一种"信息获取意愿的贫困"，从另一方面则表现为个体对信息获取缺乏（积极的或消极的）体验。

第三，通过图书馆与社会阅读的关联分析发现，对现有社会公共信息资源和服务利用不足是导致信息贫困的重要原因之一。

第四，在与社会阅读相关的诸因素中，购书费用、年借书量和数字阅读时间的增减对信息贫富分化影响显著，但这些因素对男性和女性产生的影响有所不同。

总之，通过社会阅读推广活动提高居民的信息获取意识与能力，促进公共文化服务机构服务效益的提升是应对信息贫富分化这一社会问题的一项重要举措。但是，要想充分发挥社会阅读活动在解决信息贫富文化问题中的作用，尚需整合公共文化服务部门与社会各界的力量，才能形成系统的信息贫富分化治理机制。具体而言，需要关注如下问题。

第一，组织大规模的社会阅读推广活动是促进居民提高知识信息获取的意识，提升其信息获取能力的一个重要途径。但这种活动也存在着明显的局限性。本研究发现，即使组织得非常得力，大规模社会阅读推广活动作用也非常有限。表现在社会阅读活动在社会整体人群中的知晓度和影响力只能涵盖部分人群。要通过社会阅读活动来达到有效干预信息贫富分化的目的，还需要更加细致、专业的信息服务活动的跟进。

第二，前文所述的研究结果已从不同角度证明了图书馆在信息贫富分化治理中的重要作用，这为建设全覆盖的公共图书馆体系提供了依据。但也必须认识到,仅仅硬件建设到位并不能自动弥合信息贫富分化。概而言之,图书馆职业在信息贫富分化治理中的作用需要经历两个阶段才能发挥:第一阶段是基本资源的建设阶段,这是一个显性的过程;第二阶段是将图书馆服务体系延伸到更多的民众中去,并在服务过程中始终关注信息贫富程度不同的社会人群在信息需求方面的差异,以便根据用户的实际需要提供信息服务。显然,第一阶段是发挥图书馆在信息贫富分化治理中的作用的基础和前提,但后一阶段更为关键。也就是说,硬件建设的完成为图书馆行业实现职业价值提供了契机,但也提出了前所未有的挑战。在市场经济的背景下,一个没有效益的行业显然不会得到社会持续而长久的投入与支持。基于前文的研究发现不难看出,图书馆职业有效参与信息贫富分化治理的一个重要前提,是这一职业有能力为社会提供专业、深入、可持续的信息服务,而这种职业能力的具备显然基于对社会信息化及人们信息行为特征的深入研究。因此,要切实发挥图书馆职业在信息贫富分化治理中的作用,尚需图书馆与情报学理论研究的跟进。

第三,本研究发现,信息贫富分化是一种因人群而异的社会现象,因此,没有理由期望以"一刀切"的方式根治信息贫富分化。仅就社会阅读活动中影响男性和女性的不同因素而言,通过社会阅读影响和干预信息贫富分化的一个重要前提是,在活动设计中充分把握各种不同的人群所具有的特质,以便有针对性地开展活动,实现社会阅读活动效益的最大化。

第九章

结论与实践启示

第一节 研究结论与主要贡献

从工业社会向信息社会的转型,不仅意味着信息逐步上升为人类社会发展不可或缺的战略资源,也意味着信息贫富分化作为一种新的社会不平等现象将更加不容忽视。本研究基于图书馆与情报学立场,以城市成年人群个人信息世界的差异作为信息贫富分化的操作性定义,站在整体性立场上对信息贫富分化现象进行了解读。通过对来自我国不同区域的六座城市6048个受访者个人信息世界的测度与分析,本研究获得了如下认识。

一 研究结论

首先,城市成年人群中存在若干信息贫富程度不同、差异明显的层级。

本研究基于对城市成年人群个人信息世界的测量与聚类分析发现,从信息的角度看,城市成年人群中存在着若干信息贫富状况不同的人群。由此,本研究所提出的假设一从整体上得到了支持。

本研究进而发现,处于信息贫富分化不同层次的人群之间在各维度上差别明显,由此可见,信息贫富分化是一种多维的现象。整体而言,信息主体的信息富裕程度越高,则其个人信息世界的内容越丰富、边界越宽广、动力也越强劲。具体而言,在信息贫富分化的格局中,信息贫富状况不同的人群之间在个人信息世界的各要素上都存在着显著的差异。

具体来说,信息贫富程度不同的人群在其个人信息世界各维度上存在如下差异。

第一,就个人信息世界的内容要素而言,在信息贫富分化的格局中越处于有利地位的信息主体，越善于从多样化的信息渠道获得所需要的信息，同时也越倾向于使用知识信息富集或技术门槛较高的信息源。这种对信息源的选择与使用，造成了信息富裕者在可及信息源、可获信息源和基础信息等维度上都优于信息相对贫困者。通过具体的信息实践，信息富裕者获取了更多的信息效用，并最终积累了远比信息贫困者更加丰富的信息资产。

第二，信息富裕者个人信息世界的边界明显比贫困者更宽广，表现在，越是信息贫困者，主动进行信息搜寻的意识越差，在日常学习生活中用于信息活动的时间也越少。同时，就信息贫富不同人群个人信息世界的空间边界而言，人们信息的贫困状况与其赖以开展信息活动的信息场所的数字和质量之间存在着紧密的关联，越是信息富裕的人群，开展信息活动的空间越多样化、信息也越密集。另外，就智识水平而言，信息富裕者无论在语言能力，还是信息搜索的技能方面都比信息贫困者水平更高。而且，越是信息贫困的信息主体，越缺乏对所获取的信息进行批判性思考的习惯和能力。

第三，信息越富裕，信息主体个人信息世界发展变化的动力越强劲。具体表现是，信息富裕者相对于信息贫困者在动力维度上的优势体现在其总体动力强于信息贫困者，而且体现在目的性、知觉性和无意识信息实践中都保持了这种优势。另外，本研究发现，信息富裕程度越高的信息主体，其信息实践，特别是目的性和知觉性信息实践越活跃（即越有可能推动信息世界的变化发展）。即使在无意识的信息实践中，信息富裕程度越高的信息主体因为更倾向于使用需要付出较多认知努力、知识信息相对富集的信息源，因此，其"偶遇"有价值信息，从而获取信息效用的概率更高，因此在动力方面仍具有相对的优势。

总之，由于本研究对信息贫富分化现象的解析是建立在对信息主体个人信息世界的诸多要素进行测度和聚类的基础之上的，因此，本研究所获得的发现，有助于克服本领域现有诸多研究中以单一维度认识信息贫富分化所产生的局限，加深了对信息贫富分化现象的理解。正如本书在对现有研究的文献述评所提到的，试图从单维视角理解信息分析的研究已备受诟病（例如，现有关于数字鸿沟、数字不平等的研究常常因通过技术的"有"和"无"来判断信息贫富分化的状况而受到了质疑和批评）。因此，完整地认识信息贫富分化现象需要一个多维的视角。本研究基于个人信息世界的贫富状况对信息贫富分化现象进行的解析表明，信息主体在信息贫富程度方面的差异体现于其个人信息世界的内容、边界和动力等多个维度的差距之上。正是由于本研究以个人信息世界的差异为信息贫富分化的操作性定义，秉持了多维视角，从而既有效地吸纳了现有研究中对信息贫富分化某一维度认识的合理要素（如，数字鸿沟关于技术接入方面的论述在很大程度上被本研究中的信息源的可及性所解释），又将信息贫富程度不同的人群在其个人信息世界的每个维度上的差距都置于信息贫富分化发生的整体情境中，从而获得了关于信息贫富分化现象更全面、更接近社会现实的认识。

此外，本研究分析发现，在信息贫富分化格局中处于不同地位的城市成年人群其个人信息世界各具特色。具体而言，透过个人信息世界的丰富程度看，信息贫富分化中处于不同地位的人群具有如下特征。

1. 信息富裕者个人信息世界的特征

就内容要素而言，几乎全部信息富裕者对互联网具有可及性和可获性，而且对知识富集型人际信息源的可获比例高。同时，更倾向于把"知识富集型"物质信息源和人际信息源作为基础信息源，并具备使用有"技能门槛"的信息源（如搜索引擎）的能力。

就边界要素而言，大多数信息富裕者每天有意识地分配给信息活动的时间在1—5小时，信息富裕者的有意识信息实践活动更多地发生于"知识富集型"的信息空间里。此外，信息富裕者语言能力普遍较强，对网络搜索引擎的依赖程度高，且具有较高的批判思维能力。

就动力要素整体而言，信息富裕者的信息实践，特别是目的性和知觉性信息实践更活跃。在目的性信息实践中，信息富裕者不仅倾向于高频率地使用网络信息源，也倾向于通过频繁地与人交流以获取所需要的信息。在知觉性信息实践中，信息富裕者更青睐知识信息含量富集的信息源。在无意识的信息实践中，信息富裕者所使用的信息源具有多样性的特征，从而增大其"偶遇"所需要信息并获取信息效用的可能性。

2. 信息贫富居中者个人信息世界的特征

就内容要素而言，多数信息贫富居中者对互联网具有可及性和可获性，但对各类人际信息源使用比例都较低。此外，较高比例的信息贫富居中者把知识类或新闻类信息源作为基础信息源，而且绝大多数信息贫富居中者具备基本的网络信息获取技能。

就时间边界而言，近半数信息贫富居中者每天用于信息活动的时间在1—3小时；就空间边界而言，信息贫富居中者的有意识信息实践活动发生于"知识富集型"的信息空间的比例相对较高；就智识边界而言，信息贫富居中者具有一定的语言能力，对网络搜索引擎的依赖程度较高但对复杂功能使用能力有限，具有一定的批判思维能力。

就动力要素而言，无论是在有意识（目的性、知觉性）还是无意识信息实践中，信息贫富居中者都较活跃。表现在这一人群不仅对网络信息源使用比例较高，而且在各类信息实践中，信息贫富居中者也倾向于通过频繁地与人交流以获取所需要的信息。

3. 信息贫困者个人信息世界的特征

信息贫困者个人信息世界内容要素的特征是：这一人群对高质量的信息源数量可及和可获程度均很低；就基础信息源和信息资产而言，信息贫困者对各类信息源使用的频率都较低，尤其是对知识富集型信息源的使用频率更低。

表9.1　信息贫富状况不同的人群个人信息世界的特征

	信息富裕者	信息贫富居中者	信息贫困者
可及信息源	几乎全部对互联网具有可及性，对其他高质量信息源可及程度也很高	多数对互联网具有可及性，对其他高质量信息源的可及程度较高	对互联网等高质量信息源的可及程度低
可获信息源	几乎全部对互联网具有可获性，而且对知识富集型人际信息源的可获比例高	多数对互联网具有可获性，但对各类人际信息源使用比例较低	对互联网等高质量的信息源的可获程度低
基础信息源	更倾向于把"知识富集型"物质信息和人际信息源作为基础信息源	更倾向于把知识类或新闻类信息源作为基础信息源	其基础信息源中，知识富集型尤其少
信息资产	信息资产积累效率高，并且具备使用有"技能门槛"的信息源（如搜索引擎）的能力	绝大多数信息贫富居中者具备基本的网络信息获取技能	对各类信息源使用的频率都较低，从而无法汲取大量信息效用，信息资产积累效率低
时间边界	大多数人每天有意识地分配给信息活动的时间在1—5小时	近半数人每天有意识地分配给信息活动的时间在1—3小时	半数以上的人每天有意识地分配给信息活动的时间少于或等于1小时

续表

	信息富裕者	信息贫富居中者	信息贫困者
空间边界	有意识信息实践活动更多地发生于"知识富集型"的信息空间里	有意识信息实践活动发生于"知识富集型"的信息空间的比例相对较高	信息实践发生的空间数量少且质量较低
智识边界	语言能力普遍较强，对网络搜索引擎的依赖程度高，具有较高的批判思维能力	具有一定的语言能力，对网络搜索引擎的依赖程度较高但对复杂功能使用能力有限，具有一定的批判思维能力	语言应用水平低，对于网络信息源的使用能力有限，倾向于不加分析地接受所获得的信息
动力	在信息实践中非常活跃，大部分信息富裕者倾向于积极主动地获取所需信息	在信息实践中较活跃，倾向于使用网络信息源和人际信息源	在各种信息实践中较消极被动，各类信息源的使用频率都较低且比较分散。

资料来源：本研究整理。

信息贫困者个人信息世界边界要素的特征是：这一人群主动进行信息活动投入的时间少，半数以上的信息贫困者每天用于信息搜寻的时间少于或等于 1 小时；个人信息世界的空间狭小且质量较低；此外，从智识维度看，信息贫困者语言应用水平低，对于网络信息源的使用能力有限，倾向于不加分析地接受所获得的信息。

信息贫困者个人信息世界动力要素的特征是，信息贫困者在各种信息实践中表现都比较消极被动。表现在，这一人群对各类信息源的使用频率都较低且比较分散，对知识富集型信息源的使用频率尤其低，而且无论在有意识的信息实践还是无意识的信息实践中，这一人群都更倾向于使用需要付出较低认知努力的信息源。

总之，如表 9.1 所示，本研究基于对城市人群个人信息世界的测度与聚类分析所获得的信息贫富状况人群之间边界清晰、特征鲜明。

有效地揭示信息富裕者与贫困者的特征是信息贫富分化研究领域的一个重要的问题。对于信息贫困者的界定以及"信息穷人"与"信息富人"的划分，本领域的研究者已给予了充分的关注并产生了大量研究成果。如，Chatman 通过对贫穷的老年女工、监狱中的犯人、低技能的工人进行深入访谈，发现社会和文化标准规制了这些人的信息行为，在这些弱势人群中形成了"小世界",从而造成了信息贫困(Chatman[①],Chatman 和 Pendleton[②])。

有感于现有相关研究对信息贫富分化人群特征的片面揭示(即对某个方面,如 ICT 接入分化的描述)和替代揭示(即用经济贫困表达信息贫困),于良芝提出了"什么是信息之贫"的追问(How poor informationally are the information poor?)。她(2010a[③],2010b[④])基于田野调查所获得的证据,站在个人信息世界的角度,从可获信息源(accessible information resource)、信息实践(information practice)和信息资产(information asset)等维度,对信息贫困现象进行了分析。本研究基于对信息主体个人信息世界的测度,用大样本和定量研究的方式更系统地揭示了信息贫富状况不同人群的特征,并验证了于良芝关于信息贫困的若干论断。如,于良芝指出,信息贫困者常常无法把出现在他们生活世界中的很多可及的信息资源变成可获取的信息资源,进而局限了自己基础信息源的范围,从而最终导致了信息贫困。[⑤] 由表 9.1 可见,信息贫困者的确在可及信息源和可获信息源方面处于劣势,而且这一人群的基础信息源中知识信息富集型信息源相对于信息富裕者而言更加匮乏。再如,于良芝指出,从个体信息实践发生的位置和环境来看,有些个体倾向于在信息密集的环境中进行信息实践,而另外一些个体的信息实践则更多发生于信息缺乏的环境中。从个

[①] Chatman, E. A., "Information, Mass media Use and the Working poor", *Library & Information Science Research*, No. 7, 1985, pp. 97 – 113; Chatman, E. A., "The Information World of Low-skilled Workers", *Library & Information Science Research*, No. 9, 1987, pp. 265 – 283; Chatman, E. A., *The Information World of Retired Women*, Westport, CT Greenwood Press, 1992; Chatman, E. A., "Framing Social Life in Theory and Research", *New Review of Information Behaviour Research*, No. 1, 2000, pp. 3 – 17.

[②] Chatman, E. A., & Pendleton V. E. M., "Knowledge Gaps, Information-seeking and the Poor", *Reference Librarian*, 1995 (49/50), pp. 135 – 145.

[③] Yu, L. Z., "How Poor Informationally are the Information Poor? Evidence from an Empirical Study of Daily and Regular Information Practices of Individuals", *Journal of Documentation*, Vol. 66, No. 6, 2010, pp. 906 – 933.

[④] Yu, L. Z., Information worlds of Chinese Farmers and their Implications for Agricultural Information Services: A Fresh Look at Ways to Deliver Effective Services, 2010. Paper presented at the World Library and Information Congress: 76th IFLA General Conference And Assembly, 10 – 15 August, Gothenburg, Sweden. http://www.ifla.org/files/hq/papers/ifla76/85-yu-en.pdf. (2012 – 09 – 20)

[⑤] Yu, L. Z., "How Poor Informationally are the Information Poor? Evidence from an Empirical Study of Daily and Regular Information Practices of Individuals", *Journal of Documentation*, Vol. 66, No. 6, 2010, pp. 906 – 933.

体在信息实践中所表现的智识水平来看，不同个体因文化素养、数字运算能力、信息和分析技能，尤其是批判性思维和话语分析的能力不同，其信息实践也存在着很大差异。① 表9.1中所列出的信息贫富状况不同的人群在空间、智识等维度上的特征无疑很好地验证了上述论断。

总之，本研究基于个人信息世界的测度而获得的关于信息贫富状况不同的各类人群特征的认识，验证了前人的相关论断，对于加深人们关于"信息穷人"与"信息富人"特征的理解具有积极的意义。本研究发现，信息富裕者具有如下方面的典型特征：年龄在31—50岁，职业为管理人员和专业人员，收入在5000元以上且有博士或硕士水平的教育经历；而信息贫困者的典型特征则包括：年龄在61岁以上，职业为制造业、交通业或类似工人，收入在501—1000元，仅有不满小学的文化程度。上述发现表明，信息贫富分化是一种与传统的经济社会地位的分化相互交织的社会现象。正是由于二者之间这种交织的关系，使得信息贫富分化常常表现出人们的经济社会地位及其人口学特征等方面。

关于信息贫富分化通过经济社会地位的差异及人口学特征而得以体现，在现有诸多研究中已得到了充分揭示。例如，van Dijk② 指出，信息社会由三个阶级构成：（1）信息精英，由高教育和收入水平、占据最好的工作职位和社会地位、100%接入ICT的人群构成；（2）参与者，由中产阶级和工人阶级组成，这些人的确能够获取计算机和Internet，但与信息精英相比具有较低的数字技能，所使用的ICT设备种类也较少；（3）被排斥者，这个阶层无法获取计算机和Internet，因此被排斥于很多社会领域之外。Castells、邱林川等则把"社会经济地位较差，文化教育水平较低，常在政治权力关系中处于从属状态"③的普通百姓及各种弱势、被边缘化的群体定义为"信息中下阶层"（Information have less），从而使信息社会形成了"信息拥有者"（Information haves）、"信息中下阶层"（Information have

---

① Yu, L. Z., "How Poor Informationally are the Information Poor? Evidence from an Empirical Study of Daily and Regular Information Practices of Individuals", *Journal of Documentation*, Vol. 66, No. 6, 2010, pp. 906 – 933.

② van Dijk Jan, *The Network Society*, London: SAGE. Second Edition, 2006, pp. 89 – 90.

③ Cartier C., Castells M., et al., "The Information Have-Less: Inequality, Mobility, Translocal Networks in Chinese Cities", *Studies in Comparative International Development*, Vol. 40, No. 2, 2005, pp. 9 – 34.

less）和"信息匮乏者"（Information have-nots）三层结构。

无疑，本研究所概括的信息富裕者与信息贫困者的典型特征很好地契合了 van Dijk、Castells、邱林川等人的研究。然而，这种契合并不意味着信息贫富分化现象可以等同于经济社会地位的分化。正如本研究大量数据所揭示的，当透过信息主体的个人信息世界，从信息（而不是经济社会地位）的角度审视人们的信息贫富差异时，信息贫富分化现象具有比人们经济社会地位和人口学属性更加丰富的特征。从这个意义上说，一方面，信息贫富分化与人们的经济社会地位差异相互交织，并常常通过后者表现出来；另一方面，信息贫富分化与人们的经济社会地位差异有着本质的不同，深入洞察二者之间的区别，需要研究者基于信息的立场考察信息贫富分化问题——这恰恰是本研究的主旨所在。

其次，结构和主观能动性共同"塑造"了信息贫富分化。

本研究发现，个人信息世界的形成，受到了结构与主观能动性两种力量的作用：一方面，个人信息世界的形成受制于客观存在的社会因素，从而使信息贫富分化表现为特定人群的特征；另一方面，信息主体独特的主观体验与认知习惯导致其信息实践活动具有了鲜明的个性色彩，从而塑造了千差万别的个人信息世界。正是在客观社会因素与信息主体主观能动性的共同作用下，贫富状况不同、个性特色鲜明的个人信息世界得以塑造，信息贫富分化现象也由此而得以发生。

出于深入考察社会结构因素与信息贫富分化之间的关系，本研究提出了假设二，即，城市成年人群在信息世界聚类中的位置与其社会经济地位及相关人口学特征之间存在着关联。通过考察社会结构因素对于信息贫富分化的影响，本研究证实了诸多社会结构因素（如收入等）与人们信息贫富分化相关联，但也发现性别等因素对信息贫富分化并没有统计学意义上的影响。同时，本研究也发现，即使对信息贫富分化产生影响的社会结构因素，也常常只是作用于信息主体个人信息世界的某个或某些方面，而不一定是各个方面。因此，透过结构因素来观察信息主体的信息贫富状况，需要从这些因素所影响的信息主体个人信息世界的具体维度进行分析，而不是越俎代庖，仅仅凭借信息主体在结构因素方面的特征就直接将其归入信息贫富分化的特定人群之中。

此外，本研究以自我效能感作为一种体现信息主体主观能动性的代表性变量，考察了其与信息贫富分化之间的关联。分析发现，自我效能感不仅对城市人群整体的信息贫富分化具有显著的影响，而且对信息主体个人信息世界的各个维度都存在独立而显著的影响。由此可见，主观能动性也是造就信息主体的个人信息世界、参与"塑造"信息贫富分化不可或缺的力量。

总之，本研究发现，年龄、收入、职业、教育水平和自我效能感等主客观因素与信息贫富分化之间存在着不同形式的关联，据此认为，结构因素与信息主体的主观能动性一起"塑造"了信息贫富分化。基于这些发现，本研究所提出的假设二从一定程度上得到了部分支持。

迄今为止，信息贫富分化领域的大量研究者都从不同的方面探讨了与信息贫富分化相关联的因素。如，"知识沟"领域的研究者揭示了经济社会地位与信息贫富状况之间的关联，数字鸿沟领域研究者从不同角度考察了性别、年龄、地理区位、民族等因素与人们在信息贫富分化中的地位之间的关系等。如上所述，本研究在综合考察了前人关于信息贫富分化关联因素的研究后，将一系列主客观因素纳入了考察，并揭示了这些主客观因素之于信息贫富分化的影响。本研究所获得的关于各种主客观因素与信息贫富分化之间关系的认识，有着两方面的意义：一方面，通过将现有研究中关于信息贫富分化关联因素的相关发现纳入研究范畴，本研究很好地延续了现有研究中的合理成分；另一方面，本研究以个人信息世界为信息贫富分化的操作性定义，并从整体性视角出发，将主客观因素共同加以考虑，从而弥补了现有信息贫富分化研究中，由于结构与能动性理论鸿沟的区隔而导致的关于信息贫富分化认识的二元对立的现象，增加了对信息贫富分化现象的解释和预测能力。

再次，信息服务机构的职业行为及社会阅读活动对于信息贫富分化的干预和治理具有有效性。

通过对东莞地区的图书馆内和馆外两个人群的比较分析，本研究发现，作为社会设计的信息空间的公共图书馆对于缓解和消弭信息贫富分化具有积极的意义。本研究发现，公共图书馆的存在，一方面满足了个人信息世界丰富者的信息需求，另一方面为有效防止信息主体沦于信息贫困构筑了"防线"。具体而言，公共图书馆之于信息贫富分化治理的有效性表现在：（1）图书馆的存在，促进了到馆人群信息资产的积累，提高了其智识水平并促使其在信息获取方面花费更多时间，从而有效地促进了图书馆用户个人信息世界的丰富化；（2）图书馆的存在，从诸多方面改善了信息相对贫困人群的个人信息世界，从而使到馆人群中的"相对信息贫困者"在整个社会中也处于相对信息富裕的状态。

另外，通过对东莞地区社会阅读活动的分析，本研究发现，信息贫困一方面表现为一种"信息获取意愿的贫困"，另一方面也表现为信息贫困者对信息获取缺乏（积极的或消极的）体验。从这个角度看，有效治理信息贫富分化首先需要关注如何激发信息主体信息获取的意愿，并帮助其获得积极的体验。同时，本研究通过图书馆与社会阅读的关联分析发现，对现有社会公共信息资源和服务利用不足是导致信息贫困的重要原因之一。因此，通过多种途径提高现有信息资源的利用效率，对于信息贫富分化的治理具有重要的意义。

虽然在图书馆与情报学及相关领域，大量研究者都论述了公共图书馆及其相关活动在信息贫富分化治理中的作用，但较少有研究者对在真实的社会情境中，公共图书馆及其活动之于信息贫富分化的实际影响进行检验。本研究对公共图书馆及社会阅读活动之于信息主体个人信息世界丰富化影响的考察，对公共图书馆及其职业活动之于信息贫富分化干预与治理具有有效性的认识提供了实证支持，弥补了此方面研究的不足。

总之，基于对东莞地区公共图书馆及其相关职业活动在信息贫富分化治理中作用的检验，本研究所提出的假设二得到了支持。

二 主要贡献与创新

在社会信息化程度不断加深的背景下，图书馆与情报学及相关领域的研究者对信息贫富分化问题给予了高度关注。在本领域现有的研究成果中，数字鸿沟、数字不平等的研究因明显的技术决定主义倾向而受到了普遍的质疑和批评，而以"知识沟"、信息不平等、信息贫困等名义进行的研究也往往因研究视角的局限，常常把信息贫富分化的根源归结于经济社会地位的差异，从而陷入结构决定主义的误区。着眼于工业社会与信息社会的资源基础有着根本区别这一事实，本领域的研究需要研究视角的转向——这正是本研究的主要贡献所在。简言之，本研究实现了基于"信息"这一战略资源对信息贫富分化现象的解读。

具体而言，本研究以个人信息世界的差序作为信息贫富分化的操作性定义，以人们对于信息这种战略资源（而不是传统的经济社会资源）的占有和利用程度作为衡量其信息贫富状况的基本依据，划分了城市成年人群中的信息贫富分化层级。本研究对于信息贫富分化层次的划分至少具有如下意义。首先，由于这种划分方法是基于多维视角而展开的，因此对于信息贫富分化现象的揭示不仅继承了现有研究中的合理成分，而且以更全面的视角解读了信息贫富分化，从而对信息贫富分化现象形成了更接近于现实社会真实的认识。这一认识的取得，对于信息贫富分化的研究与治理具有一定的理论价值与实践价值。其次，本研究以"个人信息世界"这一着眼于从整体性视角解析信息不平等问题的基础性概念及其对信息贫富分化的解读为理论基础，因此，本研究关于信息贫富分化现象的解读有助于研究者跨越结构与主观能动性的理论鸿沟，从整体性的理论视角获得关于信息贫富分化现象更全面的认识。再次，把信息主体在个人信息世界各维度上的差距作为衡量其信息贫富状况的标准，实现了从人们对信息资源（而不是经济社会方面的资源）占有程度而衡量其信息贫富状况的目标，这种研究视角的转向，无疑更符合信息社会的现实。最后，以个人信息世界为信息贫富分化的操作性定义，也有助于克服现有信息贫富分化研究中因缺乏统一的标准而对信息贫富分化现象及其关联因素众说纷纭、莫衷一是的弊端，有利于本领域研究的整合和积淀。

本研究的创新源自这是一项基于整体性理论视角，从"信息"的视角观察信息贫富分化问题的研究。具体而言，本研究具有如下两个方面的理论创新。

首先，基于个人信息世界分化差序结构而形成的关于信息贫富分化的认识，创新了传统的把经济社会地位差异视为信息贫富分化现象的认识。

如前所述，工业社会向信息社会的转型对于研究者正确解读信息贫富分化现象提出了新的要求，而在本领域现有研究中，研究者常常把经济社会地位的差异视为信息贫富分化本身，因此具有局限性。基于对信息主体个人信息世界的测度与聚类分析，本研究发现了城市人群中所存在的四个信息贫富状况不同的层级，并通过比较分析，发现了这四个人群个人信息世界的内在特征与差异。通过回归分析发现，社会结构因素与主观因素都对信息贫富分化现象有着程度不同的解释力。这表明，主观与客观、个体与社会等诸因素相互交织，共同塑造了信息贫富分化。因此，本研究以个人信息世界作为信息贫富分化的操作性定义，获得了关于信息贫富分化现象的新认识。这种新认识本身，由于采用了整体性的理论视角，有效弥补了传统信息贫富分化研究中二元对立的倾向，对于信息贫富分化理论的完善和发展具有一定的创新意义。

其次，基于个人信息世界的丰富程度而划分的信息贫富分化层级，实现了对传统的基于信息获取利用或 ICT 接入等单维信息贫富分化认识的创新。

回顾信息贫富分化领域现有研究，无论是以数字鸿沟、数字不平等或"知识沟"、信息贫困等何种名义进行的研究，都因对复杂的信息社会分层现象做出单一维度的解释而饱受质疑。个人信息世界理论对信息贫富状况的解读本身，是从信息主体对信息源的可获性、可及性、基础信息和信息资产的丰富程度，以及由时间、空间和智识三者共同决定的边界大小和信息主体参与各种动力特征不同的信息实践活动等 3 个要素、8 个维度入手，实现了对信息贫富状况的多维评价。无疑，本研究这种基于多维角度对信息贫富状况的解读更符合信息社会的现实，也具有更强理论解释力和现实指导力。

从实践层面看，本研究证实了图书馆作为社会设计的信息空间之于信息贫富分化治理的积极作用，并解读了社会阅读活动对于信息贫富分化治理的影响。由于这些认识本身具有理论创新性，使据此所提出的启示与建议之于信息贫富分化治理的实践也更可能具有创新性与可行性。

第二节 实践启示

近年来，随着社会信息化程度的加深，我国政府与社会各界开始关注并投入了大量资源以有效应对信息贫富分化问题。作为一项试图从信息角度理解信息贫富分化问题的研究，本研究所期望的是基于新的研究视角而获得关于信息贫富分化的准确认识，以便对关注信息社会信息贫富分化问题治理和图书馆职业发展的决策者和实践者有所启示。

一　给决策者的建议
（一）重视对客观信息环境的建设和完善
信息源的可及性是衡量信息主体信息贫富的重要指标。本研究发现，无论是从信息贫困者对信息源的可及性、可获性，还是从其个人信息世界的空间边界看，无法有效地获得优质信息源常常是信息贫困发生的重要原因之一。现有关于数字鸿沟、数字不平等及"知识沟"等方面的研究也证明，人们对信息通信技术（ICT）的占有和使用状况对于信息贫富分化的发生具有关键性的影响。此外，在信息行为研究领域，大量的研究（Choo[1]、Reneker 等[2]、Johnson[3]、Pettigrew[4]、Sonnenwald[5]、Savolainen[6]等）也已证实了信息主体所处的空间环境，特别是信息源在物理空间中的分布对人们信息实践的影响。由此可见，无论从何种角度来看，完善信息基础设施建设，使信息主体可方便地获取信息源对于信息贫富分化的治理意义重大。

如前文所述，近年来，着眼于信息贫富分化的治理，我国政府和各类社会机构大量增加了对信息基础设施及相关信息服务机构的投入，极大地丰富了居民就近可及的信息源。迄今为止，我国政府除实施了文化信息资源共享工程、农家书屋等大型政府公共文化建设工程外，还于2011 年初出台政策，实现了公共图书馆等信息服务机构的免费开放。上述举措的落实，无疑对信息贫富分化的治理产生了积极的意义。今后，随着社会信息化程度的进一步加深，继续加大对公共文化事业的投入，促进公共图书馆等公共信息服务机构的健康发展，并尝试为信息社会的公民建设更加形式多样、灵活便捷的信息源仍然是一项重要而长期的任务。

此外，建设和完善良好的信息获取客观环境，还需要完善信息获取、提供与服务等社会制度性安排，促进政府信息公开、电信普遍服务及公共文化服务体系建设方面的制度建设，遏制人为构筑信息樊篱并实施信息垄

---

[1] Choo, C. W., *Information Management for the Intelligent Organization*: *the art of Scanning the Environment*, 3rd ed. Medford, N. J.: Information Today, Inc. 2002, p. 98.

[2] Reneker, M., Jacobson, A., Spink, A., "Information Seeking Environment of a Military University", *The New Review of Information Behaviour Research*, Vol. 23, No. 2, 2001, pp. 179 – 193.

[3] Johnson, J. D., *Information Seeking*: *An Organizational Dilemma*, Westport, CN: Quorum Books, 1996, p. 90.

[4] Pettigrew, K. E., "Waiting for Chiropody: Contextual Results from an Ethnographic Study of the Information Behaviour Among Attendees at Community Clinics", *Information Processing & Management*, Vol. 35, No. 6, 1999, pp. 801 – 817.

[5] Sonnenwald, D. H., "Evolving Perspectives of Human Information Behaviour: Contexts, Situations, Social Networks and Information Horizons", In T. D. Wilson & D. Allen (Eds.), *Exploring the Contexts of Information Behaviour*, Proceedings of the 2nd International Conference on Research in Information Needs, Seeking and Use in Different Contexts, 13 – 15 August 1998, Sheffield, UK (pp. 176 – 190). London: Taylor Graham, 1999, p. 87.

[6] Savolainen, R., "Spatial Factors as Contextual Qualifiers of Information Seeking", *Information Research*, Vol. 11, No. 4, 2006, p. 3.

断等逆时代潮流行为的发生。

（二）在信息贫富分化治理项目的设计中努力实现结构与主观能动性的协同

从跨越结构与主体能动性的整体性理论视角解析信息贫富分化，是本研究所秉持的基本理论立场。如前所述，有效的信息贫富分化治理不仅需要为信息社会的居民创建良好的信息获取物质环境，也需要充分把握信息主体的主观世界。因此，信息贫富分化治理项目的设计与实施需要有效整合社会结构因素与信息主体的主观能动性，探寻使二者协同的路径。唯其如此，信息贫富分化治理的项目才能得以持续深入地进行，并达成预期的效果。

本研究所获得的启示之一是，使信息贫富分化治理的项目扎根于具体的社会文化环境之中，是实现结构与主体能动性协同的一个重要途径。例如，本研究发现，信息贫困的表现之一，是信息贫困者用于信息活动的时间远远少于信息富裕者。事实上，在现实生活中信息富裕者未必总比信息贫困者更"闲"，从而可以花费更多的时间进行信息活动。本研究认为，信息贫困者花费极少的时间用于信息的搜寻，通常并非"客观上"没有时间，而很可能是因为这一人群所处的社会文化环境营造了一种消极的、不利于信息获取的"时间观念"。信息行为领域的许多研究（如Chatman[1]，Edwards[2]，Hektor[3]，Savolainen[4]，Fisher等[5]）也表明，社会文化环境对个体的时间视野产生影响，而时间视野反过来又限制信息活动行为。

---

[1] Chatman, E. A., "Life in a Small World: Applicability of Gratification Theory to Information-seeking Behavior", *Journal of the American Society for Information Science*, Vol. 42, No. 6, 1991, pp. 438–449.

[2] Edwards, S., "Poston-Anderson B. Information, Future time Perspectives and Young Adolescent Girls: Concerns about Education and Jobs", *Library & Information Science Research*, Vol. 18, No. 3, 1996, pp. 207–223.

[3] Hektor, A., *What's the use? Internet and Information Behavior in Everyday Life*, Dissertation, Linkfping, Sweden 7 Linkfping University, 2001.

[4] Savolainen, R., "Everyday Life Information Seeking: Approaching Information Seeking in the Context of Way of Life", *Library & Information Science Research*, Vol. 17, No. 3, 1995, pp. 259–294.

[5] Fisher, K. E., Naumer, C., Durrance, J., Stromski, L., Christiansen, T., "Something old, Something new: Preliminary Findings from an Exploratory Study About People's Information Habits and Information Grounds", *Information Research*, Vol. 10, No. 2, 2005, pp. 11–18.

正如 Savolainen ①所总结的，现有研究表明，时间与信息活动之间存在着如下关系：首先，时间因素受社会和文化因素的影响，其中包含着习惯的成分。其次，时间在客观或主观上的可获得性限制着信息活动。再次，时间因素影响着信息活动流程中每一阶段人们对信息源的选择及偏好。因此，就时间因素而言，通过整合主客观因素提高信息贫富分化治理的效率，就要求信息贫富分化项目的设计者与实施者既关注信息主体对时间在"客观上的可获得性"，也关注其对时间在"主观上的可获得性"。具体而言，关注信息主体对时间在"客观上的可获得性"，就需要把用户获取信息的便捷性放在信息资源建设的优先位置；而关于信息主体对时间在"主观上的可获得性"则启示我们，提高信息获取的意识与技能对于信息贫富分化治理也具有重要意义。此外，由于时间因素同时制约着人们的信息源选择与偏好，因此，在信息贫富分化的治理过程中，就没有理由不把服务群体信息获取的时间特征及其习惯放在信息源建设及信息资源组织优先考虑的位置。

另外，本研究发现，信息贫困者的"惯习"是导致其个人信息世界贫困化的一个重要因素。例如，从基础信息源维度来看，信息贫困者更倾向于使用信息源的休闲娱乐功能而非从中获取知识信息。此外，从信息资产等其他维度也可看出，信息贫困者对于知识富集型信息源的使用频率低，且倾向于不加批判分析地接受所获得的信息。本研究认为，上述现象的发生很大程度上可归因于信息主体的"惯习"。由于惯习的形成既凝结着结构与主观能动性的双重作用，也是信息主体日复一日信息实践特征的积淀。因此，要有效地干预和治理信息贫富分化，就需要考虑采取措施，帮助信息贫困者改善其"惯习"，以便达成信息贫富分化治理的预期效果。

总之，本研究基于个人信息世界的测度与聚类分析，发现了城市成年人群中存在着界限清晰的信息贫富分化层级。着眼于信息贫富分化层级中不同人群的具体特征，本研究认为，信息贫富分化的治理不仅需要建设和完善信息基础设施，为信息主体提供便捷的信息获取环境，更需要关注其"主观信息世界"，实现结构与主观能动性协同。

---

① Savolainen, R., "Time as a Context of Information Seeking", *Library & Information Science Research*, Vol. 28, No. 1, 2001, pp. 110–127.

(三) 有必要对于老年人群的信息贫困问题给予足够的重视

本研究发现，老年人群落入信息富裕组的概率非常低，而落入信息贫困组的概率则非常高。这表明，在整体人群中，老年人群明显处于信息偏贫困的状态。本研究认为，这种现象的出现，一方面是由于老年人群成长的时代信息化程度并不高，社会生活对信息的依赖程度相对较低，且社会所能提供的信息源（特别是信息传递效率更高的数字信息源）相当有限。由此，老年人群所处的成长环境局限了其知识结构和从新型信息源获取信息的技能，从而导致这一人群在信息贫富分化中处于相对不利的位置。另一方面，与在职场上拼搏的年轻人群相比，多数老年人已经退出了工作环境，因此，信息获取之于老年人群的重要程度明显较低。由于上述原因，老年人群更容易沦于信息贫困。

然而，无论从何种角度来看，老年人群的信息贫困现象都是一个不容忽视的重要社会问题。首先，随着我国步入老龄化社会，老年人群在整体人群中所占的比重越来越高。老年人群的信息贫富状况不仅关乎这一人群自身在信息社会中的生活质量，更是衡量社会发展水平与文明程度的重要标尺。其次，着眼于中国社会的现实，老年人群的信息贫困现象更需要引起高度重视。由于我国特有的文化传统和社会结构，老年人常常承担着启蒙第三代的教育重任。然而，在社会高速数字化、网络化的背景下，如果对老年人群日益陷于信息贫困这一社会问题不加以有效的干预和治理，则很可能导致这一人群被排斥甚至隔绝于信息社会之外。不难想象，由一个信息贫困（甚至隔绝于信息社会）的人群来承担教育年幼人群的重任，其后果将是十分严重的。基于此，致力于信息社会健康发展的各类机构非常有必要给予老年人群以足够的重视，以便投入更多的资源，优化信息服务制度，从而有效满足老年人群的信息需求，加深其信息富裕程度。

具体而言，在社会信息化的背景下，国家、社会及各类致力于信息贫富分化治理的机构需要共同参与，不断完善信息服务的社会制度安排，建设适于老年人群参与信息活动的社会场所。首先，作为社会设计的信息空间，图书馆、学校等直接或间接从事信息服务活动的机构应该在老年人群信息贫困治理中承担更大的社会责任。如前所述，老年人群之所以更有可能沦于信息贫困甚至被隔绝于信息社会之外，常常是由于其成长环境的局限。有鉴于此，社会有必要专门为老年人群设计适合其年龄特征的信息活动场所，以便为这一人群创造融入信息社会、加深信息富裕程度的机会。

其次，老年人群陷入信息贫困的一个重要原因是，这一人群有限的知识和技能局限了其对现代信息技术的应用。基于此，图书馆、学校等机构有必要为老年人群提供有针对性的信息技术培训活动，以帮助其掌握对现代信息技术的应用能力，从而使老年人群能够从新型的数字信息源获取更加丰富的知识信息，以满足其信息需求，加深其信息富裕程度。再次，着眼于社会信息化背景下老年人群的年龄特征与信息需求，图书馆等致力于为公民提供信息服务的机构需要反思现有信息组织与提供方式之于老年人群的适用性，以便构建符合这一人群实际需求的信息资源服务体系。最后，既然老年人群承担着教育第三代的责任，则对老年人群信息贫困的治理就有必要构建一种"老幼兼顾"的协同机制。例如，公共图书馆、中小学等机构可通过"亲子阅读"等形式，在促进老年人群参与信息服务机构的专业化信息服务活动的同时，帮助年幼人群从小形成良好的信息获取习惯，从而把对老年人群信息贫困的治理与其对年幼一代的教育责任相衔接。

（四）构建适应信息社会需要的教育模式

本研究发现，教育年限正向地影响着信息贫富分化，因此，保障公民的教育机会之于信息贫富分化的治理有着积极的意义。然而，本研究也发现，基础教育和高等教育之于信息贫富分化具有不同的影响。在一项与本研究具有相同视角的研究中，刘亚也发现，"大多数接受调研的青少年……的信息实践表现为类型单一、时空受限和智识程度较低的特征。……这些青少年的信息实践决定了他们个人信息世界中的可获取信息资源和信息资产都十分有限。……其教育经历塑造的信息实践建构了相对贫困化的信息世界"[1]。本研究认为，就我国现行教育体制而言，在高中及高中以下各阶段的教育中，应试的价值趋向非常明显，而到了大专以上各阶段的高等教育中，应试不再是教育者追求的主要目标。这种价值趋向的转向，意味着不同层次的教育之于信息主体的信息贫富状况将产生不同的影响：在基础教育阶段，学生将大量时间用来"开展课堂学习与完成作业等知觉性信息实践，很少有机会开展目的性信息实践"[2]。受教育者受制于程式化的应试训练，学生在基础教育阶段的"教育经历

---

[1] 刘亚：《教育对青少年信息贫困的影响研究》，博士学位论文，南开大学，2012年。
[2] 刘亚：《教育对青少年信息贫困的影响研究》，博士学位论文，南开大学，2012年。

中绝大多数时候是被动地接受信息","很少有开展目的性信息实践的机会",应试趋向导引下的基础教育常常使学生"大部分时间用于开展知觉性信息实践,缺乏开展目的性信息实践的机会"①。因此,对于基础教育阶段的受教育者而言,这种"不均衡的时间分配和单一的信息决定了他们很少有机会从目的性信息实践中获取信息资产"②,从而导致其信息实践的空间狭小。因此,在应试教育的环境中,教育经历不但无助于个人信息世界的丰富化,甚至可能起到相反的作用。

由此可见,要通过学校教育活动实施对于信息贫富分化的有效治理,就需要构建适应信息社会需要的教育模式。具体而言,在实际的教学活动中,教育者需要力戒程式化的训练,而应当努力发挥学生的主动性。此外,教育者不仅需要关注学生对具体知识的接受量,而且需要关注学生获取这些知识信息的方式。从这个意义上说,在基础教育领域实施从应试教育向素质教育的转型,既是社会信息化背景下教育自身发展的题中之义,也是信息贫富分化问题得以治理的必由之路。

二 给实践者的建议

(一)关注信息主体的"信息自觉",激发信息主体参与信息实践的积极性和主动性,促进其信息资产的丰富化

个人信息世界理论认为,"信息贫困的发生就是因为信息主体受资源、机会、社会流动、教育模式等因素的限制,只能构建狭小的个人信息世界边界;而狭小的个人信息世界边界又反过来限制了信息资源的获取和利用"③。本研究发现,信息贫困的重要表现之一,是信息贫困者个人信息世界的发展和完善缺乏动力,而且与信息富裕者相比,信息贫困者倾向于选择使用较少需要付出认知努力的信息源。本研究认为,信息贫困者的上述特征恰恰是一种"信息自觉"缺失的"症状"。显然,从信息贫富分化有效治理的角度看,通过提高信息主体参与信息实践的动机水平,培养信息主体把握自己信息需求的敏感度,并形成良好的信息意识,对于促进信息主体个人信息世界的丰富化具有重要意义。

---

① 刘亚:《教育对青少年信息贫困的影响研究》,博士学位论文,南开大学,2012年。
② 刘亚:《教育对青少年信息贫困的影响研究》,博士学位论文,南开大学,2012年。
③ 于良芝:《"个人信息世界"——一个信息不平等概念的发现及阐释》,《中国图书馆学报》2013年第1期。

作为"信息自觉"的体现，动机水平之于人们信息行为的影响不但在本研究中有所体现，也已经得到了信息行为领域其他研究者的证实。例如，Savolainen[①]发现，不同的动机水平对人们信息行为的影响表现在：当个体的信息行为由自发动机驱动时，其信息行为充满着兴趣并自发地获得了愉悦的体验；当个体的信息行为由受控动机驱动时，其信息行为常常迫于内部或外部的要求而体验到压力；在无动机的情况下，个体则以被动、不热心的方式参与信息活动。Vansteenkiste 等[②]研究则发现，通过自发动机可正向预测信息活动的强度和持续性，无动机群体在信息活动的过程中表现得漠不关心。

显然，上述研究发现对于信息贫富分化的治理有着重要的启示意义。首先，信息贫富分化治理项目的成败很大程度上取决于人们在参与该项目时的动机水平。因此，信息贫富分化治理项目首先需要激发参与者的"信息自觉"，使参与者获得愉悦的体验。然而，当前的信息贫富分化治理项目的设计常常遵循"自上而下"的路线，项目本身更多地体现了决策者或专家等精英人群的意图，很少将普通民众（特别是信息贫困者）的动机因素纳入项目设计者的考量之中，从而在项目实施之初已经埋下了败笔。其次，研究表明，只有当信息行为由自发动机驱动时，个体才会愉悦而主动地开展信息活动，使自己的个人信息世界更趋于丰富化。因此，信息贫富分化治理的过程不应该是一成不变的、静止的，而应该时时跟踪参与者动机水平的变化，并随着这种变化而动态地对项目进行调整。再次，现有研究已证明了通过动机因素预测信息活动强度与持续性的可行性，对于信息贫富分化治理过程中及时对项目的效果进行评估提供了依据。具体来说，通过监测参与者在参与信息贫富分化治理项目过程中的自发动机，可以有效地对信息贫富分化治理项目进行过程性评估。现有信息贫富分化治理项目常常采用事后评估的模式，难以发现项目实施过程中面临的实际问题，而过程性评估则克服了这样的不足。因此，有必要改进对信息贫富分化治理的评估模型，以便通过掌握信息主体的"信息自觉"

---

① Savolainen, R., "Autonomous, Controlled and Half-hearted. Unemployed people's Motivations to Seek Information About Jobs", *Information Research*, Vol. 13, No. 4, 2008, p. 5.

② Vansteenkiste, M., Lens, W., de Witte, S., de Witte, H. & Deci, E. L., "The 'why' and 'why not' of job search behaviour: their relation to searching, unemployment experience and well-being", *European Journal of Social Psychology*, Vol. 34, No. 3, 2004, pp. 345–363.

程度对信息贫富分化治理的进展作出更符合实际的判断与调整。

另外，信息需求也是人们"信息自觉"的重要体现。一般认为，已知项目的信息需求（Known item information needs）和未知项目的信息需求（Unknown item information need）是信息需求的两种基本形式。Cottrell 和 Eisenberg [1]，Svenonius [2]等研究发现，在已知项目的信息需求中，个体可以从一开始就有效地陈述信息需求，这类信息需求的强弱程度取决于个体即刻需要达成目标的动机强烈与否。Taylor [3]则把未知项目的信息需求分为四个层次：第一层次，无意识信息需求；第二层次，有模糊意识却无法明示的信息需求；第三层次，可以明示的信息需求；第四层次，使用适当的语言或词语表述的信息需求。研究发现，由第一层次到第四层次，随着信息需求的明晰化，信息需求对信息行为的作用越来越明显。可见，信息贫富分化的治理应当关注目标人群具体的信息需求，否则，很可能使信息贫富分化治理的行动功败垂成，造成资源的浪费。具体而言，任何信息贫富分化治理项目在开始前都有必要明确这一项目的实施是为了满足哪个人群的何种信息需求，而在对项目进行评估时，则需要始终关注这一项目是否实现了设计时预期的目标人群的信息需求。

总之，激发信息主体的"信息自觉"有助于提高人们参与信息活动的动力。而这种动力的获得，恰恰是信息主体信息资产丰富化的重要途径，而促进公民信息资产的丰富化无疑是信息贫富分化治理的最重要目标之一。

（二）培养信息社会公民获取信息的认知和操作技能是信息贫富分化治理的重要环节

信息贫富分化的治理不仅需要为人们创造信息源丰富便捷的物理空间，也需要以用户为中心，实现物质的信息源与人们"主观信息世界"的对接。本研究发现，从认知结构的完善程度来看，信息富裕者倾向于高频率使用知识富集型信息源，从而加速了其信息资产的积累，信息贫困者

---

[1] Cottrell, J. R., Eisenberg, M. B., "Applying an Information Problem Solving Model to Academic Reference work: findings and Implications", *College & Research Libraries*, Vol. 62, No. 4, 2001, pp. 334–347.

[2] Svenonius, E., *The Intellectual Foundation of Information Organization*, Cambridge, M. A.: MIT Press, 2000, pp. 45–67.

[3] Taylor, R. S., "Question-negotiation and Information Seeking in Libraries", *College & Research Libraries*, Vol. 29, No. 3, 1968, pp. 178–194.

则倾向于对知识富集型信息源的低频使用或对知识含量较低信息源的高频使用，因此造成了其个人信息世界的贫困化；而从技能角度来看，信息富裕者由于具备更高的知识信息获取的意识和能力，从而具备了高频率使用各类信息源（无论是知识富集型还是知识含量较低）的主观条件，而信息贫困者则往往因跨不过信息源的技能"门槛"而使其个人信息世界沦于贫困化。此外，信息贫富状况不同的人群在批判思维能力、语言能力和智识水平等诸多方面也都存在着显著的差异。由此可见，信息贫富分化的治理不仅是一个物质资源的建设过程，也是一个对人们的"头脑"进行治理的过程。

显然，实现对于信息社会公民主观世界的信息化"改造"，需要信息服务机构和各类相关部门付出更富智慧、更加艰辛的努力。以图书馆职业为例，公共图书馆作为一种保障公民信息权利的制度安排，是社会为信息主体专门设计的信息空间，其职业行为在致力于信息贫富分化治理的诸多机构中具有一定的代表性。于良芝将图书馆职业的知识体系划分为两大核心内容：服务于知识有效查询（retrievability）的内容和服务于知识有效获取的内容[①]。而专业化图书馆职业活动的内容，就是运用这两部分知识提供的最新理论和技术，设计出能穷尽当时技术潜能和物质条件的工具、手段和服务，以保障最有效的知识查询和知识获取。[②] 显然，要用户的信息（知识）查询和获取变得"有效"，就不能无视用户运用自己的智识对外界信息进行处理的规律与特性。

近年来，信息处理过程中的认知功能、能力、绩效和认知风格研究已成为信息行为领域研究的核心问题之一。[③] 而从认知的角度看，信息行为研究至少存在4个主要子领域：信息检索的认知模型构建研究，从认知角度辅助用户信息活动的研究，信息需求与搜索任务的联系及其认知特征研究和信息搜索行为的认知属性研究。[④] 这些基于用户的认知建构而开展的研究，逐步揭开了信息行为发生的认知"黑箱"，使信息贫富分化治理项

---

① 于良芝：《图书馆与情报学（LIS）的使命与视域》，《图书情报工作》2009年第9期。
② 于良芝：《我国基层图书馆的专业化改造——从全覆盖到可持续的战略转向》，《图书馆建设》2011年第10期。
③ 周文杰：《国外信息行为研究十年：现状、热点与趋势》，《情报学报》2012年第5期。
④ 周文杰、于斌斌：《国外认知视角的信息行为研究现状分析：基于文献计量》，《图书情报知识》2012年第1期。

目的实施有了植根于人类认知特性的可能性。

总之,尽管从外在信息源的建设开始,信息贫富分化治理的过程就已经启动,但要想实质性地干预信息贫富分化,就必须实现外在信息源与信息主体内在信息世界的有效对接。基于本研究的结论不难看出,帮助用户获得必要的认知和操作技能正是这种对接得以成功的关键。

(三) 信息服务要切实走向用户中心

为考察信息贫富分化治理各种举措的实际效益,现有研究者与实践者常常通过经费投入、单位时间内访问信息机构的人数或信息资源的利用率等显性指标,对信息贫富分化治理的绩效加以评估。例如,我国政府所组织的每四年一度的公共图书馆评估定级所采用的评估方案中,很多指标就是基于上述思想而设计的。毋庸置疑,基于这些显性指标而进行的评估活动更容易引起政府部门和社会各界的关注,从而有效地促进了居民信息获取条件和环境的改善。但也应注意到,信息贫富分化治理的成效并不仅仅体现在这些显性指标之中。

本研究发现,信息贫富状况不同的人群具有许多共性的特征,正是基于这种共性,研究者描述了信息社会背景下城市人群中所存在的新型社会分层现象。但是,本研究也发现,信息主体的个人信息世界具有极其鲜明的个性特色。如,同样归属于信息贫富分化某一特定层级的人群(如信息富裕组或信息贫困组),在其个人信息世界的各维度上也常常千差万别。再如,于良芝[1]发现,物理上的可及性并不自动把信息资源加入人们的信息资产中,除非向人们展示了这些信息资源的相关性和有用性,这些资源才有可能被转化进入个人信息世界。Savolainen[2]发现,信息源偏好标准对于人们的信息行为影响巨大,这一标准包括:信息的可及性和信息内容(如质量)、信息的可用性(如有清晰组织的信息)、用户特征(如媒体选择习惯)、情境因素(如缺乏时间)等。可见,人们是否选择使用某种信息源,常常受制于其个人偏好及其对该信息源是否具有"有用性"

---

[1] Yu, Liangzhi, "How Poor Informationally are the Information Poor? Evidence from an Empirical Study of Daily and Regular Information Practices of Individuals", *Journal of Documentation*, Vol. 66, No. 6, 2010, pp. 906 – 933.

[2] Savolainen, R., "Information Source Horizons and Source Preferences of Environmental Activists: A Social Phenomenological Approach", *Journal of the American Society for Information Science & Technology*, Vol. 58, No. 12, 2007, pp. 1709 – 1719.

的判断。因此，信息贫富分化的有效治理不仅需要着眼于信息社会分层的整体面貌，综合考虑信息基础设施的建设与完善，更需要在具体项目的实施中，站在用户的立场上充分考虑其信息获取与利用的偏好与特征，以便使信息贫富分化治理的措施与信息主体的个人信息世界实现有效的对接。从这个意义上说，走向用户中心的信息服务是信息贫富分化治理获取预期成效的必备条件。

正是由于信息贫困的发生是一种充满着信息主体个性特征的现象，评价信息贫富分化治理成败的最终标准就不能局限于建设了多少信息源，更要关注信息服务机构所提供的资源是否契合了目标群体的个性化信息需求、是否真正成为对用户"有用"的信息源等问题。正是在这一背景下，图书馆与情报学及传播学等相关领域的大量研究者于20世纪七八十年代开始转向了对用户的意义建构和认知特性的研究。1986年，Dervin 和 Nilan 在对1978年以来图书馆与情报学领域的相关文献进行分析后指出，本领域的研究已深刻地转向用户中心范式[1]。无疑，基于用户中心范式而开展的研究为信息服务机构将自己的职业行为与信息主体的个人信息世界对接提供了理论准备。而作为信息贫富分化治理项目的实施者，信息服务机构显然需要在自己的职业实践中切实践行用户中心的理念。

第三节 研究局限与后续研究

一 研究局限

本研究以城市成年人群为研究样本，解读了这一人群信息贫富分化的现状、特征及关联因素。然而，城市人群仅仅是全社会人群中的一部分，因此，本研究所获得的发现并不足以涵盖信息社会的全部人群。进而，本研究把居住于城市、职业类型为非"农民或农民工"的成年人群纳入了研究样本，可见，本研究对于"城市人群"的定义本身具有宽松的边界。这种界定方式使本研究所述的"城市人群"很可能无法完全等同于其他相关学科或研究中所述的城市人群，特别是不能对应于人口普查等严格统计意义上的"城市人口"。由此所产生的局限性是，本研究与那些对城市

---

[1] Dervin, B., Nilan, M., "Information Needs and Uses", *Annual Review of Information Science and Technology*, Vol. 21, 1986, pp. 3–33.

人口采用了不同定义方式的同类研究之间，在研究的结论方面很可能无法直接比较。

另外，尽管本研究参照分层抽样的有关标准选择了六座具有代表性的城市作为研究的实施地点，但为了使研究更具有可操作性并尽量获得受访者的配合，以获取信度更高的调查数据，本研究在具体调研地点多数采用了方便抽样的方式。正如本研究在前文所分析的，研究样本在诸多人口学特征上的分布不均衡性，以及不同类型个体对于本研究配合度的不同，都从一定程度上影响了本研究样本的代表性。虽然这种影响并不足以对本研究的结论构成威胁，但在针对具体人群特征的描述上，本研究的发现与社会现实之间难免会存在一些出入。

二　后续研究

整体而言，本研究基于个人信息世界对城市人群进行的测度与分析较完整地揭示了这一人群的信息贫富分化状况，本研究也较圆满地达到了预期的研究目的。但是，着眼于对信息贫富分化现象获取更深刻、全面的理论认识，并为信息贫富分化的治理提供更加行之有效的实践建议，本研究尚待后续研究的跟进。具体而言，今后有必要展开如下方面的研究。

首先，将更加丰富的因素纳入对信息贫富分化的考察之中，以提高对信息贫富分化现象的解释力。如前所述，尽管本研究通过对前人大量相关研究的文献调查而选定了各种主客观因素作为信息贫富分化现象的关联因素，并通过这些变量对于信息贫富分化现象进行了解释。但正如本书第七章所提及的，从理论上说，本研究所涉及的变量仅仅解释了信息贫富分化现象的30%。由此可见，造成信息贫富分化的诸多其他因素仍然未知。在后续研究中，需要进一步探查和选取更多可用于有效解释信息贫富分化的因素，以便对信息贫富分化现象作出更全面、深刻的解释。

其次，关注主客观因素之间的互动机制，以便进一步完善对于信息贫富分化现象的整体性认识。在本书第三章第三节中提到，尽管本研究是基于整体性理论视角而展开的研究，但限于各种条件，本研究不得不止步于对各种主观和客观因素之于信息贫富分化影响的分析，对影响信息贫富分化的主客观因素互动机制及其影响的探讨尚未涉及。着眼于从整体性理论视角获取对信息贫富分化更加完善、全面的认识，有必要在后续研究中深入考察与信息贫富分化相关联的各种主客观因素之间存在着何种互动机制，以及各种主客观因素及其互动如何造就了信息主体的个人信息世界并最终导致了信息贫富分化的发生。

再次，深入探查信息贫富分化的发生机理，以便为信息贫富分化的治理提供更加切实有效的措施提供理论依据。根据预定的研究目标，本研究把关注的焦点放在信息贫富分化的表现及其关联因素的探查方面，而没能对信息贫富分化发生的机理给予考察。然而，无论是出于深化信息贫富分化理论发展的目的，还是促进信息贫富分化治理的实践行动，都有必要对信息贫富分化的发生机理进行深入解析。因此，在今后的研究中，有必要进一步考察信息贫富分化的发生机理，以便在理论上完善对于信息贫富分化现象的认识，并对信息贫富分化治理提供更具体可行的指导。

最后，进一步细化对于各变量的测度，以便构建能够有效预测信息贫富分化的模型。根据研究目的，本研究把关注的焦点放在了对城市人群中信息贫富分化层级的析出和个人信息世界贫富状况不同人群所具有的特征的分析方面。为使研究更加方便和可行，本研究对于变量测量的"粒度"较粗，很多变量都采用了分类变量的形式。这种处理方式虽然不妨碍本研究目的的达成，但却使本研究所构建的回归模型在对信息贫富分化现象进行预测的能力方面有所欠缺。为此，在后续研究中，有必要对变量进行更加精细的测量，并对回归模型进一步加以完善，以便能够使其具备有效预测信息贫富分化现象的能力，从而使此方面的研究成果具备更加良好的应用前景。

此外，本研究中没有专门考虑对于少数民族聚居区的抽样问题，因此，本研究对于民族变量的分析仅适用于汉族聚居区的人群，并不足以揭示我国各民族间信息贫富分化的实际状况。而且，本研究的样本虽然选自不同区域，并涵盖了各种不同规模及特征的城市类型，但并未把区域、城市类型等变量纳入分析之中。后续研究中，有必要考虑对上述变量进行科学的测度，并将其纳入对于信息贫富分化的解释因素之中，以期获得更有针对性的理论认识。

附 录

A 测量工具

第一部分 个人信息世界的测度

1. 请在每个格内相应数字上勾出您为了特定原因而开展特定活动的频率,其中①表示"从不或很少",②表示"有时",③表示"经常"。

	阅读	上网	看电视	与人交流
为了解决生活工作中的特定问题	① ② ③	① ② ③	① ② ③	① ② ③
为了增长见识/了解动态	① ② ③	① ② ③	① ② ③	① ② ③
为了休息休闲	① ② ③	① ② ③	① ② ③	① ② ③

2. 在您生活或工作地点周边五公里内是否有以下事物?可多选;如不确定,请不用选择。

图书馆/图书室的书籍报刊	☐	链接互联网的电脑	☐
书店/报刊亭的书籍报刊	☐	数据库	☐
政府信息公开点展示的文件、通报等	☐		

3. 在您生活或工作的周围是否有以下人员(不管是否直接认识)?可多选;如不确定,请不用选择。

乡镇/街道及以上政府工作人员	☐	某领域实践专家（如律师、医生、农技员）	☐
大学老师或其他专职研究人员	☐	记者	☐

4. 您在日常工作或生活中是否有机会从以下渠道获取信息？可多选。

图书馆/图书室的书、报刊	☐	乡镇/街道及以上政府工作人员	☐
书店/报刊亭的书、报刊	☐	大学老师或其他专职研究人员	☐
政府信息公开点展示的文件、通报等	☐	某实践领域专家（如律师、医生、农技员）	☐
互联网	☐	记者	☐
数据库	☐	其他（请注明_____）	☐

5. 过去半年内您读过下列哪类图书？读过多少？

	没读过	小于5本	5—10本	大于10本
故事类图书	☐	☐	☐	☐
知识或专业类图书	☐	☐	☐	☐
实用类图书（关乎日常生活的实际问题）	☐	☐	☐	☐
政策法规类图书	☐	☐	☐	☐
其他_____（请注明）	☐	☐	☐	☐

6. 过去半年内您读过下列哪类杂志文章？读过多少？

	没读过	小于5篇	5—10篇	大于10篇
故事类杂志文章	☐	☐	☐	☐
知识或专业类杂志文章	☐	☐	☐	☐
实用类杂志文章	☐	☐	☐	☐
新闻或时政类杂志文章	☐	☐	☐	☐
其他_____（请注明）	☐	☐	☐	☐

7. 过去半年内您读过下列哪类报纸栏目？如果阅读过，请标明阅读频率。

	没读过	偶尔读	每周至少1次	几乎每天
故事性报纸栏目	❏	❏	❏	❏
知识或专业性报纸栏目	❏	❏	❏	❏
新闻或时政性报纸栏目	❏	❏	❏	❏
实用性报纸栏目	❏	❏	❏	❏

8. 过去半年内您看过下列哪类电视节目？如果看过，请标明平均每日大致观看时间。

	没看过	<每天1小时	每天1—3小时	>每天3小时
故事性电视节目（如电视剧、人物传奇等）	❏	❏	❏	❏
知识或专业性电视节目（如财经、法律等）	❏	❏	❏	❏
实用性电视节目（如烹饪、保健等）	❏	❏	❏	❏
新闻或时政性电视节目	❏	❏	❏	❏

9. 过去半年内您用过下列哪类互联网站？如果用过，请标明平均每月大致使用次数。综合性网站可根据其内容，分属不同类别。

	没用过	小于5次	5—10次	大于10次
故事性或游戏性网站	❏	❏	❏	❏
知识或专业性网站	❏	❏	❏	❏
实用性网站	❏	❏	❏	❏
新闻或时政性网站	❏	❏	❏	❏
政府机构网站	❏	❏	❏	❏
其他_____（请注明）	❏	❏	❏	❏

10. 过去半年您向哪类人咨询过您需要的信息？如果咨询过，请标明半年内大致咨询人次数。

	没咨询过	1—2人次	3—5人次	大于5人次
乡镇/街道及以上政府工作人员	☐	☐	☐	☐
大学老师或其他专职研究人员	☐	☐	☐	☐
某实践领域专家（如律师、医生、农技员）	☐	☐	☐	☐
记者	☐	☐	☐	☐
其他＿＿＿＿（请注明）	☐	☐	☐	☐

11. 过去一年，您使用过下列哪类信息搜索工具？可多选。

网络搜索引擎（如百度、谷歌）	☐
计算机检索的图书馆藏书目录	☐
专业/行业数据库（请填写一个您常用的数据库的名称）＿＿＿＿	☐
其他＿＿＿＿（请注明）	☐

12. 您每天花在信息搜索、阅读/浏览、参观、学习等信息获取活动的时间总共约多少？

几乎没有	☐	小于等于1小时	☐
大于1小时，小于等于3小时	☐	大于3小时，小于等于5小时	☐
大于5小时，小于等于10小时	☐	大于10小时	☐

13. 过去一年您在以下哪些场所开展过信息搜索、阅读/浏览、参观、学习等信息获取活动？

实体或虚拟图书馆	☐	会议场所	☐	车站	☐
实体或虚拟博物馆/展览馆	☐	书店/报刊亭	☐	旅行途中（汽车、火车等）	☐
课堂或培训场所	☐	地铁	☐		

14. 下表①至④代表不同的阅读水平，请分别标出与您的中文和英文水平最接近的一种（单选）；如果您的第一外语不是英语，请把"英文"改为您的语种。

	①什么也看不懂	②能看懂简单小故事	③能看懂报纸上的大部分文章	④能看懂某一方面专业性学术著作
中文	☐	☐	☐	☐
英文	☐	☐	☐	☐

15. 下表①至④代表信息搜索过程的复杂程度，您在搜索日常生活和工作/学习所需信息时，最高曾达到哪种程度（单选）？如果从未感觉到信息需要，请不用选择。

	①向他人询问或委托他人代查	②利用百度或谷歌的简单搜索页面（即首页）	③利用百度或谷歌的高级搜索页面（点击"高级搜索"进入）	④利用百度/谷歌以及专业数据库的高级搜索功能
日常生活	☐	☐	☐	☐
工作/学习	☐	☐	☐	☐

16. 下表①至③代表阅读/观看过程的投入程度，您在阅读/观看下列信息时，最高曾达到哪种程度（单选）？没用过的信息请不用选择。

	①理解其字面内容	②探究其言外之意	③对其证据、观点/结论、逻辑、有用性等进行批判分析
知识/专业性报纸栏目	☐	☐	☐
新闻或时政性报纸栏目	☐	☐	☐
知识/专业性电视节目	☐	☐	☐
新闻或时政性电视节目	☐	☐	☐
知识/专业性网站	☐	☐	☐
新闻或时政性网站	☐	☐	☐

第二部分　人口学相关特征

1. 您的性别为：　　　男☐　　　女☐
2. 您的年龄为：

17 岁以下☐　　　18—30 岁☐　　　31—40 岁☐

41—50 岁☐　　　51—60 岁☐　　　61 岁以上☐

3. 您的民族是：　汉族☐　　其他（请填写）____
4. 您的职业是：

专业人员☐　　　管理人员☐　　　办事人员☐

制造业、交通业及类似工人☐　　　销售人员☐

服务业人员☐　　　其他（请填写）____

5. 您的月平均收入是：

500 元以下☐　　　501—1000 元☐　　　1001—2000 元☐

2001—3000 元☐　　　3001—4000 元☐　　　4001—5000 元☐

5001—6000 元☐　　　6001 元以上☐

6. 您最后阶段的教育属于以下哪类？

不满小学	☐	小学	☐	初中	☐
高中	☐	大专	☐	专升本	☐
高自考	☐	三本	☐	二本	☐
一本	☐	硕士	☐	博士	☐

第三部分 自我效能感测度量表

[指导语] 以下 10 个句子是关于您平时对自己的一般看法，请您根据您的实际情况（实际感受），在右面合适的"□"上打"√"。答案没有对错之分，对每一个句子无须多考虑。

	完全不正确	有点正确	多数正确	完全正确
如果我尽力去做的话，我总是能够解决问题的	❏	❏	❏	❏
即使别人反对我，我仍有办法取得我所要的	❏	❏	❏	❏
对我来说，坚持理想和达成目标是轻而易举的	❏	❏	❏	❏
我自信能有效地应付任何突如其来的事情	❏	❏	❏	❏
以我的才智，我定能应付意料之外的情况	❏	❏	❏	❏
如果我付出必要的努力，我一定能解决大多数的难题	❏	❏	❏	❏
我能冷静地面对困难，因为我信赖自己处理问题的能力	❏	❏	❏	❏
面对一个难题时，我通常能找到几个解决方法	❏	❏	❏	❏
有麻烦的时候，我通常能想到一些应付的方法	❏	❏	❏	❏
无论什么事在我身上发生，我都能应付自如	❏	❏	❏	❏

B 东莞市分层抽样方案

<table>
<tr><th rowspan="3">序号</th><th rowspan="3">调查地点</th><th rowspan="3">人口数</th><th rowspan="3">在全市人口中所占百分比</th><th rowspan="3">问卷总数（份）</th><th rowspan="3">馆外发放问卷所占最低数量</th><th colspan="8">馆外受访者人口学特征</th></tr>
<tr><th colspan="2">性别</th><th colspan="2">年龄</th><th colspan="4">教育水平</th></tr>
<tr><th>男</th><th>女</th><th>18—64岁</th><th>65岁及以上</th><th>小学或以下</th><th>初中</th><th>高中（中专）</th><th>大专或以上</th></tr>
<tr><td>1</td><td>东城</td><td>492875</td><td>6.00%</td><td>180</td><td>90</td><td>53</td><td>37</td><td>76</td><td>19</td><td>13</td><td>50</td><td>19</td><td>7</td></tr>
<tr><td>2</td><td>南城</td><td>289255</td><td>3.52%</td><td>106</td><td>53</td><td>31</td><td>22</td><td>42</td><td>11</td><td>8</td><td>29</td><td>11</td><td>4</td></tr>
<tr><td>3</td><td>万江</td><td>244765</td><td>2.98%</td><td>89</td><td>46</td><td>27</td><td>19</td><td>36</td><td>9</td><td>7</td><td>25</td><td>10</td><td>4</td></tr>
<tr><td>4</td><td>莞城</td><td>162116</td><td>1.97%</td><td>59</td><td>30</td><td>18</td><td>12</td><td>22</td><td>6</td><td>4</td><td>16</td><td>7</td><td>2</td></tr>
<tr><td>5</td><td>石碣</td><td>246960</td><td>3.00%</td><td>90</td><td>46</td><td>27</td><td>19</td><td>36</td><td>9</td><td>7</td><td>25</td><td>10</td><td>4</td></tr>
<tr><td>6</td><td>石龙</td><td>141850</td><td>1.73%</td><td>52</td><td>26</td><td>15</td><td>11</td><td>18</td><td>5</td><td>4</td><td>14</td><td>6</td><td>2</td></tr>
<tr><td>7</td><td>茶山</td><td>156522</td><td>1.90%</td><td>57</td><td>29</td><td>17</td><td>12</td><td>21</td><td>6</td><td>4</td><td>16</td><td>6</td><td>2</td></tr>
<tr><td>8</td><td>石排</td><td>160202</td><td>1.95%</td><td>58</td><td>29</td><td>17</td><td>12</td><td>21</td><td>6</td><td>4</td><td>16</td><td>6</td><td>2</td></tr>
<tr><td>9</td><td>企石</td><td>121693</td><td>1.48%</td><td>44</td><td>22</td><td>13</td><td>9</td><td>15</td><td>5</td><td>3</td><td>12</td><td>5</td><td>2</td></tr>
</table>

续表

序号	调查地点	人口数	在全市人口中所占百分比	问卷总数（份）	馆外发放问卷所占最低数量	馆外受访者人口特征							
						性别		年龄			教育水平			
						男	女	18—64岁	65岁及以上	小学或以下	初中	高中（中专）	大专或以上
10	横沥	204830	2.49%	75	38	22	16	29	8	6	21	8	3
11	桥头	166774	2.03%	61	31	18	13	22	6	5	17	7	3
12	谢岗	99387	1.21%	36	19	11	8	11	4	3	10	4	2
13	东坑	138819	1.69%	51	26	15	11	18	5	4	14	6	2
14	常平	386378	4.70%	141	70	41	29	58	15	10	39	15	5
15	寮步	418578	5.09%	153	76	44	32	64	16	11	43	16	6
16	樟木头	132816	1.62%	48	25	15	10	17	5	4	13	5	2
17	大朗	310889	3.78%	113	58	34	24	46	12	8	32	12	4
18	黄江	231399	2.81%	84	43	25	18	33	9	6	23	9	3
19	清溪	312639	3.80%	114	58	34	24	46	12	8	32	12	4
20	塘厦	482067	5.86%	176	86	50	36	74	19	13	49	19	7
21	凤岗	318971	3.88%	116	59	35	24	47	13	8	32	13	5
22	大岭山	279414	3.40%	102	51	30	21	41	10	7	28	11	4
23	长安	664230	8.08%	242	118	68	50	105	25	17	68	26	10

续表

序号	调查地点	人口数	在全市中人口所占百分比	问卷总数（份）	馆外发放问卷所占最低数量	馆外受访者人口特征							
						性别		年龄			教育水平			
						男	女	18—64岁	65岁及以上	小学或以下	初中	高中（中专）	大专或以上
24	虎门	638657	7.77%	233	114	66	48	101	24	17	66	25	9
25	厚街	438283	5.33%	160	77	44	33	67	17	12	45	17	6
26	沙田	177482	2.16%	65	32	18	14	24	6	5	18	7	3
27	道滘	143107	1.74%	52	26	15	11	19	5	4	14	6	2
28	洪梅	58114	0.71%	21	11	6	5	5	2	2	5	3	1
29	麻涌	118062	1.44%	43	22	13	9	15	5	3	12	5	2
30	望牛墩	84786	1.03%	31	16	9	7	9	4	2	8	4	1
31	中堂	139563	1.70%	51	25	14	11	18	5	4	14	6	2
32	高埗	217436	2.64%	79	40	23	17	31	9	6	22	9	3
33	松山湖	37658	0.46%	14	7	4	3	1	1	1	3	2	3
34	生态园	2187	0.03%	1	1	1	0	0	0	0	0	0	1
合计		8218764	100.00%	3000	1500	873	627	1187	313	220	831	327	122

参考文献

中文文献

于良芝:《图书馆学导论》,科学出版社 2003 年版。

布琳达·葛利、陈丽:《信息技术应用与数字鸿沟》,《中国远程教育》2004 年第 21 期。

曹荣湘:《数字鸿沟引论:信息不平等与数字机遇》,《马克思主义与现实》2001 年第 6 期。

常文英、刘冰:《网络环境中信息弱势群体信息援助模式与策略研究》,《情报杂志》2011 年第 5 期。

陈光华:《论社会结构性信息贫富分化的宏观调控机制》,《情报杂志》2008 年第 3 期。

陈建龙、胡磊、潘晓丽:《国内外数字鸿沟测度基本指标计算方法比较研究》,《情报杂志》2009 年第 9 期。

陈军:《当代社会信息化发展中公众对信息贫富分化的主观认知——以湖南省城乡居民调查为例》,《图书情报工作》2006 年第 6 期。

陈鹏:《ICTs 产品的应用与中国农村的数字鸿沟——基于 Y 村和 H 村的个案比较研究》,《中国农业大学学报》(社会科学版) 2010 年第 4 期。

陈绚:《亚洲国家面临的数字化"鸿沟"与数字化"机遇"》,《国际新闻界》2001 年第 6 期。

陈艳红:《国外二级鸿沟研究综述》,《情报理论与实践》2009 年第 6 期。

陈艳红:《数字鸿沟问题研究述评》,《情报杂志》2005 年第 2 期。

陈则谦:《我国电子政府建设过程中的信息差异现象分析》,《情报资料工作》2005 年第 5 期。

陈志良、高鸿：《数字化时代人文精神悖论之反思》，《南京社会科学》
　　2004年第2期。
陈子健、孙祯祥、张燕：《从网络信息无障碍的角度探讨缩小数字鸿沟》，
　　《情报理论与实践》2009年第1期。
邓集文：《政府公共信息服务与和谐社会建设》，《行政论坛》2006年第
　　4期。
丁占罡：《我国信息公平问题研究述评》，《图书情报工作》2010年第
　　2期。
董泽芳、何青：《数字鸿沟与教育不平等》，《高等工程教育研究》2009
　　年第4期。
段尧清、汪银霞：《政府信息公开的障碍机制》，《情报资料工作》2006
　　年第1期。
范并思：《公共图书馆精神如是说》，《图书情报知识》2005年第1期。
范并思：《论信息公平的制度选择》，《图书馆》2007年第4期。
范并思：《现代图书馆理念的艰难重建——写在〈图书馆服务宣言〉发布
　　之际》，《中国图书馆学报》2008年第6期。
冯仿娅：《数字时代的信息权利期待》，《图书馆论坛》2007年第6期。
冯琳：《消除数字鸿沟　促进教育均衡化发展——联合国儿童基金会与中国
　　合作远程教育项目访谈综述》，《中国远程教育》2009年第10期。
付立宏：《关于数字鸿沟的几个问题》，《图书情报知识》2003年第2期。
付少平：《农业技术传播中的知识沟现象分析》，《科学学与科学技术管
　　理》2002年第12期。
甘甜：《我国数字鸿沟现状及其跨越》，《情报科学》2004年第5期。
高丹：《跨越东西部数字鸿沟的策略》，《图书与情报》2001年第4期。
高芙蓉：《信息技术接受模型研究的新进展》，《情报杂志》2010年第
　　6期。
宫辉、刘治国、徐渝：《信息经济社会中的信息贫富分化及其应对》，《当
　　代经济科学》2006年第3期。
广西、广东信息化建设情况调研组：《加快信息化进程　实现跨越式发
　　展》，《宏观经济研究》2005年第3期。
郭爱华：《论信息贫富分化社会调控的认知结构》，《情报杂志》2007年
　　第7期。

韩晓静：《我国数字鸿沟与经济发展的相关分析》，《图书情报工作》2004年第6期。

洪伟达、马海群：《基于产权划分的数字信息资源宏观配置的制度设计路径》，《图书情报知识》2008年第4期。

胡鞍钢、李春波：《新世纪的新贫困：知识贫困》，《中国社会科学》2001年第3期。

胡鞍钢、熊义志：《我国知识发展的地区差距分析：特点、成因及对策》，《管理世界》2000年第3期。

胡鞍钢、熊义志：《中国的长远未来与知识发展战略》，《中国社会科学》2003年第2期。

胡鞍钢、周绍杰：《新的全球贫富差距：日益扩大的"数字鸿沟"》，《中国社会科学》2002年第3期。

胡鞍钢、周绍杰：《中国的信息化战略：缩小信息差距》，《中国工业经济》2001年第1期。

胡鞍钢、周绍杰：《中国如何应对日益扩大的"数字鸿沟"》，《中国工业经济》2002年第3期。

胡鞍钢：《建立知识经济基础，促进中国社会转型》，《中国软科学》2002年第6期。

胡鞍钢：《中国知识贫困差异明显》，《经济研究参考》2001年第27期。

黄红敏、黄国洪：《欠发达地区跨越"数字鸿沟"促义务教育均衡发展的探索——以肇庆市的"联动模式"为例》，《中国电化教育》2010年第10期。

黄金、赵冬梅：《我国数字鸿沟散敛发展趋势研究》，《情报杂志》2010年第9期。

黄曼慧、黄小彪：《中国国内"数字鸿沟"形成原因分析》，《重庆大学学报》（社会科学版）2004年第6期。

黄佩、杨伯溆、仝海威：《数字鸿沟中社会结构因素的作用探讨——以学生家庭背景与互联网使用行为的关系为例》，《青年研究》2008年第7期。

吉宇宽：《信息公平障碍因素研究》，《图书与情报》2007年第6期。

贾丹华、童丽娟、郑会颂：《国际互联网发展现状分析及思考》，《中国软科学》2002年第4期。

江宇：《社会结构和网络技能获得——一项关于高中生互联网使用技能差异的实证研究》，《新闻与传播研究》2007年第2期。

蒋永福、刘鑫：《论信息公平》，《图书与情报》2005年第6期。

蒋永福、刘鑫：《论信息公平（二）》，《图书与情报》2006年第1期。

金兼斌：《数字鸿沟的概念辨析》，《新闻与传播研究》2003年第1期。

荆林波：《信息技术产业发展与实现普遍接入到普遍服务的飞跃》，《管理世界》2003年第6期。

康建强、唐曙南：《弥合数字鸿沟 发展数字经济》，《情报杂志》2002年第7期。

赖茂生、杨秀丹、徐波、胡晓峰：《信息资源开发利用在国家信息化中的核心地位分析》，《情报理论与实践》2004年第6期。

李宝珍：《信息公平与知识自由》，《图书馆建设》2008年第6期。

李超平、刘兹恒：《论公共图书馆事业与城市文化战略的互动关系》，《中国图书馆学报》2004年第1期。

李春玲：《当代中国社会的声望分层——职业声望与社会经济地位指数测量》，《社会学研究》2005年第2期。

李升：《"数字鸿沟"：当代社会阶层分析的新视角》，《社会》2006年第6期。

李晓松：《透过国外应对措施看全国文化信息资源共享工程在缩小数字鸿沟中的作用》，《图书馆建设》2008年第2期。

李勇：《关于消减我国城市信息贫富分化的研究》，《图书情报工作》2008年第1期。

李勇：《我国城市互联网信息差距形成与治理分析》，《图书情报工作》2010年第22期。

梁平、滕琦、崔永鸿：《社会生态环境视域下电子政务发展的制约因素探讨》，《科技进步与对策》2009年第4期。

刘德寰、郑雪：《手机互联网的数字鸿沟》，《现代传播》（中国传媒大学学报）2011年第1期。

刘福贵、陈祥林：《图书馆为弱势群体服务的若干思考》，《图书馆》2005年第6期。

刘琪：《西北地区信息化水平的定位与分析》，《情报资料工作》2004年第2期。

刘娟、叶敬忠：《农村互联网的拥有和使用：有关发展的思考》，《中国农业大学学报》（社会科学版）2010年第4期。

刘亮：《弥合数字鸿沟 把握数字化机遇——英美远程高等教育之比较》，《现代大学教育》2007年第1期。

刘若兰：《关于"数字鸿沟"与信息扶贫的几点思考》，《情报杂志》2004年第6期。

刘文云、邓尚民：《从"数字鸿沟"看我国的信息化建设》，《情报杂志》2004年第1期。

刘文云、李爱勤：《信息化是我国缩小"数字鸿沟"的最佳途径》，《情报科学》2004年第2期。

刘璇、徐珊、王萱：《国际视野下的"共享工程"》，《图书馆建设》2008年第2期。

刘芸：《国际数字鸿沟的经济收敛效应分析》，《经济学家》2007年第4期。

刘兹恒、李武：《论公共图书馆精神在数字时代的弘扬和延伸》，《图书馆》2004年第4期。

陆俊、陈能华：《信息公平与信息平等研究综述》，《图书情报工作》2010年第8期。

罗德隆：《跨越数字鸿沟》，《情报学报》2005年第5期。

彭冬莲、彭备芳：《缩小数字鸿沟——图书馆的作用与举措》，《图书馆》2005年第3期。

彭冬莲：《论数字技术与人文精神》，《图书馆》2006年第4期。

皮帕·诺里斯、莫非：《公民参与、信息贫困与互联网络》，《马克思主义与现实》2001年第6期。

邱娟、汪明峰：《进入21世纪以来中国互联网发展的时空差异及其影响因素分析》，《地域研究与开发》2010年第5期。

任贵生、李一军：《"社会均衡器"：公益类基础设施的存在与价值——公共图书馆在美国缩小数字鸿沟中作用的考察》，《中国软科学》2006年第2期。

任贵生、李一军：《欧盟缩小数字鸿沟的策略及对我们的启示》，《管理世界》2006年第5期。

任贵生：《韩国缩小数字鸿沟的举措及启示》，《管理世界》2006年第

7期。

单纯:《"知识沟"理论的演变及其社会意义》,《社会科学》1993年第8期。

邵波:《网络信息资源配置中的"数字鸿沟"问题——以中国东西部的差距为参照》,《情报杂志》2005年第10期。

邵培仁、张健康:《关于跨越中国数字鸿沟的思考与对策》,《浙江大学学报》(人文社会科学版)2003年第1期。

沈光亮:《论信息公平与知识自由》,《图书馆》2008年第5期。

盛科荣:《全球互联网技术扩散的地理格局及其潜在影响研究》,《世界地理研究》2010年第2期。

石屹:《我国东西部互联网发展的比较分析》,《学海》2010年第5期。

时间、张延林、雷鸣:《"数字鸿沟"对西部大开发战略的启示》,《科学学与科学技术管理》2002年第8期。

宋显彪:《图书馆的社会责任研究综述》,《图书馆建设》2009年第6期。

苏震:《中国如何填平数字鸿沟》,《情报科学》2002年第7期。

孙敬水:《数字鸿沟:21世纪世界各国面临的共同问题》,《国际问题研究》2002年第6期。

孙冉:《我国信息贫富分化状态的类比评价》,《情报杂志》2007年第3期。

孙五三:《难以跨越的数字鸿沟——发展中国家的因特网》,《国际新闻界》2001年第5期。

孙英春:《数字多媒体时代的大众文化与国际传播》,《浙江学刊》2001年第6期。

谈大军、梁丽君:《国外数字不平等理论研究综述》,《图书情报工作》2009年第13期。

唐重振、王晟、侯经川:《我国城乡信息化差距的经济学分析》,《情报杂志》2005年第11期。

汪传雷:《国外信息差距的现状和对策研究》,《情报杂志》2001年第6期。

汪传雷:《加拿大的数字鸿沟和信息政策》,《情报杂志》2002年第4期。

汪明峰、邱娟:《中国互联网用户增长的省际差异及其收敛性分析》,《地理科学》2011年第1期。

汪明峰：《互联网使用与中国城市化——"数字鸿沟"的空间层面》，《社会学研究》2005年第6期。

王恩海、孙秀秀、钱华林：《中国互联网发展的差异研究》，《统计研究》2006年第8期。

王俊松、李诚：《我国数字鸿沟的空间表现及原因分析》，《情报科学》2006年第11期。

王敏晰、李新：《西部地区应对"数字鸿沟"的策略分析》，《经济问题探索》2005年第1期。

王守宁、冯严：《信息贫富分化与数字鸿沟的比较分析》，《东北师大学报》（自然科学版）2008年第2期。

王学宾、郑晓乐：《中国数字鸿沟研究综述》，《情报杂志》2004年第12期。

王株梅：《信息公平的本体论研究（一）——论信息公平的内涵、原则及具体表现》，《山东图书馆学刊》2009年第5期。

韦路、李贞芳：《数字电视在中国大陆的采用：一个结构方程模型》，《新闻与传播研究》2007年第2期。

韦路、李贞芳：《新旧媒体知识沟效果之比较研究》，《浙江大学学报》（人文社会科学版）2009年第5期。

韦路、张明新，《第三道数字鸿沟：互联网上的知识沟》，《新闻与传播研究》2006年第4期。

韦路、张明新：《数字鸿沟、知识沟和政治参与》，《新闻与传播评论》2007年第1期。

韦路、张明新：《网络知识对网络使用意向的影响：以大学生为例》，《新闻与传播研究》2008年第1期。

韦路：《从知识获取沟到知识生产沟——美国博客空间中的知识霸权》，《开放时代》2009年第8期。

吴建中、金晓明、徐强：《消除数字鸿沟 提高信息素养——以上海社区图书馆为例》，《图书馆杂志》2002年第11期。

吴建中：《全国文化信息资源共享工程：文化大发展大繁荣的助力器》，《图书馆建设》2008年第2期。

吴慰慈：《公共图书馆在构建和谐社会中的作用》，《图书馆》2006年第1期。

夏明春：《关于图书馆参与信息贫富分化社会调控的思考》，《图书馆论坛》2008年第2期。

谢东：《从我国互联网调查解读数字鸿沟问题》，《图书与情报》2008年第2期。

谢俊贵、严小龙：《从城乡信息贫富分化看我国农村信息化发展——基于湖南信息贫富分化调查及相关数据》，《农业现代化研究》2007年第1期。

谢俊贵：《"信息贫富分化"刍议》，《情报资料工作》2003年第1期。

谢俊贵：《信息环境共享的信息社会学论析》，《中国图书馆学报》2009年第3期。

谢阳群、汪传雷：《数字鸿沟与信息扶贫》，《情报理论与实践》2001年第6期。

邢昭：《发展中国家在网络环境下的信息贫困》，《图书与情报》2002年第4期。

熊才平：《"知识沟"理论发展新动向及其演变链系统模型——探寻缩小中小学教育信息化区域性差异的理论依据》，《电化教育研究》2004年第6期。

熊光清：《经济全球化进程中的国际数字鸿沟问题：现状、成因和影响》，《国际论坛》2009年第3期。

徐珊：《国际信息公平理论和实践发展纵览》，《图书馆》2008年第2期。

徐盈之、赵玥：《中国区域数字鸿沟的经验分析——基于非平稳面板数据模型》，《情报杂志》2009年第6期。

徐宗玲：《中国如何跨越数字鸿沟的政策设计》，《宏观经济研究》2002年第3期。

薛伟贤、董维维：《我国数字鸿沟的社会效应分析》，《情报科学》2008年第10期。

薛伟贤、刘骏：《基于技术扩散模型的区域"数字鸿沟"演变阶段划分》，《系统工程》2011年第1期。

薛伟贤、刘骏：《区域"数字鸿沟"形成原因分析》，《图书馆建设》2011年第1期。

薛伟贤、刘骏：《数字鸿沟的本质解析》，《情报理论与实践》2010年第12期。

薛伟贤、王涛峰：《"数字鸿沟"研究述评》，《科技进步与对策》2007年第1期。

薛伟贤、王涛峰：《我国"数字鸿沟"的影响因素分析》，《情报杂志》2006年第5期。

薛伟贤、王涛峰：《我国区域"数字鸿沟"的实证研究》，《情报科学》2006年第10期。

薛伟贤、张飞燕：《数字鸿沟的成因、测度、影响及弥合方法》，《软科学》2009年第1期。

薛伟贤、张飞燕：《我国数字鸿沟的区域分布分析》，《情报学报》2009年第5期。

鄢显俊：《中国的信息化："数字鸿沟"模型里的国际比较》，《经济管理》2010年第7期。

闫慧：《1989年以来国内外数字鸿沟研究回顾：内涵、表现维度及影响因素综述》，《中国图书馆学报》2012年第5期。

闫慧：《社群信息学：一个值得关注的新兴领域》，《图书情报工作》2010年第4期。

闫慧：《数字鸿沟研究的未来：国外数字不平等研究进展》，《中国图书馆学报》2011年第4期。

燕金武：《我国"数字鸿沟"问题研究》，《图书馆建设》2004年第4期。

杨蓓蕾：《对缩小我国城乡"数字鸿沟"的若干思考》，《社会主义研究》2006年第3期。

杨凯源、张启人：《"数字鸿沟"的系统反思》，《系统工程理论与实践》2002年第2期。

杨琳、李明志：《中国地区间数字鸿沟的现状与对策》，《软科学》2002年第4期。

杨璐露：《数字鸿沟：概念探讨与问题实质》，《情报资料工作》2004年第4期。

杨雪睿：《手机上网用户特征解析——手机上网扩大还是缩小了受众的知识沟？》，《现代传播》（中国传媒大学学报）2010年第9期。

于良芝、刘亚：《结构与主体能动性：信息不平等研究的理论分野及整体性研究的必要》，《中国图书馆学报》2010年第1期。

于良芝、陆行素、郝玉峰：《从信息政治经济学视角看公共图书馆发展的社会环境》,《中国图书馆学报》2002年第4期。

于良芝、罗润东、郎永清、戈黎华:《建立面向新农民的农村信息服务体系:天津农村信息服务现状及对策研究》,《中国图书馆学报》2007年第6期。

于良芝、俞传正、樊振佳、张瑶:《农村信息服务效果及其制约因素研究:农民视角》,《图书馆杂志》2007年第9期。

于良芝、张瑶:《农村信息需求与服务研究:国内外相关文献综述》,《图书馆建设》2007年第4期。

于良芝:《"个人信息世界"——一个信息不平等概念的发现及阐释》,《中国图书馆学报》2013年第1期。

于良芝:《公共图书馆存在的理由:来自图书馆使命的注解》,《图书与情报》2007年第1期。

于良芝:《理解信息资源的贫富分化:国外"信息贫富分化"与"数字鸿沟"研究综述》,《图书馆杂志》2005年第12期。

于良芝:《整体性社会理论及其对信息不平等研究的适用性——以布迪厄的社会理论为例》,《上海高校图书情报工作研究》2011年第1期。

俞立平、周曙东、钟钰:《基于PANEL DATA的中国互联网发展影响因素分析》,《中国软科学》2007年第5期。

俞立平:《基于地区间差异的我国互联网发展数字鸿沟分析》,《图书情报工作》2006年第2期。

俞立平:《我国地区间信息鸿沟的实证研究——基于邮政、电信、互联网的动态分析》,《情报科学》2008年第2期。

俞立平:《我国互联网数字鸿沟分析》,《情报科学》2006年第1期。

袁勤俭、黄奇、朱庆华:《全球数字鸿沟现状分析》,《情报理论与实践》2004年第5期。

袁勤俭:《数字鸿沟的危害性及其跨越策略》,《中国图书馆学报》2007年第4期。

曾凡斌:《大学生第二道数字鸿沟的测量及影响因素研究》,《现代传播》(中国传媒大学学报)2011年第2期。

翟本瑞:《原住民小学缩减数字鸿沟可行性研究——以中国台湾阿里山"山美国小"为例》,《兰州大学学报》(社会科学版)2009年第5期。

张俊玲:《面向"信息弱势群体"的公共图书馆人文关怀》,《图书馆》

2007年第6期。

张立彬、杨军花：《信息贫富分化问题的社会学思考》，《情报科学》2006年第11期。

张四新：《面向社会和谐结构的信息贫富分化认知》，《科技进步与对策》2008年第1期。

张照云：《我国信息公平问题探析》，《图书馆建设》2008年第9期。

郑素侠：《互联网在中国大陆扩散的区域性差异》，《国际新闻界》2007年第2期。

周文杰、白钰：《信息减贫语境中的公共图书馆：职能与定位》，《中国图书馆学报》2017年第1期。

周文杰、于斌斌：《国外认知视角的信息行为研究现状分析：基于文献计量》，《图书情报知识》2012年第1期。

周文杰：《定格分化中的信息世界：国外数字鸿沟测度模型述评》，《中国信息界》2011年第12期。

周文杰：《公益性信息服务能够促进信息公平吗？——公共图书馆对信息贫富分化的干预效果考察》，《中国图书馆学报》2015年第4期。

周文杰：《国外信息行为研究十年：领域、热点和特征》，《情报学报》2012年第5期。

周文杰：《社会认识层次论：一个图书馆情报学基础理论框架的检验》，《图书馆论坛》2020年第3期。

周文杰：《社会认识层次性与图书馆的本质论析》，《中国图书馆学报》2019年第1期。

周文杰：《微观视角下的图书馆职业洞察——读〈图书馆情报学概论〉兼与梁灿兴老师商榷》，《高校图书馆工作》2018年第6期。

周文杰：《走向用户中心：公共图书馆体系对个体发展影响的理论解读》，《国家图书馆学刊》2017年第1期。

邹凯、李颖：《信息公平与信息平等比较研究》，《图书情报工作》2009年第21期。

贾丹华：《国际因特网发展中的公共政策选择研究》，博士学位论文，南京农业大学，2004。

李后卿：《我国网络信息资源区域配置中的数字鸿沟研究》，博士学位论文，中南大学，2009年。

李潇:《我国区域数字鸿沟影响因素测度及政策建议》,博士学位论文,北京邮电大学,2010年。

刘亚:《教育对青少年信息贫困的影响研究》,博士学位论文,南开大学,2012年。

刘芸:《基于经济视角的国际数字鸿沟研究》,博士学位论文,厦门大学,2006年。

罗江华:《教育资源数字化的价值取向研究》,博士学位论文,西南大学,2008年。

申琰:《互联网的国际博弈与合作研究》,博士学位论文,中共中央党校,2009年。

孙贵珍:《河北省农村信息贫困问题研究》,博士学位论文,河北农业大学,2010年。

汪明峰:《网络空间的生产与消费》,博士学位论文,华东师范大学,2005年。

俞立平:《地区信息资源差距与经济增长关系研究》,博士学位论文,南京农业大学,2007年。

邱林川:《信息"社会":理论、现实、模式、反思》,北京论坛(2007)文明的和谐与共同繁荣——人类文明的多元发展模式:"多元文化、和谐社会与可选择的现代性:新媒体与社会发展",中国北京,2007年。

外文文献

Agarwal, R. A., Animesh and Prasad, Kislaya, "Social Interactions and the 'Digital Divide': Explaining Variations in Internet Use", *Information Systems Research*, Vol. 20, No. 2, 2002.

Agosto, D. E., "The Digital Divide & Public Libraries: A First-hand View", *Progressive Librarian*, Vol. 25, 2005.

Agosto, D. E., Hughes-Hassell S., "Toward a Model of the Everyday Life Information Needs of Urban Teenagers, Part 1: Theoretical Mode", *Journal of the American Society for Information Science and Technology*, Vol. 57, No. 10, 2006.

Alkalimat, A., "Social Cyberpower in the Everyday Life of an African American Community: A Report on Action-research in Toledo, Ohio", Urban Affairs Center, Department of African Studies, UIUC. (2011 - 08 - 06), HTTP: //uac. utoledo. edu.

Alvarez, A. S. , "Behavioral and Environmental Correlates of Digital Inequality", *IT & Society*, Vol. 5, No. 1, 2003.

Amanda, H. , Hargittaiand, E. , "Towards Social Framework for Information Seeking", A. Spink and C. Cole (eds), *New Direction sin Human Information Behavior*, Springer Printed in the Netherlands, 2006.

Anderson, K. A. , Simpson, C. D. , Fisher, L. G. , "The Ability of Public Library Staff to Help Homeless People in the United States: Exploring Relationships, Roles and Potential", *Journal of Poverty & Social Justice*, Vol. 20, No. 2, 2012.

Anna Marie Johnson. "Library Instruction and Information Literacy 2009", *Reference Services Review*, Vol. 38, No. 4, 2010.

Azari, R. , Pick, J. B. , "Understanding Global Digital Inequality: The Impact of Government, Investment in Business and Technology, and Socioeconomic Factors on Technology Utilization", *Proceedings of the 42nd Annual Hawaii International Conference on System Sciences*, Waikoloa, January 5 - 8, Hawaii: IEEE Computer Society, 2009.

Bandura, A. , *Social Cognitive Theory: An Agentic Perspective*, 2001.

Barzilai-Nahon K. , "Gaps and Bits: Conceptualizing Measurements for Digital Divide/s", *The Information Society*, Vol. 22, No. 2, 2006.

Baym, N. K. , Zhang, Y. B. , Lin, M-C. , "Social Interactions Across Media: Interpersonal Communication on the Internet, Telephone and Face-to-Face", *New Media & Society*, Vol. 24, No. 6, 2004.

Belkin, N. J. , "Information Concepts for Information Science", *Journal of Documentation*, Vol. 34, No. 1, 1978.

Belkin, N. J. , "Cognitive Models and Information Transfer", *Social Science Information Studies*, Vol. 4, No. 2, 1984.

Belkin, N. J. , "The Cognitive Viewpoint in Information Science", *Journal of Information Science*, Vol. 16, No. 1, 1990.

Belkin, N. J. , Oddy R. N. , "ASK for Information Retrieval. Part I: Background and Theory", *Journal of Documentation*, Vol. 38, No. 2, 1982.

Belkin, N. J., Oddy R. N., "ASK for Information Retrieval. Part Ⅱ. Results of a Design Study", *Journal of Documentation*, Vol. 38, No. 3, 1982.

Billon ML-L, Fernando and Marco, Rocío, "Differences in Digitalization Levels: A Multivariate Analysis Studying the Global Digital Divide", *Review of the World Economy*, Vol. 146, No. 2, 2010.

Bonfadelli, H., "The Internet and Knowledge Gaps: A Theoretical and Empirical Investigation", *European Journal of Communication*, Vol. 17, No. 1, 2002.

Bourdieu, P., *Reproduction in Education, Society and Cultur* (2nd ed.), Thousand Oaks: Sage Publications, 1990.

Brasley, S. S., "Building and Using a Tool to Assess Info and Tech Literacy", *Computers in Libraries*, Vol. 26, No. 5, 2006.

Britt, A., Fagerheim, F. G. S., "Information Literacy Rubrics within the Disciplines", *Communications in Information Literacy*, Vol. 3, No. 2, 2009.

Brookes, B. C., "The Foundations of Information Science. Part I. Philosophical Aspects", *Journal of Information Science*, Vol. 2, No. 3 – 4, 1980.

Browne, G., Ramesh, V., "Improving Information Requirements Determination: a Cognitive Perspective", *Information and Management*, Vol. 39, No. 1, 2002.

Burnett, G., Besant, M., Chatman, E. A., "Small Worlds: Normative Behavior in Virtual Communities and Feminist Bookselling", *Journal of the American Society for Information Science & Technology*, Vol. 52, No. 7, 2001.

CaidiN, A. D., "Social Inclusion of Newcomers to Canada: An Information Problem", *Library& Information Science Research*, Vol. 27, No. 1, 2005.

Cartier, C., Castells, M., Qiu, J. L., "The Information Have-Less: Inequality, Mobility, and Translocal Networks in Chinese Cities", *Studies in Comparative International Development*, Vol. 40, No. 2, 2005.

Castells, M., "Grass Rooting the Space of Flows", *Urban Geography*, Vol. 20, No. 4, 1999.

Castells, M., *The internet galaxy: Reflections on the internet, business, and society*: [*dissertation*]. Oxford: Oxford University, 2002.

Cázares, A., "Proficiency and Attitudes Toward Information Technologies'Use in Psychology Undergraduates", *Computers in Human Behavior*. 2010, 26.

Ceiano, D. C., Neuman, S. B., "How to Close The Digital Divide? Fund Public Libraries", *Education Week*, Vol. 29, No. 28, 2010.

Chang, S-JL, Lee, Y., "Conceptualizing Context and its Relationship to the Information Behaviour in Dissertation Research Process", *The New Review of Information Behaviour Research*, No. 2, 2001.

Chatman, E. A., "Life in a Small World: Applicability of Gratification Theory to Information Seeking Behavior", *Journal of the American Society for Information Science*, Vol. 42, No. 6, 1991.

Chatman, E. A., "A Theory of Life in the Round", *Journal of the American Society for Information Science*, Vol. 50, No. 3, 1999.

Chatman, E. A., "Framing Social Life in Theory and Research", *New Review of Information Behaviour Research*, No. 1, 2000.

Chatman, E. A., Pendleton, V. E. M., "Knowledge Gap, Information-seeking and the Poor", *Reference Librarian*, Vol. 49/50, 1995.

Cheong, P. H., "The Young and Techless? Investigating Internet Use and Problem-solving Behaviors of Young Adults in Singapore", *New Media Society*, Vol. 10, 2008.

Cole, C., "Information as Process. The Difference between Corroborating Evidence and 'information' in Humanistic Research Domains", *Information Processing and Management*, Vol. 33, No. 1, 1997.

Cole, C., Leide, J., Beheshti, J., Large, A., Brooks, M., "Investigating the Anomalous States of Knowledge Hypothesis in a Real-life Problem Situation: A Study of History and Psychology Undergraduates Seeking Information for a Course Essay", *Journal of the American Society for Information Science & Technology*, Vol. 56, No. 14, 2005.

Coleman, J. S., "Social Capital in the Creation of Human Capital", *American Journal of Sociology*, Vol. 94, 1988.

Davern, M., Hachen J. R., David S., "The Role of Information and Influence in Social Networks: Examining the Association Between Social Network Structure and Job Mobility", *American Journal of Economics and Sociology*, Vol. 65, No. 2, 2006.

Dawson, E. M., Chatman, E. A., "Reference Group Theory With Implications for Information Studies: a Theoretical Essay", *Information Research*, Vol. 6, No. 3, 2001.

De Haan, J. A., "A Multifaceted Dynamic Model of The Digital Divide", *IT& Society*, Vol. 1, No. 7, 2004.

De Maagd, K., Chew, H. E., Huang, G., Khan, M. L., Sreenivasan A., La Rose R., "The Use of Public Computing Facilities by Library Patrons: Demography, Motivations, and Barriers", *Government Information Quarterly*. Vol. 30, No. 1, 2013.

Dervin, B., "Communication Gaps and Inequities: Moving Toward a Reconceptualization", In B. Dervin & M. Voigt (Eds), *Progress in communication sciences*, Norwood, NJ: Ablex, No. 2, 1980.

Dervin, B., "Sense-making Theory and Practice: an Overview of User Interests in Knowledge Seeking and Use", *Journal of Knowledge Management*, Vol. 2, No. 2, 1998.

Dervin, B., "On Studying Information Seeking Methodologically: the Implications of Connecting Metatheory to Method", *Information Processing & Management*, Vol. 35, 1999.

Dijk, J., *The Digital Divide as a Complex and Dynamic Phenomenon*, New York: Russell Sage. 2000.

Dimaggio, P., Hargittai, E., Celeste Cea, *Digital Inequality: From Unequal Access to Differentiated Use*, Neckerman K. M. Social Inequality, New York: Russell Sage. 2004.

DiMaggio, P., Hargittai, E., Neuman, W., Robinson, J. P., "Social Implication of the Internet", *Annual Review of Sociology*, Vol. 27, 2001.

Doctor, R. D., "Information Technologies and Social Equity: Confronting the Revolution", *Journal of the American Society for Information Science*, Vol. 42, No. 3, 1991.

Doctor, R. D., "Seeking Equity in the National Information Infrastructure", *Internet Research*, Vol. 4, No. 3, 1994.

Donohue, G. A., Tichenor, P. J., Olien, C. N., "Mass Media and the Knowledge Gap: a Hypothesis is Reconsidered", *Communication Research*, No.

2, 1975.

Dutch, M., Muddiman, D., "The Public Library, Social Exclusion and the Information Society in the United Kingdom", *Libri*, Vol. 51, 2001.

Elizabeth, A., Mulherrin HA-H., "The Evolution of a Testing Tool for Measuring Undergraduate Information Literacy Skills in the Online Environment", *Communications in Information Literacy*, Vol. 3, No. 2, 2009.

Eric Snow, I. R. K., "Using Cognitive Interviews to Validate an Interpretive Argument for The ETS ISKILLS Assessment", *Communications in Information Literacy*, Vol. 3, No. 2, 2009.

Ettema, J. S., Klne, F. G., "Deficits, Differences and Ceilings: Contingent Conditions for Understanding the Know Ledge Gap", *Communication Research*, No. 4, 1977.

Fidel, R., Green, M., "The many Faces of Accessibility: Engineers' Perception of Information sources", *Information Processing & Management*, Vol. 40, No. 3, 2004.

Fisher, K. E., "Information Behavior", *Annual Review of Information Science and Technology*, Vol. 43, 2011.

Ford, N., "Modeling Cognitive Processes in Information Seeking: From Popper to Pask", *Journal of the American Society for Information Science & Technology*, Vol. 55, No. 9, 1999.

Fuchs, C., "Some Implications of Pierre Bourdieu's works for a Theory of Social Self-organization", *European Journal of Social Theory*, Vol. 6, 2003.

Fuchs, C., "Structuration Theory and Self-organization", *Systemic Practice and Action Research*, Vol. 16, No. 4. 2003.

Fuchs, C., "The Self-organization of Virtual Communities", *Journal of New Communications Research*, No. 1, 2006.

Fuchs, C., "Transnational Space and the 'network society'", *21st Century Society*, Vol. 2, No. 1, 2007.

Fuchs, C., "The Role of Income Inequality in a Multivariate Cross-national Analysis of the Digital Divide", *Social Science Computer Review*, Vol. 27, No. 1, 2009.

Fuchs, C., Horak, E., *Informational Capitalism and the Digital Divide in*

Africa, Masaryk University of Law and Technology, 2007.

Fuchs, C., Horak, E., "Africa and the Digital Divide", *Telematics and Informatics*, Vol. 25, No. 2, 2008.

Gane, N., "Speed up or Slow Down? Social Theory in the Information Age", *Communication & Society* Vol. 9, No. 1, 2006.

Ganzeboom, H. B. G., Treiman, D. J., "Internationally Comparable Measures of Occupational Status for the 1988 International Standard Classification of Occupations", *Social Science Research*, Vol. 25, 1996.

Gaziano, C., "The Knowledge Gap: An Analytical Research", *Communication Research*, Vol. 10, 1983.

Gaziano, C., "Widening Knowledge Gaps", *Journalism and Mass Communication Quarterly*, Vol. 74, No. 2, 1997.

Gaziano Ea G., Cecilie, *Social Control, Social Change And The Knowledge Gap Hypothesis. In Mass Media, Social Control, And Social Change: A Macrosocial Perspective*, Edited by David Demers and K Viswanath, Ames: Lowa State University Press, 1998.

Golding, P., "Forthcoming features: Information and Communications Technologies and the Sociology of the Future", *Sociology.* Vol. 34, No. 1, 2000.

Goode, J., "The Digital Identity Divide: How Technology Knowledge Impacts College Students", *New Media Society*, Vol. 10, 2010.

Granovetter, M., "The Strength of Weak Ties: a Network Theory Revisited", *Sociological Theory*, Vol. 1, 1983.

Gross, M., Latham, D., "Attaining Information Literacy: An Investigation of the Relationship Between Skill Level, Self-estimates of Skill, and Library Anxiety", *Library & Information Science Research*, Vol. 29, No. 3, 2007.

Haider, J., "Conceptions of 'Information Poverty' in LIS: an Analysis of Discourses", *Proceedings of the 14th BOBCATSSS Symposium: Information, Innovation, Responsibility: the Information Professional in the Network Society*, Tallinn, Estonia, 2006.

Hanafizadeh, P., Hanafizadeh, M. R., Khodabakhshi, M., "Extracting Core ICT Indicators Using Entropy Method", *Information Society*, Vol. 25, No. 4, 2009.

Hargittai, E., "The Digital Reproduction of Inequality", Grusky D. B., *Social Stratification: Class, Race, and Gender in Sociological Perspective, Philadelphia: Westview Press, 2008.

Hargittai, E., Hinnant, A., "Digital Inequality: Differences in Young Adults' use of the Internet", *Communication Research*, Vol. 35, No. 5, 2008.

Hart, G., Mfazo, N., "Places for All? Cape Town's Public Library Services to Gays and Lesbians", *South African Journal of Libraries & Information Science*, Vol. 76, No. 2, 2010.

Hayden, C., Ball-Rokeach, S. J., "Maintaining the Digital Hub: Locating the Community Technology Center in a Communication Infrastructure", *New Media & Society*, Vol. 9, 2007.

Haythornthwaite, C., "Social Network Analysis: An Approach and Technique for the Study of Information Exchange", *Library and In Formation Science Research*, Vol. 18, 1996.

Hernstein MrCii G. C., "Forecast 2000: Widening Knowledge Gaps", *Journalism and Mass Communication Quarterly*, Vol. 74, No. 2, 1997.

Hersberger, J., "Are the Economically Poor Information Poor? Does the Digital Divide Affect the Homeless And Access to Information", *The Canadian Journal of Information and Library Science*, Vol. 27, No. 3, 2002.

Hersberger, J., "A Qualitative Approach to Examining Information Transfer Via Social Networks Among Homeless Populations", *The New Review of Information Behavior Research*, Vol. 4, No. 1, 2003.

Ho, C. C., Tseng, S. F., "From Digital Divide to Digital Inequality: The global Perspective", *International Journal of Internet and Enterprise Management*, Vol. 4, No. 3, 2006.

Hsieh, P. A., *Leverage Points for Addressing Digital Inequality: An Extended Theory of Planned Behavior Perspective*, Atlanta: Georgia State University, 2005.

Hsieh, P. A., Rai, A., Keil, M., "Understanding Digital Inequality: Comparing Continued Use Behavioral Models of the Socio-economically Advantaged and Disadvantaged", *MIS Quarterly*, Vol. 32, No. 1, 2008.

Huotari, M-L, Chatman, E., "Using Everyday Life Information Seeking to Explain Organizational Behavior", *Library & Information Science Research*, Vol. 23, No. 4, 2001.

Husing, T., *Measuring the Digital Divide: a Proposal for a New Index*, IST Conference Proceedings, 2001.

Husing, T., Selhofer, H., "DIDIX: A Digital Divide Index for Measuring Social Inequality in IT Diffusion", *IT & Society*, Vol. 1, No. 7, 2004.

Hyldegard, J., "Collaborative Information Behavior—exploring Kuhlthaus's Information Search Process Model in a Group-based Educational Setting", *Information Processing & Management*, Vol. 42, 2006.

Hyldegard, J., "Beyond the Search Process-exploring Group Members' Information Behavior in Context", *Information Process & Management*, Vol. 45, 2009.

ITU, "Key Statistical Highlights: ITU Data Release June 2012. International Telecommunication Union: World Telecommunication/ICT Indicators Database 2012", (2013 - 03 - 02), http://www.itu.int/ITU-D/ict/publications/world/world.html.

Jaeger, P. T., Bertot, J. C., Gorham, U., "Wake up the Nation: Public Libraries, Policy Making, and Political Discourse", *Library Quarterly*, Vol. 83, No. 1, 2013.

Jaeger, P. T., Bertot, J. C., Thompson, K. M., Katz, S. M., DeCoster, E. J., "The Intersection of Public Policy and Public Access: Digital Divides, Digital Literacy, Digital Inclusion, and Public Libraries", *Public Library Quarterly*, Vol. 31, No. 1. 2012.

Jaeger, P. T., Bertot, J. C., Thompson, K. M., Katz, S. M., De Coster, E. J., "The Intersection of Public Policy and Public Access: Digital Divides, Digital Literacy, Digital Inclusion, and Public Libraries", *Public Library Quarterly*, Vol. 31, No. 1, 2012.

Johann, W., Sarmiento, W. S., "Boundaries and Roles: Positioning and Social Location in the Virtual Math Teams (VMT) online Community", *Computers in Human Behavior*, Vol. 26, 2010.

Johnson, C. A., "Social Capital and the Search for Information: Exam in ing the Role of Social Capital in Information Seeking Behavior in Mongolia", *Journal of The American Society For Information Science and Technology*, Vol. 58, No. 6, 2007.

Joseph, M., "An Exquisite Paradox: Making Teens and Young Adults Welcome in Public Libraries", *APLIS*, Vol. 23, No. 3, 2010.

Julien, H., Michels, D., "Intra-individual Information Behaviour in Daily Life", *Information Processing & Management*, Vol. 40, No. 3, 2004.

Jung, J-Y, Kim, Y-C, Lin, W-Y, Cheong, P. H., "The Influence of Social Environment on Internet Connectedness of Adolescents in Seoul, Singapore and Taipei", *New Media Society*, Vol. 7, 2005.

Jung, J-Y, Qiu, J. L., Kim, Y-C., "Internet Connectedness and Inequality: Beyond the 'Divide'", *Communication Research*, Vol. 28, 2001.

Kari, J., Savolainen, R., "Relationships Between Information Seeking and Context: A Qualitative Study of Internet Searching and the Goals of Personal Development", *Library & Information Science Research*, Vol. 29, 2007.

Kari, Jarkko, "Diversity in the Conceptions of Information use", *Information Research*, Vol. 15, No. 3, 2010.

Katz, I. R., "Testing Information Literacy in Digital Environments: ETS's iSkills Assessment", *Information Technology & Libraries*, Vol. 26, No. 3, 2007.

Kazemifard, M., Ghasem-Aghaee, N., I. Qren, T., "Emotive and Cognitive Simulations By agents: Roles of three levels of Information Processing", *Cognitive Systems Research*, Vol. 20, 2010.

Kim, M. C., K. K. J., *Digital Divide: Conceptual Discussions and Prospect*, Human Society and the Internet, Proceedings, 2001.

Kinney, B., "The Internet, Public Libraries, and the Digital Divide", *Public Library Quarterly*, Vol. 29, No. 2, 2010.

Kling, R., "Social Analyses of Computing: Theoretical Perspectives in Recent Empirical Research", *Computing Surveys*, Vol. 12, 1980.

Kuhlthau, C. C., Developing a Model of the Library Search Process: Cognitive and Affective Aspects, Rq. 1988, 28 (2): 232 – 242

Kuhlthau, C. C., "Information Search Process: a Summary of Research and Implications for School Library Media Programs", *School Library Media Quarterly*, Vol. 18, No. 1, 1989.

Kuhlthau, C. C., "The Information Search Process of High-, Middle-, and Low-achieving High School Seniors", *School Library Media Quarterly*, Vol. 17, No. 4, 1989.

Kuhlthau, C. C., "Inside the Search Process: Information Seeking from the User's Perspective", *Journal of the American Society for Information Science*, Vol. 42, No. 5, 1991.

Kuhlthau, C. C., "A Principle of Uncertainty for Information Seeking", *Journal of Documentation*, Vol. 49, No. 4, 1993.

Kuhlthau, C. C., "The Role of Experience in the Information Search Process of an Early Career Information Worker: Perceptions of Uncertainty, Complexity, Construction, and Sources", *Journal of the American Society for Information Science*, Vol. 50, No. 5, 1999.

Kuhlthau, C. C., Heinstrom, J., Todd, R. J., "The 'Information Search Process' revisited: is the Model Still Useful?", *Information Research*, Vol. 13, No. 4, 2008.

Kuhlthau, C. C., Tama, S. L., "Information Search Process of Lawyers: a Call for 'Just for me' Information Services", *Journal of Documentation*, Vol. 57, No. 1, 2001.

Kvasny, L. M., *Problematizing the Digital Divide: Cultural and Social Reproduction in a Community Technology Initiative*, Atlanta: Georgia State University, 2002.

Kvasny, L. M., "Cultural (RE) Production of Digital Inequality in a US Community Technology Initiative", *Information Communication and Society*, Vol. 9, No. 2, 2006.

Kvasny, L. M., Kei, l. M., "The Challenges of Redressing the Digital Divide: A Tale of Two US cities", *Information Systems Journal*, Vol. 16, 2006.

Lajeunesse, M., "Public Libraries Reading in Quebec: A History of Censorship Freedom", *Library & Information History*, Vol. 28, No. 1, 2012.

Levinson, N. S., Hervy, A. C. D., "Digital Inequalities: Technology, Development and Cross-national Alliances", *Annual Meeting of American Political Science Association*, Chicago, IL, September 2 – 5, Washington, DC: APSA, 2004.

Lievrouw, L. A., Farb, S. E., "Information and Equity", *Annual Review of Information Science and Technology*, Vol. 37, 2003.

Luke, T., "The Politics of Digital Inequality: Access, Capabilities, and Distribution in Cyberspace", *New Political Science*, Vol. 41/42. 1997.

Martin, S. P. , "Is the Digital Divide Really Closing? A Critique of Inequality Measurement in a Nation Online", *IT & Society*, Vol. 1, No. 4, 2003.

Martin SPaR, John, P. , "The Income Digital Divide: Trends and Predictions for Levels of Internet Use", *Social Problems*, Vol. 54, No. 1, 2007.

McCulley, C. , "Mixing and Matching: Assessing Information Literacy", *Communications in Information Literacy*, Vol. 3, No. 2, 2009.

Mei-ling, W. , Tze-rung, C. , "A Study on Public Library Internet Services in Taiwan: From Digital Divide Perspectives", *Journal of Information, Communication & Library Science*, Vol. 9, No. 4, 2003.

Mosco, V. D. , "Toward a Political Economy of Information", *Canadian Journal of Information Science*, Vol. 17, No. 1, 1994.

Mossberger, K. , Tolbert, C. , Gilbert, M. , "Race, Place, and Information Technology", *Urban Affairs Review*, Vol. 41, 2006.

Mossberger, K. , Tolbert, C. J. , Stansbury, M. , *Stansbury Virtual Inequality: Beyond the Digital Divide*, Washington DC: Georgetown University Press, 2003.

Naker, L. M. , "A Study of the Nature of Information Needed by Woman with Multiple Sclerosis", *Library & Information Science Research*, Vol. 18, 1996.

Nancy, E. Goebel, P. J. N. , "Information Literacy at Augustana: A Programmatic Approach", *Communications in Information Literacy*, Vol. 1, No. 1, 2007.

Nicoletta, C. , "Measuring the Digital Divide: a Framework for the Analysis of Cross-country Differences", *Journal of Information Technology*, Vol. 17, 2002.

Nilan, M. S. , "Beyond Agency to Structure: Moving Quantitative Sense-Making Studies to a Focus on both Societal Structural Arrangement and Information Seeding Agency", *The Electronic Journal of Communication*, Vol. 9, 1999.

Norris, P. , *Digital Divide: Civic Engagement, Information Poverty, and the Internet Worldwide*, New York: Cambridge University Press, 2001.

Ono, H. , Zavodny, M. , "Digital Inequality: A Five Country Comparison Using Microdata", *Social Science Research*, Vol. 36, No. 3, 2007.

Larsen, P. , Burkhardt, J. , "Aiming for Assessment: Notes from the Start of an Information Literacy Course Assessment", *Communications in Information*

Literacy, Vol. 4, No. 1, 2010.

Pettigrew, K. E., Fidel, R., H. B., "Conceptual Frame Work in Information Behavior", *Annual Review of Information Science and Technology*, Vol. 35, 2001.

Pruulmann-Vengerfeldt, P., "Exploring Social Theory as a Framework for Social", *The Information Society*, Vol. 22, 2006.

Qiu, L. C., *Working-class Network Society: Communication Technology and the Information have-less in urban China*, Cambridge: MIT Press, 2009.

Richter, T., Naumann, J., Groeben, N., "Attitudes Toward the Computer: Construct Validation of an Instrument with Scales Differentiated by Content", *Computers in Human Behavior*, Vol. 16, 2000.

Rideout, V., "Digital Inequalities in Eastern Canada", *Canadian Journal of Information and Library Science*, Vol. 27, No. 2, 2003.

Rieh, S. Y., Belkin, N. J., "Understanding Judgment of Information Quality and Cognitive Authority in the www", *Proceedings of the Annual Meeting of the American Society for Information Science*, Vol. 35, 1998.

Rodino-Colocino, M., "Laboring Under the Digital Divide", *New Media Society*, Vol. 8, 2006.

Rosea, R. L., Greggb, J. L., Stroverc S., Straubhaarc J., Carpenter S., "Closing the Rural Broadband Gap: Promoting Adoption of the Internet in Rural America", *Telecommunications Policy*, Vol. 31, 2007.

Savolainen, R., "The Sense Making Theory: Reviewing the Interests of a User Centered Approach to Information Seeking and Use", *Information Processing and Management*, Vol. 29, No. 1, 1993.

Savolainen, R., "Everyday Life Information Seeking: Approaching Information Seeking in the Context of Way of Life", *Library and Information Science Research*, Vol. 17, 1995.

Savolainen, R., "Use Studies of Electronic Networks: a Review of Empirical Research Approaches and Challenges for Their Development", *Journal of Documentation*, Vol. 54, No. 3, 1998.

Savolainen, R., "'Living Encyclopedia' or Idle Talk?: Seeking and Providing Consumer Information in an Internet Newsgroup", *Library & Information*

Science Research, Vol. 23, No. 1, 2001.

Savolainen, R., "Network Competence and Information Seeking on the Internet: From Definition Towards a Social Cognitive Model", *Journal of Documentation*, Vol. 58, No. 2, 2002.

Savolainen, R., "Spatial Factors as Contextual Qualifiers of Information Seeking", *Information Research*, Vol. 11, No. 4, 2006.

Savolainen, R., "Time as a Context of Information Seeking", *Library & Information Science Research*, Vol. 28, No. 1, 2006.

Savolainen, R., "Information Use as Gap-bridging: The Viewpoint of Sense-making Methodology", *Journal of the American Society for Information Science & Technology*, Vol. 57, No. 8, 2006.

Savolainen, R., "Information Source Horizons and Source Preferences of Environmental Activists: A Social Phenomenological Approach", *Journal of the American Society for Information Science & Technology*, Vol. 58, No. 12, 2007.

Savolainen, R., "Filtering and Withdrawing: Strategies for Coping With Information Overload In everyday Contexts", *Journal of Information Science*, Vol. 33, No. 5, 2007.

Savolainen, R., "Autonomous, Controlled and Half-hearted. Unemployed People's Motivations to Seek Information About Jobs", *Information Research*, Vol. 13, No. 4, 2008.

Savolainen, R., "Source Preferences in the Context of Seeking Problem-specific Information", *Information Processing & Management*, Vol. 44, No. 1, 2008.

Savolainen, R., "Epistemic Work and Knowing in Practice as Conceptualizations of Information use", *Information Research*, Vol. 14, No. 1, 2009.

Savolainen, R., "Small World and Information Grounds as Contexts of Information Seeking and sharing", *Library & Information Science Research*, Vol. 31, No. 1, 2009.

Savolainen, R., "Interpreting Informational Cues: An Explorative Study on Information Use Among Prospective Homebuyers", *Journal of the American Society for Information Science & Technology*, Vol. 60, No. 11, 2009.

Savolainen, R., "Information Use and Information Processing: Comparison of Conceptualizations", *Journal of Documentation*, Vol. 65, No. 2, 2009.

Savolainen, R. , "Asking and Sharing Information in the Blogosphere: The Case of Slimming Blogs", *Library & Information Science Research*, Vol. 33, No. 1, 2011.

Savolainen, R. , Kari, J. , "Placing the Internet in Information Source Horizons. A Study of Information Seeking by Internet Users in the Context of Self-development", *Library & Information Science Research*, Vol. 26, No. 4, 2004.

Savolainen, R. , Kari, J. , "Conceptions of the Internet in Everyday Life Information Seeking", *Journal of Information Science*, Vol. 30, No. 3, 2004.

Schiller, H. I. , *Information Inequality: The Deepening Social Crisis in America*, New York: Routledge, 1996.

Schuler, D. , Day, P. , *Shaping the Network Society in Cyberspace*, the MIT Press, Cambridge, Massachusetts, London, England, 2004.

Selwyn, N. , "Reconsidering Political and Popular Understandings of the Digital Divide", *New Media Society*, Vol. 6, 2004.

Silver, H. , "Social Exclusion and Social Solidarity: Three Paradigms", *International Labour Review*, Vol. 133, No. 5/6, 1994.

Sittel, R. , "Public Libraries & the Internet", *Government Information Quarterly*, Vol. 29, No. 2, 2012.

Solomon, P. , "Discovering Information Behavior in Sense Making: I. Time and Timing", *Journal of the American Society for Information Science*, Vol. 48, No. 12, 1997.

Sonnenwald, D. H. , Wildemuth, B. M. , Harmon, G. , "A Research Method Using the Concept of Information Horizons: An Example From a Study of Lower Socio-economic Students' Information Seeking Behavior", *The New Review of Information Behavior Research*, Vol. 2, 2001.

Spink, A. , C. C. , "Information and Poverty: Information Seeking Channels Used by Low Income African American Households", *Library and Information Science Research*, Vol. 23, No. 1, 2001.

Stevenson, S. , "The Rise and Decline of State-funded Community Information Centers: A Textually Oriented Discourse Analysis", *The Canadian Journal of Information and Library Science*, Vol. 26, 2001.

Sutcliffe, A. , Ennis, M. , "Towards a Cognitive Theory of Information Retrieval", *Interacting with Computers*, Vol. 10, 1998.

Tenopir, C. , Wang, P. , Zhang, Y. , Simmons, B. , Pollard, R. , "Academic users' Interactions with Science Direct in Search Tasks: Affective and Cognitive Behaviors", *Information Processing & Management*, Vol. 44, 2008.

Tian, X. , Du, X. , Hu, H. , Li, H. , "Modeling Individual Cognitive Structure in Contextual Information Retrieval", *Computers & Mathematics with Applications*, Vol. 57, No. 6, 2009.

Tichenor, P. J. , Olien, C. N. , Donohue, G. A. , "Mass Media Flow and Differential Growth in Knowledge", *Public Opinion Quarterly*, Vol. 34, 1970.

van Deursen, A. J. A. M. , Van Dijk, J. A. G. M. , "Improving Digital Skills for the Use of online Public Information and Services", *Government Information Quarterly*, Vol. 26, No. 2, 2009.

van Dijk, J. , "Digital Divide Research, Achievements and Shortcomings", *Poetics*, Vol. 34, 2006.

van Dijk, J. , Hacker K. , "The Digital Divide as a Complex and Dynamic Phenomenon", *Information Society*, Vol. 19, No. 4, 2003.

van Dijk, J. , *The Deepening Divide: Inequality in the Information Society*, London: Sage Publications, 2005.

Vehovar, V. , Sicherl P. , Husing T. , Dolnicar V. , "Methodological Challenges of Digital Divide Measurements", *The Information Society*, Vol. 22, 2006.

Vicente, Ma RaL, Ana, Jes s. , "A Multidimensional Analysis of the Disability Digital Divide: Some Evidence for Internet Use", *Information Society*, Vol. 26, No. 1, 2010.

Wellman, B. , Leighton, B. , "Networks, Neighborhoods, and Communities: Approaches to the Study of the Community Question", *Urban affairs Quarterly*, Vol. 14, No. 3, 1979.

Williams, K. , Durrance, J. C. , *Community Informatics. Encyclopedia of Library and Information Science*, Third Edition, 2010.

Willis, S. , Tranter, B. , "Beyond the 'Digital Divide': Internet Diffusion and Inequality in Australia", *Journal of Sociology*, Vol. 42, No. 1, 2006.

Wilson, T. D. , "On user studies and information needs", *Journal of Documentation*, Vol. 37, No. 1, 1981.

Wilson, T. D. , "Human Information Behavior", *Information Science*, Vol. 3,

No. 2, 2000.

Wong, Y., Chi, K., Fung. "Digital Divide and Social Inclusion: Policy Challenge for Social Development in Hong Kong and South Korea", *Journal of Asian Public Policy*, Vol. 3, No. 1, 2010.

Yakubovich, V., "Weak Ties, Information, and Influence: How Workers Find Jobs in a Local Russian Labor Market", *American Sociological Review*, Vol. 70, 2005.

Young, K., "Toward a Model for the Study of Children's Informal Internet Use", *Computers in Human Behavior*, Vol. 24, 2008.

Yu, L. Z., "Understanding Information Inequality: Making Sense of the Literature of the Information and Digital Divides", *Journal of Librarianship & Information Science*, Vol. 38, No. 4, 2006.

Yu, L. Z., "How Poor Informationally are the Information Poor? Evidence from an Empirical study of Daily and Regular Information Practices of Individuals", *Journal of Documentation*, Vol. 66, No. 6, 2010.

Yu, L. Z., "Information Worlds of Chinese Farmers and Their Implications for Agricultural Information Services: a Fresh Look at Ways to Deliver Effective Services", Paper Presented at the World Library and Information Congress: 76th IFLA General Conference And Assembly, 10 – 15 August, Gothenburg, Sweden, http://wwwiflaorg/files/hq/papers/ifla76/85-yu-enpdf. 2010.

Yu, L. Z., "Towards a Reconceptualization of the 'Information Worlds of Individuals'", *Journal of Librarianship and Information Science*, Vol. 11, 2011.

Yu, L. Z., "The Divided Views of the Information and Digital Divides: A Call for Integrative Theories of Information Inequality", *Journal of Information Science*, Vol. 37, No. 6, 2011.

Yu, L. Z., Xu Jing, "The Political Economy of Public Library Development in post-1978 People's Republic of China", *Libri: International Journal of Libraries & Information Services*, Vol. 56, No. 2, 2006.

Zhao, Y., "Universal Service and China's Telecommunications Miracle: Discourses, Practices, and Post-WTO Accession Challenges", *Information and Productivity: Definitions and Relationships*, Vol. 9, No. 2/3, 2007.

Zhang, Y. and Yu, L., "Information for Social and Economic Participation: A

Review of Related research on the Information Needs and Acquisition of Rural Chinese", *The International Information & Library Review*, Vol. 41, 2009.

Zobison, G. G., Crenshaw, E. W., "Post-industrial Transformations and Cyberspace: Across nation Alanalysis of Internet development", *Social Science Research*, Vol. 31, 2002.

索　引

B

被排斥者　41,42,63,228
博物馆　126,137,147
布迪厄　56,59,60,151

C

创新扩散　3,8,56

G

个人信息世界　2—4,12—16,48—
　53,55,56,58—69,72—78,80,81,
　84—89,91,93,99—112,114,116,
　118,119,122,125—129,131,132,
　136,137,139,141,143,146—148,
　151—153,160—167,169,171,172,
　174,175,177—181,183,184,186,
　189,190,192—195,198—210,212,
　213,216,217,219,220,222—233,
　236,238—240,242—246
公共图书馆　1,2,13,14,16,20,71,
　72,81,83,87,194,195,200,201,
　203,205—210,214,216,220,230,
　231,234,238,242,243
公共图书馆运动　1
惯习　58—60,151,236
国际图联　20,100

H

行业数据库　106
后现代学派　17,18
互联网　3,4,7,39,44,56,64,83,
　102,119—121,129,131,132,139,
　141,142,160,224,225

J

基础信息源　52,61,62,66,74—78,
　92,93,102—104,106,107,119,
　121,122,129,132,133,139,142,
　143,151,169,174,175,177,178,
　184,190,193,198—205,208,210,
　224,225,227,236
结构与主体能动性　8,12,35,36,
　54—56,59,60,89,235

K

可获信息源　61,227

可及信息源 74—78,92,93,102,103,107,119,120,131,132,141,142,162,167—169,171,172,175,178,192,193,198,199,201,205,210,223,225,227
跨域社会网络 44,64

M

马太效应 21,42,63
目的性信息实践 53,65,75,111—114,128,129,131,139,149,151,164,178,189,190,224,238,239

P

批判思维能力 75,110,126,131,139,141,224—226,242

R

认知视角 242
弱势人群 2,20,100,226

I

ICT 4—6,14,28,29,33—35,40—43,45—47,50,64,227,228,233

S

社会分层 10,33,42,44,47,50,54,64,69,70,84,243
社会和文化标准规制 20,76,226
社会结构 5,8,11,12,14,34,39,40,43,44,50,58—60,69,70,84,101,152,166,193,229,232,235,237
社会排斥 3,8,39,56

社会设计的信息空间 13,14,71,72,194,195,200,202,203,205,207—209,214,230,233,237
社会网络 4,8,24,25,37,56
社会阅读 13,14,16,72,80,81,84,85,88,209—217,220,221,230,231,233
社群信息学 3,8,56
手机上网用户 3
书店 120,121,126,131,132,137,142,147,218
数字不平等 14,15,21,25,35,36,39,43,45,47,48,63,70,84,119,120,141,162,223,231,233
数字鸿沟 3,5—11,14,15,19,21,25—36,38,39,43—50,56,58,63,70—72,84,119,120,141,162,165,223,224,230,231,233
数字阅读时间 216,218—220
搜索引擎 83,106,122,126,129,131,133,136—139,147,224—226

T

同质分层 15,18—22,25,54
图书馆 1—3,5,7—9,12,19,20,23,35,36,44,47,49,54—56,60,66,67,71,72,80—85,87,102,106,111,116,121,125,126,131,132,136,137,141,142,146,147,164,167,174,177,190,195,199—210,214—222,230,231,233,237—239,242,244

W

网络　4—6,9—11,18,23,34,38,40—43,46,58,63,70,83,106,114,116,120,122,126,128,129,131,133,136—139,141,147,149,151,175,181,224—226,237

文化资本　42,64

无意识的信息实践　53,111,113,117,128,129,131,151,189,223,224,226

无意识信息需求　65,241

X

现代性　17,18

小世界理论　8,56

效度　49,73,76,77,79,80,91,100

新媒体　17

新贫困　3

信度　75,76,79,80,164,196,245

信息　1—8,10—26,28,34,36—40,42—56,58—72,74,75,77,81,83—85,87,89,91—95,97—114,116—122,125—129,131—133,136—139,141—143,145—149,151—153,159—169,171,174,175,177—179,181,182,184,186,187,189,190,192—195,197—217,219—244,246

信息差距　3,7

信息富裕　46,84,91,93—97,99—110,112—114,116—122,125—129,131,133,136—139,141,159—162,165,199—202,204,205,207—216,220,222—226,228,229,231,235—239,241—243

信息公平　17,20,71,72

信息精英　41,42,63,228

信息空间　125,131,136,137,139,141,146,207,224—226,242

信息贫富层级　88,89

信息贫富分化　1—5,7,8,10—25,29,32,35,36,40,43—45,47—51,53—56,58—60,62—66,68—73,80,81,83—85,87—89,91—104,106—112,118,119,131,141,152,153,156,157,159,160,162,163,165—167,172,182,193—195,198—212,214,216,217,219—224,226—233,235—246

信息贫富分化的治理　13,14,72,194,207—209,219,231,234,236,238,240—242,245,246

信息贫困　4,10,12,16,19—21,49—51,53,55,56,61—63,65,66,76,77,84,91,93—97,100—110,112—114,116—118,141—143,145—149,151,159—166,178,181,190,199,200,202—208,210—216,220,223,225—231,233,235—244

信息穷人　3,19,20,100,226,228

信息社会　1—7,9—11,15—18,21,26,28,29,34—36,39—44,48,50,54,56,62—64,70—72,84,101,152,160,165,181,190,203,207,209,222,228,231—235,237—239,

241—244

信息时代的公民特质　39

信息时代社会结构　40,42

信息实践　11,51—53,60—62,65—67,69,75,101,102,109—114,116—118,121,125,128,129,131,132,136,139,141,149,151,163—166,178,179,181,184,189,190,204,205,208,223—229,233,234,236,238,239

信息搜索的复杂程度　110,147

信息行为　4,5,20,22,54,65,67,68,76,101,108,164,205,209,221,226,234,235,240—243

信息源　21,24,37,52,53,61,62,66,68,69,74—78,92,93,101—107,109,116—122,128,129,131—133,136,139,141—143,146,147,149,151,152,160,167—169,171,172,174,175,177,192,193,198—201,203—208,210,223—227,233,234,236—239,241—244

信息中下阶层　44,50,64,228

信息资产　52,53,62,65,66,74—78,92,93,101,102,105—107,119,122,143,151,164,167,177—179,184,193,198—205,208,210,223,225,227,230,233,236,238,239,241,243

信息资源　6,7,22,24,25,37,45,54,56,61,62,65,66,76,101,102,162,164,194,195,207,217,219,220,227,231,232,234,236,238,239,243

信息自觉　143,151,239—241

Y

异质分层　15,18,22—25,54

意义建构理论　8,56

Z

展览馆　126,137,147

整体性理论　12,15,29,55,58—60,62—64,232,235,245

政府信息公开点　102,121,132,142

政治经济学　2,8,17,23,56

知觉性和目的性信息实践　52,53,111,125,184

知识富集型信息源　102,136,149,151,225,226,236,241,242

知识沟　2,3,8,11,14,19,25,36—39,45,47,48,56,63,162,230,231,233

知识或专业类信息源　142

智识　52,53,62,65,66,68,69,74—76,78,92,93,101,107,109,110,119,127,137,139,147,148,151,164,186,187,193,198—205,208,210,223,225,226,228,230,233,238,242

自我效能感　16,38,70,71,73,78—80,84,85,152,153,157,161,166,167,171,181,193,229,230

后　　记

这是一项肇始于 2010 年的研究。匆匆十年，弹指一挥间。

2010 年，我的博士阶段研究项目启动；2011—2012 年，我完成了对六千多位受访者的问卷调查；2013 年，我初步完成了对这些调查数据的分析和博士学位论文（也就是本书初稿，题目为"基于个人信息世界的信息分化研究"）的撰写。

博士毕业后，我仍然围绕着本书所涉及的信息贫富分化这一研究主题，陆续申请了中国博士后科学基金项目、教育部人文社科基金项目和国家自然科学基金项目。在长达十年的研究历程中，我注意到，虽然社会的信息化进程一日千里，但每当回阅本书的文稿时，当初调研所得到的实证研究结论依然稳健、可靠。十年来，随着我所主持的后续科研项目研究工作的进一步展开，我对信息社会信息贫富分化问题有了许许多多新的理解和认识，但所有这些认识的基础，仍然根植于本书所报告的这项研究。这给予了我把这本书出版的自信。同样给我自信的是，作为本书的初稿，我的博士学位论文不仅获得了南开大学优秀博士学位论文，也获得了天津市优秀博士学位论文。

十年来，在博士阶段研究的基础上，我进一步深化了对信息贫富分化现象的探索。目前，针对信息贫困发生的微观机理，我和我的同事、学生们正在持续展开大规模的社会调查。这些研究得以展开的一个基本的理论背景是，我们坚信，在普遍存在的信息贫富分化现象背后，尚有一个不能为现有理论所充分解释的"黑箱"。从微观层面看，信息贫富分化的理论"黑箱"与人们的认知"黑箱"之间存在着如此紧密的联系，以至于我在最新的著述中，开始把信息贫富分化称为"群体性认知差异"现象。对我而言，从信息贫富分化到群体性认知差异，不仅是术语的变化，更反映了一种对信息社会信息贫富分化问题理解深度的变化。

本书所报告的实证研究结果清楚地表明，信息贫富分化确实是信息社会中无所不在的一种普遍存在，但现象背后的理论机理却远远没有得到充分揭示。20世纪中叶，美国图书馆情报学家杰西·谢拉（Jesse Shera）提出了著名的"社会认识论"，给予了包括哲学在内的诸多学科领域研究者深刻的理论启示。2017年以来，为了加深对信息贫富分化现象背后理论质素的解析，我开始借助社会认识论的基本思想，并在结合中国前辈学者宓浩、黄纯元等倡导的"知识交流论"的基础上，提出了一个"社会认识层次论"的理论框架。

发展社会认识层次论的初衷是对人类社会的群体性"智力"发展进程加以揭示，并据此对包括信息贫富分化等在内的相应社会现象及其制度安排作出深入解释。目前，承蒙中国社会科学出版社垂爱，本人所著的《社会认识层次论》一书已得以出版。《社会认识层次论》与本书是相互支撑的"姊妹篇"，二者共同致力于解析社会中何以存在普遍的信息贫富分化（更广义地，应该叫作群体性认知差异）的现象。这两本书的区别在于，《社会认识层次论》是从更加抽象和普遍的理论视角，对群体性认知差异现象作出解析，但在信息社会中，这种群体性认知差异恰恰对应着信息贫富分化的层级。所以，本书所述的研究发现，为社会认识层次论的理论建构提供了坚实的经验基础。

在我的博士阶段研究与论文写作过程中，我的导师于良芝教授曾经给予了大量悉心的指导。2010—2013年期间，我所展开的社会调查得益于于良芝教授所主持的国家自然科学基金项目"信息不平等的发生机理及政策启示研究——基于个人信息世界的整体性考察"（项目编号：71273141）。2013年以来，我们的调研得到了中国博士后基金（项目主持人：周文杰，项目编号：2015M580763）、教育部人文社会基金（项目主持人：周文杰，项目编号：14XJA870002）和国家自然科学基金（项目主持人：周文杰，项目编号：71874141）的资助。在历时十年的研究中，近万名受访者接受了我和我的研究团队成员们的访谈，使我得以立足于大量鲜活的现象经验证据而进行深入的思考、解析。另外，承中国社会科学出版社马明老师的推荐，本书很荣幸得以入选《中国社会科学博士论文文库》。在此，一并向各资助机构以及各位老师、同仁和受访者表示衷心的感谢！

作为一本成书于博士学位论文的专著，本书已历经博士阶段的开题、评审和答辩。尽管如此，面对复杂的信息贫富分化现象，本书无疑还有诸多有待丰富和完善的地方。而且，我深知，之于信息贫富分化（或者更广义地叫作群体性认知差异）现象的研究，我尚是"望其门墙而不得入其宫者"。对此，我愿以最开放和谦卑的心态，静候来自各领域专家、师友、同仁的评点。

周文杰

2021年6月22日